普通高校国防教育通识课程教材

# 中外军事思想与战争实践

李 瑾 昝金生 主编

苏州大学出版社

图书在版编目(CIP)数据

中外军事思想与战争实践/李瑾,昝金生主编. —苏州：苏州大学出版社,2017.12(2024.1重印)
ISBN 978-7-5672-2288-5

Ⅰ.①中… Ⅱ.①李…②昝… Ⅲ.①军事思想史-世界-高等学校-教材 Ⅳ.①E091

中国版本图书馆 CIP 数据核字(2017)第 280146 号

| | |
|---|---|
| 书　名：| 中外军事思想与战争实践 |
| 作　者：| 李　瑾　昝金生 |
| 责任编辑：| 周建国 |
| 装帧设计：| 吴　钰 |
| 出版发行：| 苏州大学出版社(Soochow University Press) |
| 社　　址：| 苏州市十梓街1号　邮编：215006 |
| 印　　装：| 江苏凤凰数码印务有限公司 |
| 网　　址：| www.sudapress.com |
| 邮购热线：| 0512-67480030 |
| 销售热线：| 0512-65225020 |
| 开　　本：| 700mm×1000mm　1/16　印张：15　字数：254千 |
| 版　　次：| 2017年12月第1版 |
| 印　　次：| 2024年1月第6次印刷 |
| 书　　号：| ISBN 978-7-5672-2288-5 |
| 定　　价：| 36.00元 |

凡购本社图书发现印装错误,请与本社联系调换。服务热线:0512-65225020

# 目录 Contents

- 第一章 探寻军事思想的发展轨迹——中外军事思想概述 / 1
  第一节 军事思想概述 / 1
    一、军事思想的研究主题 / 1
    二、军事思想的基本特征 / 2
    三、军事思想的地位及作用 / 3
  第二节 中国的军事思想 / 3
    一、中国古代军事思想 / 3
    二、中国近现代军事思想 / 5
    三、中国当代军事思想 / 6
  第三节 西方的军事思想 / 7
    一、西方古代军事思想 / 7
    二、西方近现代军事思想 / 9
    三、西方当代军事思想 / 10
- 第二章 "不战而屈人之兵"的战争艺术——《孙子兵法》军事思想 / 11
  第一节 孙子与《孙子兵法》 / 11
    一、孙子其人其事 / 11
    二、《孙子兵法》简介 / 12
  第二节 《孙子兵法》的军事思想 / 16
    一、重战、慎战、备战思想 / 16
    二、知胜、谋胜、先胜、全胜思想 / 16
    三、治军、统兵思想 / 19
    四、朴素唯物论思想 / 19
    五、原始辩证法思想 / 20
  第三节 《孙子兵法》的影响与运用 / 21

一、《孙子兵法》的影响 / 21
　　二、《孙子兵法》的运用 / 22

● 第三章　"战胜而强立"的军事法则——《孙膑兵法》军事思想 / 27
　第一节　孙膑与《孙膑兵法》 / 27
　　一、孙膑其人其事 / 27
　　二、《孙膑兵法》简介 / 28
　第二节　《孙膑兵法》的军事思想 / 30
　　一、战胜而强立思想 / 30
　　二、乐兵者亡思想 / 31
　　三、战者有道思想 / 31
　　四、以人为贵思想 / 32
　　五、兵势不穷思想 / 33
　第三节　《孙膑兵法》的影响与运用 / 34
　　一、《孙膑兵法》的影响 / 34
　　二、《孙膑兵法》的运用 / 35

● 第四章　管窥"数中有术，术中有数"——《三十六计》军事思想 / 38
　第一节　《三十六计》概述 / 38
　　一、《三十六计》的作者 / 38
　　二、《三十六计》简介 / 38
　第二节　《三十六计》的军事思想 / 39
　　一、胜战计思想 / 39
　　二、敌战计思想 / 41
　　三、攻战计思想 / 42
　　四、混战计思想 / 44
　　五、并战计思想 / 45
　　六、败战计思想 / 46
　第三节　《三十六计》的影响与运用 / 48
　　一、《三十六计》的影响 / 48
　　二、《三十六计》的运用 / 48

● 第五章　走进"兵法中的兵法"——《武经七书》军事思想 / 62
　第一节　《吴子兵法》的军事思想 / 62
　　一、《吴子兵法》简介 / 62

二、《吴子兵法》的主要思想　/ 63
　　三、《吴子兵法》的影响与运用　/ 67
　第二节　《司马法》的军事思想　/ 69
　　一、《司马法》简介　/ 69
　　二、《司马法》的主要思想　/ 69
　　三、《司马法》的影响与运用　/ 72
　第三节　《六韬》的军事思想　/ 73
　　一、《六韬》简介　/ 73
　　二、《六韬》的主要思想　/ 74
　　三、《六韬》的影响与运用　/ 76
　第四节　《尉缭子》的军事思想　/ 77
　　一、《尉缭子》简介　/ 77
　　二、《尉缭子》的主要思想　/ 78
　　三、《尉缭子》的影响与运用　/ 79
　第五节　《三略》的军事思想　/ 81
　　一、《三略》简介　/ 81
　　二、《三略》的主要思想　/ 82
　　三、《三略》的影响与运用　/ 84
　第六节　《李卫公问对》的军事思想　/ 86
　　一、《李卫公问对》简介　/ 86
　　二、《李卫公问对》的主要思想　/ 86
　　三、《李卫公问对》的影响与运用　/ 88

● 第六章　探究"军事学的百科全书"——《武备志》军事思想　/ 90
　第一节　茅元仪与《武备志》　/ 90
　　一、学者将军茅元仪　/ 90
　　二、《武备志》简介　/ 91
　第二节　《武备志》的军事思想　/ 94
　　一、文武并举思想　/ 94
　　二、以阵练兵思想　/ 95
　　三、战略防御思想　/ 95
　　四、攻守作战思想　/ 97
　　五、利器强兵思想　/ 97

第三节 《武备志》的影响与运用 / 99
　　一、《武备志》的编纂特点 / 99
　　二、《武备志》的兵学价值 / 101
　　三、《武备志》的具体运用 / 102

● 第七章　战争中的胆略与智慧——克劳塞维茨的军事思想 / 105
　第一节　克劳塞维茨与《战争论》 / 105
　　一、西方兵圣克劳塞维茨 / 105
　　二、《战争论》简介 / 106
　第二节　《战争论》的军事思想 / 107
　　一、战争观与战争理论 / 107
　　二、战略思想 / 110
　　三、战斗理论 / 111
　　四、军队建设思想 / 113
　　五、进攻与防御思想 / 113
　第三节　《战争论》的影响与运用 / 115
　　一、《战争论》的影响 / 115
　　二、《战争论》的运用 / 117

● 第八章　用艺术的眼光审视战争——若米尼的军事思想 / 122
　第一节　若米尼与《战争艺术概论》 / 122
　　一、戎马一生的若米尼 / 122
　　二、《战争艺术概论》简介 / 124
　第二节　若米尼的军事思想 / 126
　　一、战争的哲学 / 126
　　二、战争的艺术 / 130
　第三节　若米尼军事思想的影响与运用 / 136
　　一、若米尼军事思想的影响 / 136
　　二、若米尼军事思想的运用 / 138

● 第九章　瞄向大洋的深邃目光——马汉的海权论思想 / 139
　第一节　马汉与海权论 / 139
　　一、海权论鼻祖马汉 / 139
　　二、海权论简介 / 140
　第二节　马汉的海权论思想 / 141

一、海权认识论 / 141
　　二、海军建设思想 / 143
　　三、海上作战理论 / 144
第三节　马汉海权论思想的影响与运用 / 145
　　一、马汉海权论思想的影响 / 145
　　二、马汉海权论思想的运用 / 146

## 第十章　投向蓝天的精确预见——杜黑的制空权理论 / 150
第一节　杜黑与《制空权》 / 150
　　一、痴迷空军理论的杜黑 / 150
　　二、《制空权》简介 / 153
第二节　杜黑的制空权理论 / 153
　　一、制空权认识论 / 154
　　二、空军建设思想 / 157
　　三、空中作战理论 / 161
第三节　杜黑制空权理论的影响与运用 / 162
　　一、杜黑制空权理论的影响 / 162
　　二、杜黑制空权理论的运用 / 165

## 第十一章　所向披靡的机械战甲——富勒的机械化战争理论 / 167
第一节　富勒与《装甲战》 / 167
　　一、热衷装甲战的富勒 / 167
　　二、《装甲战》简介 / 171
第二节　富勒的机械化战争理论 / 172
　　一、机械化战争认识论 / 172
　　二、机械化部队建设思想 / 174
　　三、机械化战争的战略与战术 / 176
第三节　富勒机械化战争理论的影响与运用 / 180
　　一、富勒机械化战争理论的影响 / 180
　　二、富勒机械化战争理论的运用 / 181

## 第十二章　西方不战而胜的思想——利德尔·哈特的间接路线战略理论 / 185
第一节　利德尔·哈特与《战略论》 / 185
　　一、上尉军事家利德尔·哈特 / 185

二、《战略论》简介 / 188

第二节 利德尔·哈特的间接路线战略理论 / 189

一、战略、大战略和战略目的 / 189

二、战略的实质是间接路线 / 192

三、战略原则是实际上的行动指南 / 194

第三节 间接路线战略理论的影响和运用 / 196

一、间接路线战略理论的影响 / 196

二、间接路线战略理论的运用 / 199

## 第十三章 信息时代的战争预言——信息化战争理论 / 201

第一节 信息化战争理论的产生与发展 / 201

一、信息化战争是社会经济形态发展的必然结果 / 201

二、高技术的发展是信息化战争产生的直接动因 / 202

三、局部战争的实践加快信息化战争理论的形成 / 202

第二节 托夫勒的"第三次浪潮"战争预言 / 203

一、托夫勒与《未来的战争》 / 203

二、"第三次浪潮"战争预言理论 / 205

三、"第三次浪潮"战争预言的影响 / 211

第三节 斯里普琴科的"第六代战争"理论 / 211

一、斯里普琴科与"第六代战争"理论的提出 / 211

二、"第六代战争"理论的主要思想 / 213

三、"第六代战争"理论的影响与运用 / 216

第四节 哈伦·厄尔曼的"震慑"理论 / 218

一、哈伦·厄尔曼与"震慑"理论的提出 / 218

二、"震慑"理论的主要思想 / 219

三、"震慑"理论的影响与运用 / 223

● 主要参考文献 / 228

● 后记 / 230

# 第一章 探寻军事思想的发展轨迹
## ——中外军事思想概述

## 第一节 军事思想概述

军事思想是关于战争与军队问题的理性认识。它揭示的是战争的本质、战争的基本规律以及进行战争的指导规律,阐明了国防和军队建设的基本理论与原则,从总体上反映了研究战争和军事问题的理论成果。人类对战争和军队问题的认识,随着社会生产力的发展,社会经济、政治制度的更替,人们科学文化水平的提高及思想意识的转变,战争的日益频繁和规模的不断扩大等,有一个历史发展的过程。哲学为军事思想提供认识论和方法论基础。科学文化水平以及道德、宗教和法律,还有民族、地理环境等因素,也都不同程度地影响军事思想的发展。

### 一、军事思想的研究主题

军事思想研究的问题通常包括:战争观(对战争的基本看法)、国防思想、作战思想、建军思想、军事哲学(对军事和战争研究的方法论问题)等。军事思想是战争与军队实践经验的理论概括,它来源于战争与军事活动的实践,又给战争和军队实践以理论指导,并随着战争和军队实践的发展而发展,是军事科学的基础理论部分,属于社会意识形态,从根本上说,它是由社会经济、政治制度决定的,具有鲜明的阶级性。军事思想也通称军事理论。

我们可以从不同的角度对军事思想进行不同的划分。按时代划分,有古代军事思想、近代军事思想和现当代军事思想;按阶级性质划分,有奴隶主阶级军事思想、封建地主阶级军事思想、资产阶级军事思想和无产阶级军事思想;按地域与国家划分,有外国军事思想和中国军事思想,外国军事思想又有美国军事思想、英国军事思想、德国军事思想、日本军事思想等;按人物划分,有孙子军事思想、拿破仑军事思想、克劳塞维茨军事思想、诺米尼军事思想、毛泽东军事思想、习近平强军思想等。

## 二、军事思想的基本特征

军事思想是一种社会意识形态。它产生于一定物质生产和战争实践的基础之上,同时受其他社会意识形态的制约和影响。反映一定阶级和集团利益的政治观念决定军事思想的阶级性质,制约其发展方向。

军事思想具有鲜明的阶级性。不同阶级所奉行或推崇的军事思想,反映各个阶级对战争的不同认识和立场。军事思想具有时代性。不同历史时期的军事思想各有自己的特征,这些特征往往最能反映当时的物质生产水平。军事思想还具有明显的继承性。战争的特性之一,是强制人们必须使自己的主观认识同客观实际相一致才能取胜,所以历史上所形成的许多军事原则、概念和范畴,有些因其反映了军事斗争的共同规律而流传下来为后人所继续使用,并不断地得以丰富和发展。

军事思想具有强烈的时代性。任何思想都是一定历史发展阶段的产物,军事思想也遵循同样的规律。军事思想的发展以新的生产力和新的社会关系为前提,其来源与发展依赖于军事实践,特别是战争实践。不同时代的军事思想都有其明显的时代特征。军事思想来源于战争实践,不同历史时期的战争有着不同的形态和战略战术,有着不同的军队组织原则和编制。这些不同时代的特征往往最能反映当时的生产力水平,军事思想所反映的这些特征反映了这些时代的生产力发展水平。军事思想作为独立的意识形态出现,始于奴隶社会,这个时期在军事思想中占据重要地位的是宗教迷信观念。在奴隶社会向封建社会发展的过程中,一些强大的奴隶制国家在战争中衰亡。封建时代的人们渐渐认识到,战争胜负不仅取决于物质力量的强弱,而且同政治因素、战争的性质、力量的运用及其强弱转化有着密切的联系。随着工业的发展和科技的进步,军事思想越来越重视先进科学技术在战争中的作用,发展形成了众多现代军事思想和军事理论。

军事思想具有明显的继承性。军事思想是在继承先人和不断创新的辩证运动中进步与发展的。社会生产力的不断提高和科学技术的飞速进步,要求军事思想在继承历史上一切优秀遗产的基础上,不断地有所创新和发展。军事思想的发展历史表明,在和平时期军事思想的发展往往落后于社会生产力和科学技术的发展;上一场战争中曾经赢得胜利的经验,远远不能满足下一场战争的要求。在和平建设环境中,在重要的战略机遇期,我们要防止和克服保守倾向,积极探索军事领域出现的新情况和新问题,只有努力使军事思想适应新的历史条件,才能保证它对未来战争发挥正确的理论指导作用。

### 三、军事思想的地位及作用

军事思想与军事历史一起,被列为现代军事科学体系第一位,居于军事百学之首,为军事众多学科提供认识论、方法论上的指导,是军事众多学科的纲目科学。军事思想是军事实践的行动指南。军事思想是军事实践的能动反映、理论概括,它揭示了军事领域的一般规律,所以能对军事实践起指导作用。

军事思想为认识军事问题提供了基本的观点,为进行军事预测提供了思想方法,为从事各项军事实践活动提供全局性指导,对其他社会实践也有着重要的意义。军事思想反映军事领域的规律愈深刻、愈正确,它对军事实践的指导作用也就愈大,人们就可以在战争中掌握主动,少犯错误,多打胜仗。在战争史上,每一次取得伟大胜利的战争,都是以正确的军事思想做指导为前提的。毛泽东军事思想指导中国人民在半殖民地半封建社会,以弱胜强,取得人民革命的伟大胜利。邓小平新时期军队建设思想则是在中国的和平建设年代,对世界战略的形势、新时期中国的国情、现代战争的特点和军队建设的现状,进行深刻分析判断的基础上,对于中国人民解放军的建设所做的科学的理论概括。没有正确的军事思想做指导,即使具备取得战争胜利的物质条件,也难以赢得战争的胜利。战争实践证明,在客观物质条件许可的范围内,军事思想正确与否决定着战争的胜败。

## 第二节 中国的军事思想

中国是世界上最早创立较系统的军事理论的国家之一。在中国几千年的悠久历史长河中,在数千次频繁激烈的战争中,涌现出众多优秀、卓越的军事人物,他们从实践和理论两方面创造了灿烂辉煌的中国军事思想宝库。

### 一、中国古代军事思想

古代军事思想,通常指冷兵器时代人们对于国防、战争及军队问题的理性认识。中国古代军事思想,是中国古代各阶级和政治集团,以及军事家和军事论著者对战争与军队问题的理性认识。即从公元前21世纪到1840年这一时期,人们对于战争和军队问题的理性认识。中国古代常常称之为兵法、谋略等,包括治兵、用兵的基本原理、原则和方法等。在我国的古代,不但战争实践最为丰富,战争数量和规模最为巨大,而且最早创立了较完整、系统的军事思想体系。

我国古代军事思想的发展大致经历了以下四个时期:

(一)初步形成时期

夏商西周时期的军事思想。大约从公元前21世纪至公元前8世纪初,中国经历了夏、商、西周三个王朝。这是中国奴隶社会时期,也是中国古代军事思想的初步形成时期。由于阶级矛盾成为社会发展中的主要矛盾,战争也就成了阶级斗争的最高斗争形式。如夏商之间的鸣条之战,就含有简单的战术和谋略的思想。在中国最早的文字——甲骨文和金文中已有对军事和战争的记载,这是中国古代军事思想的萌芽。军事思想的载体是各类军事著作,特别是军事理论著作。在中国古代,人们把记录有关军事和战争内容的书籍称为"兵书"。随着生产力的发展,出现了专门用于书写的简策和版牍,为兵书的诞生提供了必要的物质条件。西周时期,曾产生过两部较系统记述作战经验和军事原则的兵书——《军志》和《军政》。这是中国古代军事思想形成的标志。

(二)蓬勃发展时期

春秋战国时期的军事思想。大约从公元前8世纪初至前3世纪,即春秋战国时期,是中国古代军事思想蓬勃发展时期。春秋战国时期是中国历史上的大变革时代,军事理论和战争实践都得到了较大的发展,我国古代军事思想取得了辉煌的成就。军事思想已经上升到理论高度,形成了诸如"足食足兵"、"以正治国,以奇用兵"、"尚战、善战、慎战"、"不战而屈人之兵"等思想,全面奠定了中国古代军事思想的基础。我国古代军事思想在这个时期已经基本成熟。这个时期,中国也涌现出《孙子兵法》《吴子兵法》《司马法》《尉缭子》《六韬》等众多杰出的军事专著。不仅形成了较为完整的战争观,而且总结出了普遍的战争指导原则。可以说,春秋战国时期的军事思想,是我国军事思想史上的第一个高峰,确立了中国封建社会军事思想的基础。

(三)充实提高时期

秦汉至五代时期的军事思想。从公元前3世纪初至公元10世纪中叶,中国经历了秦、汉、隋、唐时期,这是中国封建社会的上升时期,也是中国古代

## 第一章 探寻军事思想的发展轨迹

军事思想的充实提高时期。秦国经过统一战争,结束了春秋战国时期的分裂局面,第一次建立起中央集权的封建国家。汉、唐在军事上也处于开疆拓土的鼎盛时期,中国古代军事思想得到了进一步的丰富和发展,初步形成古代军事学术体系,形成了研究军事战略的"兵权谋",研究战役、战术的"兵形势",研究军事天文、气象的"兵阴阳",研究兵器、装备的制造和运用技巧的"兵技巧"。战略思想趋于成熟,战略防御思想得到进一步完善。

(四)系统完善时期

宋代至清代前期的军事思想。从公元960年至1840年,中国历经宋、元、明、清前期四个朝代,这是中国封建社会的后期,也是中国古代军事思想的系统完善时期。这个时期中国政治、经济、科技和军事在新的历史条件下有了较大的发展,武学开始被纳入国家教育体系,中国古代军事思想进一步丰富和完善。宋仁宗时期编的《武经七书》为官定武学教材,为军队培养选拔了大批军事人才,繁荣了军事学术;明清两朝将武举推向更深层次,大量军事著作问世,有《历代兵制》《百将传》《读史方舆纪要》《武经总要》《虎钤经》《纪效新书》《登坛必究》等,军事思想的研究向专门化发展;编纂了以《武备志》为代表的大量大型综合性军事类书和汇编,进一步充实了我国古代军事思想的体系,指导了当时的军队建设和军事斗争,成为我国军事思想史上的第二个高峰。

中国古代军事思想内容丰富全面,论述精辟深刻,不仅是中华民族宝贵的历史文化遗产,也是近代、现代军事思想的源泉之一。其中的许多军事原则,不仅指导了历代战争,而且直到今天仍不失其理论价值。

### 二、中国近现代军事思想

1840年鸦片战争后,我国逐步沦为半殖民地、半封建社会,我国古代军事思想在西方资产阶级军事思想的影响下,发生了此消彼长或相互融合的历史性演变,促成我国近代资产阶级军事思想的产生和形成。我国近代军事思想受近代西方资产阶级军事思想影响至深。随着西方近代军事思想的飞速发展,以及资本主义国家的"坚船利炮"打开了中国的国门,中国统治集团和有识之士开始睁眼看世界。他们主张严修武备,坚决抵抗外来侵略,提出了"师夷长技以制夷"的战略思想及"器良技熟,胆壮心齐"的建军思想,其代表人物主要是林则徐、魏源。第二次鸦片战争失败后,一部分洋务派官僚,如曾国藩、左宗棠、李鸿章等,开展了一场以学习西方"长技"为主要内容的"自强"

运动,他们引进先进技术,开办工厂,制造枪炮和战舰,购置洋枪洋炮,装备和训练军队,聘请外国教官指导军事训练,并派军事留学生出国学习军事科学。另外,他们还翻译了克劳塞维茨的《战争论》等著作。但是,清王朝虽然提出了"中学为体,西学为用"的总的指导思想,但常常生搬硬套,其建军思想仍然以封建纲常与宗法思想为基础,作战和训练理论都没有实现由冷兵器时代向热兵器时代的跨越。

以孙中山为代表的资产阶级民主革命的兴起,给近代中国革命带来了一线曙光,也把近代中国军事思想向前推进了一大步。孙中山在俄国十月革命的影响和中国共产党的帮助下找到了正确的建军道路,提出军队必须与国民结合,使之成为国民之武力的建军思想。他在组建军事学校、培养军事领导骨干、组织革命军、建立革命军的组织体制和政治工作制度,以及在制定武装斗争方略和作战方法等方面做出了重要贡献。而在此期间,北洋军阀政府的陆、海、空军,基本上是按西方操典训练的。1927—1949 年,蒋介石的军队也基本上是按西方和日本的操典、条令和教程进行训练的,并先后组织翻译了日、德、意、英、美等国的军事著作,把外国资产阶级军事思想与曾国藩、左宗棠、胡林翼、李鸿章、张之洞等人的治军思想掺杂混用。此后,蒋百里、杨杰等军事理论家在军事上形成的一套理论,也都带有西方资产阶级军事思想的深刻烙印。

**三、中国当代军事思想**

随着资本主义的发展,无产阶级登上了西方国家的历史舞台。马克思、恩格斯为适应无产阶级及一切被压迫人民解放斗争的需要,在创立无产阶级的革命学说的同时,也创立了无产阶级军事思想。无产阶级的军事思想在外国先后经历了马克思、恩格斯军事思想,列宁、斯大林军事思想等重要发展阶段。20 世纪初,随着马列主义在中国的传播,马列主义军事思想也随之传入了中国。

中国现代军事思想的形成和发展与马列主义在中国的传播和发展有着紧密的联系。以毛泽东为代表的中国共产党人,把马列主义的基本原理同中国革命战争的具体实践相结合,应用和发展马列主义军事思想,创立了中国特色的无产阶级军事思想,即毛泽东军事思想。毛泽东军事思想是现代中国特色的马克思主义军事理论,是中国革命战争的科学指南,也是中华人民共和国建立后国防和军队建设、战争准备与战争实施和指导的根本理论武器。改革开放后,邓小平坚持实事求是的思想路线,创造性地运用马列主义军事思想和毛泽东军事思想的基本原理,总结历史经验和现实经验,适应新时期国防和军队建设的需要,创立了邓小平新时期军队建设思想。这一思想,是邓小平理论的重要组成部分,是新时期军队建设的指针。江泽民主持中央军委工作后,始终坚持继承和发展毛泽东军事思想、邓小平新时期军队建设思想,敏锐地洞察国际风云,科学地把握中国的国情和军情,针对新的历史条件下军队与国防建设,军事斗争准备面临的新情况、新问题,做出了一系列新论述,做出了科学的战略决策,形成了江泽民国防和军队建设思想。新世纪、新阶段,胡锦涛以毛泽东军事思想、邓小平新时期军队建设思想、江泽民国防和军队建设思想为指导,把科学发展观作为国防和军队建设的重要指导方针,站在国家安全和发展战略全局的高度,统筹经济建设和国防建设,形成了胡锦涛国防和军队建设思想。在新的历史机遇期,特别是党的十八大以来,习近平围绕强军兴军,深刻阐述了国防和军队建设的根本性、方向性、全局性的重大问题,大大丰富发展了党的军事指导理论。党的十九大立足国家安全和发展战略全局,提出习近平强军思想,为实现党在新时代的强军目标、把人民军队建成世界一流军队提供了根本引领和科学指南。

从毛泽东、邓小平、江泽民、胡锦涛到习近平,党的几代领导核心的军事思想及不同时期关于我国国防和军队建设的重要论述,不仅成为中国现代军事思想的典范与代表,也是中国共产党的理论创新在军事领域里的反映和体现,凝聚了全党、全军的集体智慧。

## 第三节　西方的军事思想

战争伴随着人类的历史。从古至今,西方历史上爆发过众多大规模战争,涌现出了许多著名的将领和军事人物。从色诺芬的《长征记》开始,西方古代军事思想家们结合战争实践,开始了对战争理论的探索、思考与总结。自克劳塞维茨的《战争论》横空出世,近现代西方军事思想人才辈出,开阔的视野、灵活的思维、创新的理论与新兴的军事科技紧密结合,深刻影响着世界的战争版图与格局形势,在不断发展与完善中形成了具有自身特色的军事理论体系。

### 一、西方古代军事思想

西方古代军事思想发轫于公元前 4000 年左右的欧洲、北非及西亚地区。随着奴隶制国家和社会形态的出现,西方早期军事文明也应运而生。古埃及、古波斯、古罗马、古希腊的崛起与繁荣,在很大程度上伴随着激烈的战争、冲突与绵延不断的军事较量。当西方进入封建时代后,随着社会生产力水平的不断提高,军事技术不断发展,人类活动区域日益扩展,欧洲一些强国出于不同目的的对外战争也日益频繁。在奴隶社会与封建社会的漫长历史中,西方国家对人类的军队和战争问题也逐渐形成了比较丰富的积累与系统的认识。

古代希腊最初实行部落军事民主制度。随着社会生产力水平的不断提升,城邦国家迅速兴起,彼此之间也因利益纠纷经常发生兼并战争。当时最强大的城邦之一的斯巴达,在全体公民中实行严格的军事管理,公民即战士,整个社会犹如军营,军事训练是每一名斯巴达人日常生活的重要组成部分。希波战争、伯罗奔尼撒战争等大规模战争先后爆发,给希腊社会带来了巨大的震荡和影响。战争期间米太亚德、色诺芬、亚历山大等著名军事统帅对战争问题进行了理性的思考和总结,成为西方军事理论研究的先声。修昔底德在《伯罗奔尼撒战争史》中已认识到战争的根源问题非偶然的冲突,而是利益矛盾不可调和的产物。雅典统帅伯利克里也指出战争在维护帝国利益的同时,也维护了每个个体的利益。在伯罗奔尼撒战争期间,马其顿凭借军事改革迅速崛起,亚历山大大帝东征万里,建立起一个地跨欧亚非的大帝国。在十年间大大小小的征战中,亚历山大大帝以其精湛的战略指挥与灵活的战术选择,以及对政治手段与军事手段的巧妙运用,被载入西方军事思想史。

古代罗马最早的王政时期也属于军事民主性质,此后奴隶制城邦国家出现,成立了由贵族专政的共和国。在长期的战争中,古罗马形成了以军团为特点的军事组织,军中纪律严格,赏罚严明。在日渐频繁的对外扩张行动中,西庇阿、恺撒等一大批骁勇善战、有勇有谋的将领先后涌现。持续百年之久的布匿战争中创造出的全新战略、战术、战法以及先进的军事技术,将西方古代军事思想发展和战争实践推上一个新的高度,对后世影响深远。古罗马人重视对战争的研究,恺撒的《高卢战记》、弗龙蒂努斯的《谋略》、韦格蒂乌斯的《兵法简述》等军事理论作品对战争的目的、性质、影响胜负的因素、作战的谋略与原则、军队的训练与管理等进行了总结和概括,对于当时的军事斗争实践产生了极其重要的影响。

中世纪欧洲各主要国家在军事上纷纷推出各类改革举措,以使其自身适应王朝战争、争霸战争、侵略战争等不同战争的需求,维护与加强自身的封建统治。阿拉伯与拜占庭的战争、英法百年战争、十字军东征等大量战争实践使大批具有军事指挥才能与谋略眼光的军事家走到历史前台,出现了一批以《战记》《将略》《战术学》为代表的军事著作,丰富了西方古代军事思想宝库。

不过,这一时期西方的军事思想的发展在一定程度上受到宗教神学的影响、干预与制约,因而对战争本质的认识多带有宗教色彩。

## 二、西方近现代军事思想

西方近代军事思想形成于17世纪中叶至19世纪中叶,并在19世纪中叶至20世纪上半叶迅速发展。随着资本主义在欧洲的发展与兴盛,各种社会矛盾错综复杂,战争此起彼伏。工业革命的蓬勃发展、近代国际格局的剧烈变动,以及火药在战争中的广泛运用,极大地改变了战争的特点、形式与手段。这一时期西方军事思想领域迎来一个发展的高潮,涌现出一批代表性的人物和军事著作,俄国苏沃洛夫的《制胜的科学》,瑞士若米尼的《战争艺术概论》,普鲁士克劳塞维茨的《战争论》,美国马汉的《海权对历史的影响》《海军战略》,意大利杜黑的《制空权》,英国富勒的《装甲战》,德国鲁登道夫的《总体战》等都在其列。著名军事家拿破仑、库图佐夫等人卓越的军事指挥才干、创造性的军事实践活动和军事成就为后人叹服,虽然他们未给后人留下专题性的军事著作,但其散见于各类书信、文件、命令与手稿批注中的文字同样也蕴含着内容丰富、内涵深刻的军事思想。

拿破仑战争、克里米亚战争、普法战争、美西战争、日俄战争、第一次世界大战、第二次世界大战,随着战争规模的日渐扩大与参战国家的增多,近代西方各国间战争持续时间较之过往显著变长,战争成为解决各类争端的有效手段。在新的历史条件下,新的武器、新的战法在战争中得到运用、检验与磨炼,新的战争经验不断形成、发展与完善,从协同作战、联合作战到攻防作战,从海权论、制空权论、机械战争论到总体战,一个个不同于以往的全新军事学说、战争理论应运而生,近代西方军事理论的发展在追随时代前进的脚步中迸发出蓬勃的生命力,西方资产阶级军事思想体系逐渐形成并趋向成熟。

随着欧洲工人运动的勃兴,无产阶级作为一支新兴力量登上了人类历史舞台,近代西方无产阶级军事思想也孕育并成长起来。在革命形势下,马克思、恩格斯在批判吸取近代资产阶级军事理论家思想观点的基础上,创立了无产阶级军事理论,列宁、斯大林等人在此基础上结合新的战争经验和实践进一步传承与发展。欧洲革命、巴黎公社起义期间,马克思、恩格斯根据当时的斗争形势,对战争和军队问题进行了系统研究,并发表了大量战争评论和军事论文。俄国革命和苏联时期,列宁和斯大林等人撰写了多部军事著作,从战略决策、军事科学、军事学术到军队建设等各个方面进行了深入思考,极大地丰富了马克思主义军事理论。

## 三、西方当代军事思想

克劳塞维茨曾说:"要想通晓战争,必须审视一下每个特定时代的主要特征。"一个时代的主要特征往往通过这个时代里具有代表性的关键性技术体现出来。随着人类科技的飞速进步,武器装备的日新月异,人类战争爆发的原因、当代战争所展现出的特点和外在的形式等均发生了巨大的变化,这些因素必然投射到思想领域,人们对战争重新进行认识、理解与界定,对战争进行更深层次的思考与反省,对战争的法则与制胜的因素展开更为全面的研究。人类进入20世纪以后,科学技术的发展速度前所未有,新兴技术门类不断涌现。以信息技术为代表的高新技术将人类带入信息时代。科学技术不仅推动了生产力的发展,也在军事领域得到广泛运用,转化为惊人的战斗力。在科学技术和战争实践的推动下,人类军事史上最为深刻、最具颠覆性的军事变革正在如火如荼地进行。信息化战争已经登上了战争的舞台。可以说,信息化构成了我们这个时代的主要特征,它对军事思想领域必定产生重大的影响。

1991年爆发的海湾战争成为有史以来人类战争史上现代化程度最高、使用新式武器最多、投入军费最多的一场战争。这次战争对冷战后国际新秩序的建立产生了深刻影响,同时也展现出现代高科技条件下作战的众多新特点,对当代军事战略、战役战术、军队建设思想的发展与走向产生了巨大的影响。始于2001年的阿富汗战争、2003年的伊拉克战争,一次次诠释了科技是现代军队发展和军事实力的重要支柱,信息化已成为当代战争最重要的特征。

在以信息化为主要特征的时代,西方军事思想异彩纷呈,这些新颖的思想与当代战争实践紧密结合在一起,焕发出前所未有的活力。美国未来学家托夫勒在"第三次浪潮"的大背景下探讨了战争与和平问题,在准确把握社会发展趋势的基础上对未来战争进行了大胆预测,并指出:随着战争形式的多样化发展日趋加快,战争必然变得越来越复杂。俄罗斯当代军事思想家斯里普琴科的"第六代战争"理论结合海湾战争等多场高技术局部战争对信息化战争的特征进行了精准而全面的概括与分析,并从多个层面对核问题进行了深入的探讨。伊拉克战争中,哈伦·厄尔曼博士创立的"震慑理论"经受了实战的检验,其快速制胜的思路充分发挥了信息化的优势,将战场上的信息化武器装备、信息化指挥通信平台等技术优势迅速而有效地转化为战场优势,将战场上物质力量的对抗与精神和意志的较量融合于一体。

# 第二章 "不战而屈人之兵"的战争艺术

## ——《孙子兵法》军事思想

## 第一节 孙子与《孙子兵法》

### 一、孙子其人其事

孙子(约公元前545年—约公元前470年),名武,字长卿,春秋时期著名的军事家、政治家,后人尊称其为孙子、孙武子。根据史书记载,孙子的先祖陈完原本是周朝时中原地区的一个诸侯国陈国的贵族,前往齐国后改姓为田,田氏后来发展成为齐国一大名门贵族。《二十四史》之一的《新唐书·宰相世系表》对孙子的家世有较为详细的记载:"又有出自妫姓,齐田完字敬仲,四世孙桓子无宇;无宇二子:恒、书;书字子占,齐大夫,伐莒有功,景公赐姓孙氏,食采于乐安;生凭,字起宗,齐卿;凭生武,字长卿,以田、鲍四族谋为乱,奔吴,为将军,三子:驰、明、敌;明食采于富春,自是世为富春人,明生膑;膑生胜,字国辅,秦将……"田(孙)书即孙武的祖父,在景公朝官至大夫,后因景公赐姓孙氏,改姓名为孙书。田(孙)书的儿子孙凭,即孙武的父亲,也为官朝中。孙武就出生在这样一个祖辈都精通军事的世袭贵族家庭里。由于出生将门,受到了良好的教育和家庭的熏陶,孙武在成长的过程中逐渐显现出对军事的爱好和特有的禀赋,在"庠序"求学时就对与军事相关的"射"和"御"二门科目兴趣浓厚,学习尤为刻苦,理想也很远大。他希望自己成人以后能像家中长辈一样,成为决胜千里、驰骋疆场的卓越将领。

孙子后来因"四姓之乱"离开齐国,辗转来到吴国,经吴国重臣伍子胥举荐,向吴王阖闾进呈所著兵法,受到重用为将。伍子胥、孙武共同辅佐吴王,整军经武,备战图霸,使吴国不断强大起来。在这期间,孙武的军事才能得到

中外军事思想与战争实践

了充分的发挥。据司马迁《史记·孙子吴起列传》记载,孙武助吴王"西破强楚,北威齐晋,南服越人"。孙武与伍子胥共同辅佐阖闾经国治军,制定了以破楚为首务,继而南服越国,尔后进图中原的争霸方略;并实施分师扰楚、疲楚的作战方针,使吴取得与楚争雄的主动权,并在之后的柏举之战中以少胜多,使楚国几乎覆灭,吴国从此强盛起来。在讨伐越国的战争中阖闾受伤病死,太子夫差继承王位。吴王夫差一度励精图治,争得地区霸主的地位,但后重用奸臣伯嚭,听信谗言,杀伍子胥。伍子胥死后,孙武归隐深山,并终老吴国。有地方志"鼻祖"之称的《越绝书》中记载说姑苏"巫门外大冢,吴王客孙武冢也,去县十里",印证了这一点。

## 二、《孙子兵法》简介

《孙子兵法》为孙武所著兵法,又称《兵策》《孙子十三篇》。全书现存13篇,6000余字,从13个不同的角度详细讲述了治军统兵、行军打仗中的谋略与智慧。全书可分为三大部分,第一部分由《计》《作战》《谋攻》《形》《势》《虚实》组成,侧重论述军事学的基础理论和作战问题,主要强调战略速决和伐谋取胜,也包含对战争总体、实力计算和威慑力量的深刻认识。第二部分由《军争》《九变》《行军》《地形》《九地》组成,主要探讨运动战术、军队与地形的配置关系,攻防战术和胜败关系等。第三部分包括《火攻》《用间》,论述了战争中的两个特殊问题。各篇的主要内容简要概括如下:

第一篇《计篇》讲的是"庙算",即出兵前在庙堂上比较敌我的各种条件,估算战事胜负的可能性,并制订作战计划,从宏观上对决定战争胜负的政治、军事等各项基本条件进行比较、分析和研究,并对战争的发展进程和最终结局进行预测,尤其强调用兵前的周密谋划对战争胜负的决定作用。此篇,孙子不仅阐述了"重战"和"慎战"的观点,表明了对待战争的态度,还提出了著名的"五事"、"七计"、"诡道十二法"。"五事"为:"一曰道,二曰天,三曰地,四曰将,五曰法。""七计"为:"主孰有道?将孰有能?天地孰得?法令孰行?兵众孰强?士卒孰练?赏罚孰明?""五事"与"七计"对预测战争胜负的基本要素进行了到位的分析。"诡道十二法"则对诡道制胜的策略进行了具体展开,"故能而示之不能,用而示之不用,近而示之远,远而示之近;利而诱之,乱而取之,实而备之,强而避之,怒而挠之,卑而骄之,佚而劳之,亲而离之"。

第二篇《作战篇》讲的是庙算后的战争动员。"作战"指的是战争前的准备和筹划,属于"未战而庙算"的范畴。本篇着重分析了战争与经济的关系,指出战争既依赖于经济,同时也会对经济造成破坏。战争是交战双方军事实力的比拼与国家实力的较量。"凡用兵之法,驰车千驷,革车千乘,带甲十万,千里馈粮。则内外之费,宾客之用,胶漆之材,车甲之奉,日费千金,然后十万之师举矣。"军队的后勤保障系统、战备动员能力具有影响全局的重要性。孙子提出"兵贵速,不贵久"的观点,深刻分析了"速战"与"久战"的利和弊,并根据历史教训指出:"故不尽知用兵之害者,则不能尽知用兵之利也。"孙子还提出了取用于敌,胜敌益强的作战指导原则,"善用兵者,役不再籍,粮不三载,取用于国,因粮于敌,故军食可足也"。

第三篇《谋攻篇》讲的是以智谋攻城,以智取胜。"是故百战百胜,非善之善者也;不战而屈人之兵,善之善者也。"孙子主张不轻易动用武力,而是采用各种手段使守敌投降。孙子提出:"故上兵伐谋,其次伐交,其次伐兵,其下攻城。"并概括了作战过程中的"知胜之道":"知可以战与不可以战者胜;识众寡之用者胜;上下同欲者胜;以虞待不虞者胜;将能而君不御者胜。"从而进一步总结出"知彼知己,百战不殆;不知彼而知己,一胜一负;不知彼,不知己,每战必殆"的战争规律。此外,孙子还认为,国君不应干涉军队事务,否则会乱军致败。

第四篇《形篇》讲的是军事实力,讲述各种具有客观、稳定、易见等性质的作战因素,如战斗力的强弱、战争的物质准备。此篇中,孙子对战场上的敌与己、胜与败、攻与守、动与藏、余与缺等因素进行了辩证的分析,提出了"胜可知,而不可为"的观点,并分析了"善战者"之所以善战的原因,全面评判了他们在战前、战中与战后的动机、策略和行为,总结出"故善战者,立于不败之地,而不失敌之败也。是故胜兵先胜而后求战,败兵先战而后求胜"的胜战之道。孙子还谈到"地生度,度生量,量生数,数生称,称生胜",展开了对地形、兵员、资源等进行配置与运筹的初步探讨。

第五篇《势篇》围绕"奇"与"正"展开,"凡战者,以正合,以奇胜",讲的是指主观、易变、带有偶然性的因素,如对战争态势的把握、兵力的配置、士气的运用、战场的控制等,尤其强调"治众如治寡"的军队管理组织能力。"故善战者,求之于势,不责于人,故能择人而任势。任势者,其战人也,如转木石。木石之性,安则静,危则动,方则止,圆则行。故善战人之势,如转圆石于千仞之山者,势也",特别关注"择人而任势"的重要性,认为只有选用合适的将帅之才,并充分信任和发挥他们的才干,积极创造和利用有利的战争态势,才能真正做到奇正相生、克敌制胜。

第六篇《虚实篇》着眼于战场上的"虚"与"实"两种情况,讨论了善战者如何"致人而不致于人",如何通过先发制人、避实击虚等策略来实现军队的分散集结、以逸待劳地对敌人进行包围迂回,如何以巧妙的攻守布局造成预定会战地点上的我强敌劣,以多胜少。"夫兵形象水,水之形,避高而趋下,兵之形,避实而击虚。水因地而制流,兵因敌而制胜。故兵无常势,水无常形,能因敌变化而取胜者,谓之神",将兵形形象地比喻为水,认为将领在指挥战争、管理军队时只有如水一般灵活机动、随势而变,正确地选择对应策略、制订战方案,才称得上用兵如神。

第七篇《军争篇》总结了参战的规律,认为"凡用兵之法,将受命于君,合军聚众,交和而舍,莫难于军争",指出"军争为利,军争为危",辩证地分析了两军相争的有利与不利条件,进而提出要在了解敌方战略意图、获知战场地形地貌、利用当地向导的前提下,巧妙灵活地作战——"以诈立"、"以利动"、"以分和为变",懂得"以迂为直"、"以患为利",夺取会战的先机之利。此篇还引用《军政》的观点,强调了军队指挥信息系统对作战行动的重要性。孙子"三军可夺气,将军可夺心"的观点反映了古人对战场心理的觉察与洞悉,并对心理战的内在规律和外在表现进行了初步的总结与归纳,提出了"治气"、"治心"、"治力"、"治变"的战争策略。

第八篇《九变篇》聚焦于战场用兵中的"变",认为将领只有通晓九变地利的运用才可以称得上知道如何用兵,否则的话,"虽知地形,不能得地之利者矣"。同样的道理,"治兵不知九变之术,虽知五利,不能得人之用矣"。孙子认为"故用兵之法,无恃其不来,恃吾有以待也;无恃其不攻,恃吾有所不可攻也",专门强调了"有备无患",牢牢掌握战争主动权的重要性。他认为,将领应根据不同情况采取巧妙灵活的战略战术,考虑问题时也要兼顾利与害两个方面,懂得利用敌方的弱点进行要挟、驱使和引诱。孙子还提出了将帅性格上五种危险的倾向及其对用兵的影响,对将帅战场心理与指挥行为的关联进行了探索。

第九篇《行军篇》讲的是如何在行军中宿营和观察敌情。篇首通过黄帝战胜四方民族首领的历史战例来阐释"四军之利",对古代的山地作战、河川作战、沼泽作战和平原作战时的行军、宿营方法及战法原则进行了归纳与总结。篇中,孙子根据不同类型的战争有针对性地提出了不同的行军方法与注意点,包括如何利用地形驻扎军队、如何安全渡河、远离或利用天险、如何防御敌人埋伏、提防奸细、观察来使、识破阴谋,如何判断敌军士气、洞悉敌军动向、揣摩敌将意图,等等。孙子尤其重视行军中的军队治理,强调"治军"的同时也要"治心",提出"令之以文,齐之以武",文武兼施、赏罚并重的观点,指出将领在军队管理与训练的过程中要注意研究管理对象,充分把握与利用士卒的心理需求,懂得因势利导。

第十篇《地形篇》对不同的作战地形及相应的战术要求分别进行了归纳。孙子认为,作战中会遇到"通"、"挂"、"支"、"隘"、"险"、"远"六种基本地形,其中"通"为最佳,"远"为最劣。无论遇到哪种地形,指挥者都要认真研究,以趋利避害,降低失误的产生。孙子还把战场上军队失败逃离的情况按照表现及原因的不同进行了归类,区分出"走"、"驰"、"陷"、"崩"、"乱"、"北"六类,有的败在敌强,有的败在我弱,有的因为指挥失当,有的由于组织不力,凡此种种皆是将帅的重大责任。孙子认为,对于地形的审用是用兵作战的重要辅助条件,是高明的将领必须重视的因素。此外,他还指出"知彼知己,胜乃不殆;知天知地,胜乃不穷",认为作为将领应把握全局、知悉敌我军情,正确把握进攻敌方的时机与条件,尤其要排除外部不利因素的干扰。

第十一篇《九地篇》讲的是根据"主客"形势和深入敌方的程度等划分的作战环境及相应的战术要求。孙子把战地分成"散地"、"轻地"、"争地"、"交地"、"衢地"、"重地"、"圮地"、"围地"、"死地"九种不同类型,并提出针对"九地"的不同作战策略,例如,在"散地"不宜作战,在"轻地"不宜停留,对于"争地"不能强攻,在"死地"要力战求生,等等。孙子主张要取敌之要害而攻之,且兵贵神速,军队行动快速、出击精准,在有利的形势下要一鼓作气地击溃敌人。对于将帅在战场上的风范,孙子提出了"将军之事,静以幽,正以治"的高标准,"聚三军之众,投之于险,此谓将军之事也。九地之变,屈伸之利,人情之理,不可不察",将帅要认真考察、仔细钻研官兵的临战心理,充分调动、激发士卒在战场上的战斗力与杀伤力。

第十二篇《火攻篇》讲的是以火助攻与"慎战"思想。本篇,孙子介绍了用火攻烧毁敌人的营寨、粮草、辎重、仓库、粮道,列出了火攻必须具备的气象条件及用兵的方法。孙子还提出可以将火攻与水攻的战法相结合来取得更好的战果,"故以火佐攻者明,以水佐攻者强。水可以绝,不可以夺"。此篇末的慎战思想、及时行赏的思想以及将帅情绪管理思想也很值得关注。

第十三篇《用间篇》主要介绍了"因间"、"内间"、"反间"、"死间"、"生间"五种间谍的基本特征,认为这五种间谍可以同时配合使用,混淆视听,迷惑敌人,并通过商汤和周朝用间的实例高度肯定了间谍活动对国家的重要性,"故三军之事,莫亲于间,赏莫厚于间,事莫密于间。非圣智不能用间,非仁义不能使间,非微妙不能得间之实。微哉!微哉!无所不用间也"。同时,孙子也直言不讳间谍活动的普遍性及存在的巨大风险,"间事未发,而先闻者,间与所告者皆死"。

## 第二节 《孙子兵法》的军事思想

### 一、重战、慎战、备战思想

重战,就是重视战争,重视对战争的研究和准备。《孙子兵法》第一篇《计篇》开宗明义:"兵者,国之大事,生死之地,存亡之道,不可不察也。"战争就意味着血与火的考验,生与死的对抗。在孙子眼中这是关系到国家民众生死存亡的头等大事,必须认真研究和对待。孙子认为战争不是儿戏,必须高度重视、认真研究战争,"经之以五事,校之以计而索其情"。他认为只有全面考察和把握了"道"、"天"、"地"、"将"、"法"五个因素之后,才可以兴兵作战。可以说,《孙子兵法》关于战争的精辟概括,摆脱了天命鬼神决定战争胜负的观点,是古人对战争认识上的一个重大飞跃。

慎战,即慎重对待战争,不轻易言战。《火攻篇》中,孙子提出:"夫战胜攻取,而不修其功者凶,命曰费留。故曰:明主虑之,良将修之。非利不动,非得不用,非危不战。主不可以怒而兴师,将不可以愠而致战;合于利而动,不合于利而止。怒可以复喜,愠可以复悦;亡国不可以复存,死者不可以复生。故明君慎之,良将警之,此安国全军之道也。"他一生研究战争,却不是好战主义者,对战争的态度是慎之又慎。对待战争问题,明智的国君、贤良的将帅一定要慎重和警惕。由此出发,孙子又提出了"非利不动,非得不用,非危不战"的观点。任何时候,国家利益是第一位的,不是对国家有利的,没有取胜的把握,未处在危急关头,不能轻易发动战争。这些思想对我们当前处理国际问题和地区冲突有很高的参考价值。

备战,其意为居安思危、未雨绸缪。春秋战国时期,大国争霸,小国图存、图强,战争频繁。生活在那个时代的孙子提出了必须重视战备的思想,告诫人们要做到"用兵之法,无恃其不来,恃吾有以待也;无恃其不攻,恃吾有所不可攻也"。把战争的立足点放在事先做好充分准备的基础上,严阵以待,使敌人不敢来犯。

### 二、知胜、谋胜、先胜、全胜思想

《孙子兵法》特别强调"胜"。据统计,全书"胜"字用了82次之多。可以说,孙子有着非常强烈的求胜思想。以下,我们从"胜"字入手,从战争指导思想、用兵作战思想等方面解读孙子"知彼知己,百战不殆"的知胜思想、"攻其不备,出其不意"的谋胜思想、"先胜而后求战"的先胜思想和"不战而屈人之兵"的全胜思想。

(一)知胜思想

兴兵作战是可以预知胜败的。《谋攻篇》写道:"知彼知己者,百战不殆;不知彼而知己,一胜一负;不知彼,不知己,每战必殆"。在孙子看来,知胜之道包括五个方面:"知可以战与不可以战者胜;识众寡之用者胜;上下同欲者胜;以虞待不虞者胜;将能而君不御者胜。"毛泽东在《论持久战》一文中曾对此有过高度评价。他说:"战争不是神物,乃是世间的一种必然运动,因此,孙子规律'知彼知己,百战不殆'乃是科学的真理。"被誉为"当今东方兵圣"、"论兵新孙吴"的刘伯承元帅在指挥作战中也充分领悟了孙子的思想,把"知彼知己"作为克敌制胜的首要条件而倍加重视,并结合自身的实践,把对作战最有影响的几个要素进一步提炼细化,提出了生动形象的"五行术",通过知彼知己、知天知地、知上知下,把战争的主观指导与客观实际很好地结合起来。在战场上,古往今来的军事家、统帅、指挥员无不高度重视对敌我双方情况的了解。英国著名军事家惠灵顿公爵曾说:"山的那边在发生着什么,我终身都在探寻着!"毫无疑问,任何作战都应该首先做到知彼知己。历史上以少胜多的战例无不是以知彼知己为前提的。"知彼知己"从某种意义上来说,就是重视信息和情报工作。通过有效的情报工作,了解对方的战略意图,掌握对方的兵力部署情况。现代战争中如火如荼的信息战、情报战就是这一思想在军事实践中的贯彻。

(二)谋胜思想

运筹帷幄之中,决胜千里之外。《孙子兵法》中的谋胜思想主要体现在"攻其不备,出其不意"和"兵者,诡道"上,前一种是胜在奇袭,后一种妙在用计。"攻其不备,出其不意",指的是在作战过程中隐蔽自己的作战意图,在敌人没有防备的地方发起攻击,在敌人意想不到的时候采取行动。"攻其不备,出其不意"的出奇制胜,是军事谋略中的一条普遍使用的原则。孙子曰:"攻而必取者,攻其所不守也;守而必固者,守其所不攻也。故善攻者,敌不知其所守。善守者,敌不知其所攻。"用兵打仗时,需要运用种种方法欺骗迷惑敌人,《孙子兵法》的诡道制胜的思想很值得一提。兵不厌诈,古今常理。孙子提出了著名的"诡道十二法":"能而示之不能,用而示之不用,近而示之远,远而示之近。利而诱之,乱而取之,实而备之,强而避之,怒而挠之,卑而骄之,佚而劳之,亲而离之。"前四种,是隐藏自己的策略:即能战却装作不能战,想攻却装作不想攻,想攻近却装作打远,想打远却装作攻近。后八种,是利用敌人的方法:在敌人贪利、混乱时,要抓住时机,乘虚而入;对于实力强大的对手,要加强防备,避开优势;要想方设法去激怒、骄纵、骚扰和离间敌人,使他们丧失原来的优势……孙子的诡道思想被历代兵家继承和发展,写出了很多杰出的军事著作,其中比较著名的便是南北朝时宋国名将檀道济所编著的《三十六计》。

(三)先胜思想

《形篇》指出:"故善战者,立于不败之地,而不失敌之败也。是故胜兵先胜而后求战,败兵先战而后求胜。"打胜仗的军队总是首先创造取胜的条件,然后再同敌人作战;打败仗的军队总是先同敌人交战,希望在战争中取得侥幸的胜利。在作战用兵方面,"先胜而后求战"的先胜思想非常值得研究。

(四)全胜思想

从古至今,人类经历了连绵不断的战争。那么战争中可以依靠什么取胜呢?战争取胜的最高境界是什么呢?是武力占领?还是经济控制?孙武在《孙子兵法》中提出了他对战争取胜的著名的论断:不战而屈人之兵。《谋攻篇》写道:"是故百战百胜,非善之善者也;不战而屈人之兵,善之善者也。"历史经验告诉我们,即使在战争中做到了百战百胜,也必然会付出生命与财产的沉重代价,孙子认为这不是战争取胜的最高境界,并指出如果能不经过直接交战而使敌人屈服,那才是战争取胜的最高境界。孙子提出:"故善用兵者,屈人之兵而非战也,拔人之城而非攻也,毁人之国而非久也,必以全争于天下。"特别强调,以全胜的策略,即用"非战"的方式让敌人屈服,用"非攻"的手段夺取敌人的城池,用"非久"的策略灭亡敌人的国家。不战而屈人之兵是综合运用政治、经济和外交等非军事手段,在避免直接交战的情况下,迫使敌人屈服,以尽可能小的代价获得尽可能大的胜利。孙子提出的"谋攻四法",即"上兵伐谋,其次伐交,其次伐兵,其下攻城"。用兵的上策是以谋略取胜,其次是通过合纵连横、分化瓦解战胜敌人,再次是使用武力击败敌人,最下策才是攻打敌人的城池。对此,《谋攻篇》专门指出:"夫用兵之法,全国为上,破国次之;全军为上,破军次之;全旅为上,破旅次之;全卒为上,破卒次之;全伍为上,破伍次之。"显然,孙子认为不战而屈人之兵是一种最好的全胜战略。

### 三、治军、统兵思想

如何才能在战争中很好地运用制胜之道,取得最终的胜利呢?《孙子兵法》的治军、统兵思想的落脚点是"人"。人,是战争中最具活力的因素。要取得胜利,首先就要打造一支纪律严明、战斗力强的军队。随着社会的进步、战争形态的演变,以及军队人员结构的变化,当前我国国防和军队建设面临着诸多新情况、新问题、新挑战。《孙子兵法》中的治军思想非常值得研究和借鉴。

在治军方面,《孙子兵法》认为要讲究方法方式,既要重视精神教育,也要严明法纪军规,做到文武兼施。《行军篇》指出:"卒未亲附而罚之,则不服,不服则难用也。卒已亲附而罚不行,则不可用也。"将帅在尚未取得士卒爱戴和拥护时,就贸然处罚他们,那么士卒一定不服气,如果心里面不服,就很难使用他们去打仗;而如果士卒对将帅已经亲近依附,军纪军法却不能得到严格执行,那么这样的军队也无法去作战。"故令之以文,齐之以武,是谓必取。"用"文"的手段,即用政治道义来教育士卒,用"武"的方法,即用军纪军规来统一步调。上级的体贴和爱护使士兵们心悦诚服,军中的严格纪律使他们行动一致。这样的军队打起仗来必定能够取得胜利。

孙子主张爱兵,恩威并用。《地形篇》曰:"视卒如婴儿,故可与之赴深溪;视卒如爱子,故可与之俱死。厚而不能使,爱而不能令,乱而不能治,譬若骄子,不可用也。"他认为,如果将帅对待士卒能像对待婴儿和自己的儿子一样,那么士卒就可以和他同生共死、患难与共。孙子同时还指出,如果对士卒厚待却不讲纪律和约束,那么这样的士卒就如同娇惯了的子女,是不可以用来同敌作战的。为了避免把士卒养成骄子,孙子主张恩威并用,在管理教育中将关心爱护与严格要求紧密结合。

### 四、朴素唯物论思想

#### (一) 不信天道鬼神

孙子反对在战争中用迷信的方法预测胜负,主张"禁祥去疑","不可取于鬼神,不可象于事,不可验于度,必取于人,知敌之情者也",表现出鲜明的无神论思想。在否定天道鬼神的同时,孙子创造性地实现了军事领域由占卜决策向科学决策的转变。孙子指出战争胜负取决于"道、天、地、将、法"五种因素,将政治、自然、经济、制度、人员都纳入衡量预测战争胜负的考察范围,

"道者,令民与上同意也","天者,阴阳、寒暑、时制也。地者,远近、险易、广狭、死生也。将者,智、信、仁、勇、严也。法者,曲制、官道、主用也"。

### (二)反对冒进决策

孙子崇尚的军事思想还表现在他在战争决策问题上主张力避主观、力求客观。他指出:"主不可以怒而兴师,将不可以愠而致战;合于利而动,不合于利而止。"国君不可以因一时愤怒就轻率地发动战争,将帅也不可以因一时的恼怒而贸然致战。对于战争,孙子提出符合国家利益就行动,不符合就应该停止。只有从国家的根本利害出发,而不是从主观感情出发,才是正确决策战争的第一步。

### (三)主张实力取胜

孙子认为要以"五事"和"七计"去研究与比较战争,主张实力取胜。"故经之以五,校之以计而索其情:一曰道,二曰天,三曰地,四曰将,五曰法。""故校之以计而索其情,曰:主孰有道?将孰有能?天地孰得?法令孰行?兵众孰强?士卒孰练?赏罚孰明?吾以此知胜负矣。"从战争的胜负决定因素可以看出,要想取得最终的胜利必须发展国家的综合实力。

## 五、原始辩证法思想

### (一)把握事物对立统一的规律性

《孙子兵法》中,辩证法内容极为丰富,孙子运用它把战争发展变化的规律与操作对策揭示得淋漓尽致。"是故智者之虑,必杂于利害。杂于利,而务可信也;杂于害,而患可解也。"孙子反对只有片面、局部的了解就妄下论断,而主张对战争进行正反两面、全局性的思考。在他的辩证法中,多次出现二元的对立统一概念,战与和、势与事、君与将、彼与己、胜与负、治与乱、奇与正、虚与实、攻与守、迂与直、分与合、人与物、生与死、信与疑、屈与伸、行与止、利与害、表与里、文与武、速与久、刚与柔、攻与守、众与寡、先与后、强与弱、劳与逸、内因与外因、战争与建设等。

### (二)认清世界永恒变化的发展性

孙子具有朴素辩证的发展观,他认为一切事物都处在不断变化中,"无穷如天地,不竭如江海"、"夫兵形象水"、"兵无常势,水无常形"。战争像流动的水,时刻处于动势之中,水没有固定的形态,战争也没有固定的格局,都在永恒地变化着。他还指出:"乱生于治,怯生于勇,弱生于强。"治与乱,勇与怯,强与弱不是固定的,而是变化的。军队的士气是"朝气锐,昼气惰,暮气归",随着时间的变化而变化。战争需要的物资和进行的时机也在不断变化着,"五行无常胜,四时无常位;日有短长,月有死生"。总之,战争及与战争相关联的事物,一切皆变。"因形而措胜于众,众不能知;人皆知我所以胜之形,莫知吾所以制胜之形。故其战胜不复,而应形于无穷",要因敌变化,灵活以对。

(三) 重视人积极能动的创造性

孙子非常重视战争中人的能动性,主张通过人的积极作为来改变战场的形势与敌我的力量对比,具有很强的实践性。"敌佚能劳之,饱能饥之,安能动之",敌人休整得好,能设法使它疲劳;敌人给养充分,能设法使它饥饿;敌军驻扎安稳,能够使它移动。通过我方人为设置相应的环境来促进矛盾双方相互转化、使敌方由优势转为劣势,为己方的胜利铺平道路。孙子在分析取胜的客观条件时还谈道:"胜可知,而不可为。"认为胜利是可以预见的,但不能凭主观愿望去取得,是需要一定条件的。

## 第三节 《孙子兵法》的影响与运用

### 一、《孙子兵法》的影响

《孙子兵法》是我国和世界军事史上现存最早的、最有价值的、最有影响的军事理论专著,被中外学者称为"世界古代第一兵书"。我国从战国时代起,《孙子兵法》即广为流传,境内几乎家家藏有孙、吴之书。《史记》中说,世俗所称师旅,皆道《孙子兵法》十三篇,宋代将《孙子兵法》列为《武经七书》之首,成为习武之人必读的"教科书"。战国后各朝代的兵家名将以《孙子兵法》指导战争者不计其数。中国历代兵家名将无不重视对《孙子兵法》的研究与应用,先后有两百多位著名人物、学者对《孙子兵法》注解点评。三国时著名军事家曹操说:"吾观兵书战策多矣,孙武所著深矣",并对此书作了注释。诸葛亮赞道:"孙武所以能制胜于天下者,用法明也。"明代的茅元仪高度评价:"前孙子者,孙子不遗;后孙子者,不能遗孙子。"道出了这部著作承前启后的作用。近代,孙中山先生曾评价说:"那十三篇兵书,便成为中国的军事哲学。"毛泽东称孙武是中国古代军事学家,并多次引用《孙子兵法》的一些原则来说明问题。中华人民共和国成立后,《孙子兵法》多次再版,它不仅对现代军事思想有一定的影响,而且已扩及企业管理等方面。在国外,《孙子兵法》也久负盛名。唐初传入日本,18世纪下半叶起传入法、俄、英、德等国,成为近代资产阶级军事理论的一个思想源泉。现在世界上有日、英、法、德、俄等许多语种的《孙子兵法》译本流传,并得到一致高度赞扬。日本尊崇孙武为"百世兵家之师"、"兵圣",认为《孙子兵法》是科学的、有生命力的、不朽的名著,武经之冠。欧美的军事战略学家对此书更是爱不释手。美国著名战略家柯林斯在其1973年出版的《大战略》中称孙子是古代第一个形成战略思想的伟大人物,并认为孙子的大部分观点在当前环境中仍具有与当时同样重大的意义。目前世界上许多百科全书均为《孙子兵法》撰写条目。很多国家把《孙子兵法》列为军事人员必读之书和军事院校的重要教材。近年来,国外又将《孙子兵法》和现代战争理论、战略作战思想结合起来研究,并向经济、体育等领域扩展。《孙子兵法》不仅是我国宝贵的军事遗产,也是世界军事宝库中的珍贵财富。作为中国古典军事文化遗产中的璀璨瑰宝,《孙子兵法》的内容博大精深,思想精髓丰富,逻辑缜密严谨,是中国古代军事思想精华的集中体现。《孙子兵法》在军事理论上的杰出贡献,奠定了中国古典军事理论长期发展的基石,规范了古代军事思想的基本特质及其主导倾向。毛泽东曾深刻地指出,从孔夫子到孙中山,我们应当总结、继承这一份珍贵的遗产,这对于指导当前的伟大运动有重要意义。用马列主义、毛泽东思想的立场观点和方法去批判地总结、继承、发展古代军事思想,推陈出新,不仅对国防的现代化起到了巨大作用,而且对发展我国现代哲学和科学社会主义思想具有重要价值。

## 二、《孙子兵法》的运用

### 柏举之战

柏举之战是吴国西破强楚的一次战役,据说就是由孙武和伍子胥共同指挥的。这场战役不仅充分体现了"知彼知己,百战不殆"的知胜思想,也完美地展现了"先胜而后求战"的先胜思想。

(一)战争背景

吴国是春秋时期长江流域下游的一个国家,吴君寿梦继位后开始崛起。晋国为与楚国争霸,采取"联吴制楚"之策,派楚国亡臣屈巫带一队战车来到吴国,教吴人乘车、御射、列阵,吴军由此学会车战。吴国与晋国交好后,经济、文化得到发展,国力逐渐强大起来。寿梦便自号吴王,与楚国争夺江淮地区的霸权。周简王二年(公元前584年),吴军新编水陆大军齐出,一举攻下楚国淮河流域重镇州来(今安徽省凤台县)。此后近60年间,双方先后发生过十次大规模的战争。在这十次战争中,吴军全胜六次,楚军全胜一次,互有胜负三次。周敬王五年(公元前515年),吴国公子光夺得吴国王位,称吴王阖闾。阖闾继位后,任用楚国亡臣伍子胥和伯嚭为谋士、齐人孙武为将军,教授兵法,操练队伍,使吴国出现国富兵强的势头。

楚国是南方大国,春秋以来吞并的诸侯国最多,但自周敬王四年(公元前516年)楚昭王即位后,不仅内政腐朽,而且又与周边国家如唐、蔡等国不和。周敬王八年(公元前512年),吴王阖闾在先后灭掉归附楚国的小国徐国和钟吾国之后,想趁机大举伐楚,但孙武认为楚国实力仍很强,便进言道:"楚国是天下强国,非徐国和钟吾国可比。我军已经连灭二国,人疲马乏,军资消耗,不如暂且收兵,蓄精养锐,再等良机。"伍子胥也劝吴王道:"人马疲劳,不宜远征。"并献策说:"现今楚国内部不和,我军如用一部人马出击,楚军必定全军出动,等楚军出动后,我军再退回,这样经过几年后,楚军必然疲惫不堪。那个时候,便可考虑大举伐楚。"

吴王采纳了伍子胥的建议,将吴军分为三支,轮番骚扰楚军。当吴军的第一支部队袭击楚境的时候,楚国即派大军迎击。待楚军出动,吴军便往回撤。而楚军返回时,吴军的第二支部队又攻入了楚境……如此轮番袭扰楚国达6年之久,吴军先后袭击楚国的夷(今安徽省涡阳县附近)、潜(今安徽省霍山县东北)、六(今安徽省六安市北)等地,致使楚国连年应付吴军,人力物力都被大量耗费,国内十分空虚,楚军将士疲于奔命,斗志沮丧。

周敬王十三年(公元前507年),蔡国国君蔡昭侯、唐国国君唐成公,为报楚令尹子常(囊瓦)的勒索和被拘三年之仇,背叛楚国,与晋、吴结盟,使楚北侧失去屏障。周敬王十四年(公元前506年)春,应蔡国之请,晋、齐、鲁、宋、蔡、卫、陈、郑、许、曹、莒、邾、顿、胡、滕、薛、杞、小邾18国诸侯在召陵(今河南省郾城县东)会盟,共谋伐楚。同年农历四月,晋国又指使蔡国出兵攻灭楚之附庸沈国。楚国于同年秋发兵围攻蔡国。吴国君臣认为倾全力攻楚的良机已至,决定以救蔡为名,经淮道秘密绕过大别山脉,从楚守备薄弱的东北部突入楚境,对楚国实施打击。

(二)作战经过

公元前506年冬,吴王阖闾亲自挂帅,以孙武、伍子胥为大将,阖闾的胞弟夫概为先锋,倾全国3万水陆之师,乘坐战船,由淮河溯水而上,直趋蔡境。子常(囊瓦)见吴军来势凶猛,不得不放弃对蔡国的围攻,回师防御本土。当吴军与蔡军会合后,另一小国唐国也主动加入吴蔡两军行列。于是,吴、蔡、唐三国组成联军,浩浩荡荡,溯淮水继续西进。进抵淮汭(今河南潢川,一说今安徽凤台)后,孙武突然决定舍舟登陆,由向西改为向南。伍子胥不解其意,问孙武:"吴军善于水战,为何改从陆路进军呢?"孙武答道:"用兵作战,最贵神速。应当走敌人料想不到的路,以便打它个措手不及。逆水行舟,速度迟缓,吴军优势难以发挥,而楚军必然乘机加强防备,那就很难破敌了。"说得伍子胥点头称是。就这样,孙武挑选三千五百名精锐士卒为前锋,迅速地穿过楚北部的大隧、直辕、冥阨三关险隘(均在今河南省信阳市以南,河南、湖北两省交界处),直趋汉水,深入楚腹地,不出数日,挺进到汉水东岸,达成对楚的战略奇袭。

当吴军突然出现在汉水东岸时,楚昭王慌了手脚,急派令尹子常、左司马沈尹戍(一作戌)、大夫史皇等,倾全国兵力,赶至汉水西岸,与吴军对峙。左司马沈尹戍鉴于分散在楚国各地的兵力尚未集结,易被吴军各个击破,难以阻止吴军突破汉水的防御;又针对吴军孤军深入,不占地利的弱点,主张充分发挥楚国兵员众多的优势,变被动为主动,向令尹子常建议:由子常率楚军主力沿汉水西岸正面设防。而他本人则率部分兵力北上方城(今河南方城),迂回吴军的侧背,毁其战船,断其归路。尔后与子常主力实施前后夹击,一举消灭吴军。

子常起初也同意了沈尹戍的建议。可是在沈尹戍率部北上方城后,楚将武城黑却对子常说:"如果等待沈尹戍部夹击,则战功将为沈尹戍所独得,不如以主力先发动进攻,击破东岸吴军,这样令尹之功自然居于沈尹戍之上。"大夫史皇也说:"楚人讨厌你而赞扬沈尹戍。如果沈尹戍先战胜吴军,功在你之上,你的令尹之位也就难保了。最好赶快向吴军进攻。"子常一听,觉得有理,于是改变与沈尹戍商定的夹击吴军计划,不待沈尹戍军到达,擅自率军渡过汉水攻击吴军。

吴国君臣见楚军主动出击,遂采取后退疲敌、寻机决战的方针,主动由汉水东岸后撤。子常中计,挥军直追。吴军以逸待劳,在小别(山名,今湖北省境内)至大别(山名,今湖北省境内)间迎战楚军,三战三捷。子常连败三阵,便想弃军而逃。史皇对他说:"国家太平时,你争着执政,现在作战不利,你就想逃跑,这是犯了死罪。现在你只有与吴军拼死一战,才可以解脱自己的罪过。"子常无奈,只得重整部队,在柏举(今湖北麻城,一说湖北汉川)列阵,准

# 第二章 "不战而屈人之兵"的战争艺术

备再战。

公元前506年农历十一月十八日,吴军停止后退,在柏举与楚军对阵。吴军先锋夫概认为应先发制人,他对吴王阖闾说:"子常这个人不仁不义,楚军没有几个愿为他卖命。我们主动出击,楚军必然溃逃,我军柏举之战主力随后追击,必获全胜。"阖闾不同意夫概意见。夫概回营后,对部将说:"既然事有可为,为臣子的就应见机行事,不必等待命令。现在我要发动进攻,拼死也要打败楚军,攻入郢都。"于是率领自己的五千前锋部队,直闯楚营。果然楚军一触即溃,阵势大乱。阖闾见夫概部突击得手,乘机以主力投入战斗,楚军很快便土崩瓦解。史皇战死,子常弃军逃往郑国。

丧失主帅的楚军残部纷纷向西溃逃,吴军乘胜追击,到柏举西南的清发水(今湖北省安陆市境内涢水)追上楚军,阖闾欲立即展开攻击,夫概认为乘其半渡而击,必获大胜。楚军见吴军追至而未进攻,急于求生,争相渡河。待其半渡之时,阖闾挥军攻击,俘虏楚军一半。

渡过河的楚军逃到雍澨(今湖北省京山县境),正埋锅造饭,吴军先锋夫概部追至,楚军仓皇逃走。吴军吃了楚军做的饭,继续追击。楚左司马沈尹戌得知子常(囊瓦)主力溃败,急率本部兵马由息(今河南息县境)赶来救援。吴军先锋夫概部在沈尹戌部突然的凌厉反击下,猝不及防,一下被打败。吴军主力赶到后,孙武指挥部队迅速将沈尹戌部包围。尽管沈尹戌左冲右突,奋勇冲杀,受伤三处仍无法冲出包围。最后沈尹戌见大势已去,遂令其部下割下自己的首级回报楚王。

楚军失去主帅,惨败溃逃。此后,吴军又连续五战击败楚军,一路向郢都(今湖北江陵西北)扑去。楚昭王得知前线兵败,不顾大臣子期、子西的反对,带领亲信逃走。昭王西逃的消息传到军前,楚军立即涣散,子期率部分精兵赶去保护楚王,子西则率残兵西逃,吴军于公元前506年农历十一月二十九日攻入楚国都城郢都(今湖北省荆州市荆州区城北)。柏举之战遂以吴军的胜利而告结束。

吴军攻占郢都后,进行了屠城,到处烧杀抢掠,引起了楚人的仇恨。楚昭王出逃后,先逃到云梦,再逃到鄂国,鄂公之弟企图谋杀楚昭王,结果楚昭王流亡到随国,方才安定下来。随国收留楚昭王,阖闾命随国交出,但随国因为占卜结果不利而拒绝。申包胥得知伍子胥鞭尸,派人指责伍子胥,并于周敬王十五年(公元前505年)春到秦国求救。秦哀公命大将子蒲、子虎率五百乘战车联同残余楚军南下帮助楚复国,败吴军于沂,楚将子西也率兵于军祥击败吴军,秦楚联军也灭亡了吴的属国唐国。此时,越国乘吴国内空虚发兵进袭吴都,夫概又企图夺取王位,吴王阖闾被迫于同年九月撤离楚地,引兵东归。楚国虽然复国,但元气大伤,一蹶不振。

(三) 策略运用

1. 知彼知己,先胜后战

楚国是当时的一个大国,但由于连年征战,国力逐渐衰弱,政治腐败,与邻国的关系也日益恶化。吴王想趁机攻打楚国。不过这时,孙武、伍子胥等人认为时机还不成熟。通过实施扰楚、疲楚的战略,大量消耗楚国实力,使吴国做到了"先胜而后求战",为大举攻楚创造了条件。最终待到时机成熟,3万精兵强将千里奔袭,在柏举一举击败楚国20万大军,并乘胜追击,攻占了楚都郢。按常规来看,3万对20万力量相差实在悬殊,难以取胜,但在孙武看来这一战必胜无疑。因为在开战之前,已通过精心筹划、主观努力使敌人由强变弱,使难胜变为易胜。尉缭子评曰:"有提三万之众,而天下莫当者,谁?曰武子也。"

2. 伐谋伐交,避其锋芒

孙武和伍子胥还根据楚与唐、蔡交恶,楚国令尹子常生性贪婪,因索贿得不到满足而拘留蔡、唐国君,蔡、唐两国对楚极其怨恨的情况,献联合唐、蔡以袭楚之计。蔡、唐虽是小国,但居于楚的侧背,这就为吴军避开楚军正面,从其侧背作深远战略迂回提供了有利条件。

3. 逆流而上,出其不意

公元前506年,吴国攻楚的条件已经成熟,孙武与伍子胥佐阖闾大举攻楚,直捣郢都。吴军要由今天的苏州进到江陵附近,进行千余里深远的战略奔袭。孙武等人协助阖闾制定了一条出乎楚国意料的进军路线,即从淮河逆流西上,然后在淮汭舍舟登陆,再乘楚军北部边境守备薄弱的空隙,从著名的义阳三关,即武阳关、九里关、平靖关,直插汉水。吴军按照这一进军路线,顺利地达到汉水,进抵楚国腹地。楚军沿汉水组织防御,同吴军隔水对阵。由于楚军主帅令尹子常擅自改变预订的夹击吴军的作战计划,为了争功,单独率军渡过汉水进攻吴军,结果在柏举战败。吴军乘胜追击,五战五胜,占领了楚的国都郢城,几乎灭亡楚国。

# 第三章 "战胜而强立"的军事法则

## ——《孙膑兵法》军事思想

### 第一节 孙膑与《孙膑兵法》

#### 一、孙膑其人其事

孙膑,战国时期齐国人,出生于山东鄄城,生卒年月不可考,约与商鞅、孟轲同时期,是孙武后人。他才智过人,且勤奋好学,很早就显露出过人的军事才华,但他的一生经历曲折。虽然备受磨难,但孙膑有着远大的抱负,发奋自强,成为一名杰出的军事家,在中国古代的战争史上留下了不可磨灭的印记。

孙膑早年师从鬼谷子王栩,曾与一名叫庞涓的人同窗学习兵法。学习期间,孙膑刻苦研读兵书,对兵书中的观点形成了许多深刻的见解,深得老师鬼谷子的器重,也引来的同门庞涓的嫉妒。庞涓后来出仕魏国,被魏惠王拜为将军。魏惠王得知孙膑的武学才干,也有意任用。但由于庞涓在学生时代就非常嫉妒孙膑的才华,并认为自己的才能比不上孙膑,因妒生恨,于是暗地设计派人将孙膑请到魏国加以监视。孙膑到魏国后,庞涓表面上对他很好,背地里却捏造罪名诬告迫害孙膑,残忍地"断其两足而黥之"。孙膑因此遭受屈辱的膑刑与墨刑,身心遭到巨大的打击。后来孙膑在齐国使臣的帮助下逃离魏国,投奔齐国。在齐国,孙膑结识了求贤若渴的齐国将领田忌。田忌十分欣赏孙膑的才华,将他奉为上宾。田忌经常与齐国众公子赛马,设重金赌注。孙膑发现他们的马脚力都差不多,马分为上、中、下三等,于是对田忌说:"您只管下大赌注,我能让您取胜。"田忌相信并答应了他,与齐王和各位公子用千金来赌注。比赛即将开始,孙膑说:"现在用您的下等马对付他们的上等马,用您的上等马对付他们的中等马,用您的中等马对付他们的下等马。"已经比了三场比赛,田忌一场败而两场胜,最终赢得了千金赌注。田忌把孙膑推荐给齐威王。得知正是孙膑献妙计助田忌赢得了赛马,齐威王对孙膑很是器重,后来任命他为齐国的军师。此后,孙膑辅佐齐威王改革军事、建设强大军队,亲自参与谋划指挥的桂陵之战和马陵之战均大败魏军。在桂陵之战中,孙膑击败庞涓,创造了中国古代战争史上"围魏救赵"范例。在马陵之战中,孙膑又一次击败庞涓,彻底击溃魏军,奠定了齐国的霸业。孙膑因其兵学才华与赫赫战功为世人所知,他的才能也引来了他人的妒忌与排挤。于是,孙膑辞去官职,从此潜心兵法研究,写就了《孙膑兵法》一书。

## 二、《孙膑兵法》简介

孙膑结合自己的战争经验,全面总结、吸收了春秋战国时期军事家们所提出的真知灼见,写就《孙膑兵法》一书,为中国古代军事学术宝库增添了的一笔宝贵的财富。《孙膑兵法》,又名《齐孙子》。根据《汉书·艺文志》记载,《孙膑兵法》有89篇,图4卷。然而,在中国历史上《孙膑兵法》曾一度失传,不见于世。《史记》和《汉书》中都曾记载过孙膑所著的这部兵法,但大约在东汉末年《孙膑兵法》失传。隋唐以后,特别是明清时期,对是否有这部兵法存疑。直到1972年,山东临沂西汉前期的墓葬考古新发现才让《孙膑兵法》重现于世,再次回到人们的视野中。

出土的《孙膑兵法》竹简共364枚,根据这些残片整理出的兵法,分为上、下两编,各15篇,共30篇,约11000余字。虽然跟当年成书时完整的篇章相比,我们今天看到的《孙膑兵法》部分篇目名称不全、内容缺失较多,留下不少遗憾之处。但不可否认的是:这部失传1700多年的著作现存内容对战争的历史作用、战争规律、战争中人的地位、攻势战略和应变能力等所做的精湛阐述却依旧令后人叹为观止,是一部不可多得的古代军事著作。

《孙膑兵法》上编篇目包括:《擒庞涓》《见威王》《威王问》《陈忌问垒》《篡卒》《月战》《八阵》《地葆》《势备》《兵情》《行篡》《杀士》《延气》《官一》《强兵》;下编篇目包括:《十阵》《十问》《略甲》《客主人分》《善者》《五名五恭》《兵失》《将义》《将德》《将败》《将失》《雄牝城》《五度九夺》《积疏》《奇正》。

《擒庞涓》记述了孙膑在齐国与魏国的桂陵之战中,"围魏救赵",采用避实击虚、攻其必救的方法,大破魏军、俘获庞涓的经过。这是孙膑运用他的军事思想取得胜利的一个著名战例。

《见威王》原篇名缺失,现为后世所加。记述了孙膑初见齐威王时所陈述的他对战争的看法,明确提出了"战胜而强立"的观点。

《威王问》记述了孙膑与齐威王、田忌关于用兵的问答。前一部分就敌我兵力对比的不同情况,提出了不同的作战方法。后一部分主要指出了用兵最重要的是采取"必攻不守"的战略。

《陈忌问垒》记述了田忌与孙膑之间关于设垒布防与如何因地制宜地组织配备兵力作战等问题的对话。

《篡卒》论述了强兵和制胜的一些重要因素。

《月战》谈论了日月星辰与战争胜负之间的关系,主张"抚时而战",提出了"间于天地之间,莫贵于人"的重要论断。

《八阵》阐述了"王者之将"所应具备的条件,并对"八阵"作战策略、兵力配备问题进行了论述。

《地葆》分别论述了各种地形的优劣和其对军队作战行动的影响。

《势备》以剑、弓弩、舟车、长兵做比喻,分别说明阵、势、变、权四者在军事上的重要作用。

《兵情》原篇名缺失,现为后世所加。以矢、弩、发者分别比喻士卒、将帅和君主,强调战争中上下一致、各方面互相协调配合对取得胜利的重要影响。

《行篡》论述了如何使士卒与百姓在战争中为国家效力、为统治者服务。

《杀士》篇目内容缺失较多,主要论述了善用兵的将帅如何激励士卒,使之愿意为其效力。

《延气》列举了激气、利气、厉气、断气、延气五事,强调军队在集结、行军和临战时激励士气、鼓舞斗志的重要意义。

《官一》论述了各种军事措施和阵法的作用以及适用的场合。此篇用词生僻,有不少内容需要进一步考证。

《强兵》原篇名缺失,现篇名为后世所加。记述了齐威王与孙膑之间关于富国强兵的问答。

《十阵》从攻守的形势提出了十种阵法,阐述了它们的特点和作用。

《十问》用问答的形式就敌我双方力量对比的不同情况分别论述了各种条件下克敌制胜的方法。

《略甲》内容残缺严重,大致可以看出是论述治兵方法的。

《客主人分》分析了客主双方的利弊条件和影响战争胜负的各种因素,提出了"决胜败安危者,道也"的论断。

《善者》进一步论述了善于用兵的将帅如何夺取作战主动权、陷敌于被动的问题。

《五名五恭》论述了用不同方法分别对付五种不同的敌军,提出军队在进入敌方境内后,"恭"和"暴"两种手段要交替使用。

《兵失》着重分析了作战失利的主客观因素,提出军队要行"起道"的主张。

《将义》论述了将帅应具备的五种品质:义、仁、德、信、智,并分别以首、腹、手、足、尾比喻五者的意义和密切关联。

《将德》原篇名缺失,现篇名为后世所加。论述了对将帅治军和用兵的一些要求。

《将败》列举了由于将帅本身品质上的种种缺点而导致战争失败的情形。

《将失》通过列举造成作战失利的各种情况,告诫将帅治军作战应通观全局,从反面总结了统军打仗的经验教训。

《雄牝城》原篇名缺失,现篇名为后世所加。论述了难攻的雄城和易攻的牝城在地形上的特点,对攻城问题进行了专门论述。

《五度九夺》原篇名缺失,现篇名为后世所加。论述了战争中摆脱被动和争取主动的问题,指出了作战时针对己方的不利条件应该避免什么,以及为了挫败敌军应该争取什么。

《积疏》原篇名缺失,现篇名为后世所加。分析了作战中常见的积疏、盈虚、径行、疾徐、众寡、佚劳等矛盾的相互关系。

《奇正》论述了形和名的相互关系、奇与正的相互关系和变化,以及如何运用奇正的原则以克敌制胜。

## 第二节 《孙膑兵法》的军事思想

### 一、战胜而强立思想

在战争观方面,孙膑在前人认识的基础上,主张重视、慎重地对待战争,提出战争不仅是关系国家安危存亡的大事,而且也是除暴乱、禁争夺、实现与巩固国家统一的重要手段。生活在战争频繁时代的孙膑,在各国激烈的兼并争霸战争中,看到了强胜弱败的残酷现实,因此逐渐形成了建立在现实基础上的对拥有强大武力与国家立国基础、安全处境之间辩证关系的认识。《孙膑兵法》上编《见威王》篇中提出了"战胜而强立,故天下服矣"的观点。孙膑在书中列举了包括"神戎战斧遂,黄帝战蜀禄,尧伐共工"在内的大量历史传说和史实说明战争的力量,并认为在他所处的时代,只有通过战争手段取得胜利,才能真正立足于天下,得到天下所有国家的畏服与认同,以强有力的武力作为保障,能够使国家得到安定、走向富强。

孙膑主张积极地做好战争的准备工作来获得胜利,这样才能做到以战争抑制战争。他指出政治和经济条件是决定战争胜负的基础,"强兵"必先"富国",只有具备强有力的政治和经济作为后盾才能做到"事备而后动"。自古以来富国强兵一直是国家安全的核心内容,孙膑探讨了强兵的根本所在,深刻揭示了富国与强兵之间的必然联系。这在中国古代军事史上具有标志性的意义。齐威王正是运用孙膑的这一战略,使齐国日渐强大。此外,孙膑还指出民心、军心是取得战争胜利的决定性因素,所以战争必须顺应民心和军心,要做到"得众"、"取众"。

### 二、乐兵者亡思想

"战胜,则所以在亡国而继绝世也。战不胜,则所以削地而危社稷也。是故兵者不可不察。"孙膑认为,作战胜利能够挽救濒临灭亡的国家,但战败也同样会失去土地、危害社稷,一味地好战必然会灭亡,自取其辱,所以必须慎重地对待战争,不可不用武力,也不可滥用它。他强调战争是国家政治生活中解决问题的一种重要手段,必须给予其足够的认识与研究。这与孙武所说的"兵者,国之大事,死生之地,存亡之道,不可不察也",意思是一致的。

丰富的战争实践经验令孙膑深知战争的利害关系。"乐兵者亡,利胜者辱。兵非所乐也,而胜非所利也。"孙膑提倡战胜而立,但是他反对穷兵黩武、频繁用兵。在他看来,战争行为固然是社会生活中必不可少的,但并不认同凭借武力可以解决国家与国家之间的所有冲突纷争,武力的使用是存在局限性的。所以说,孙膑"乐兵者亡"的思想与"战胜而强立"的思想并不矛盾,而是相辅相成的,既肯定了进步的统一战争对历史发展的积极影响,也要求人们谨慎地对待战争。

### 三、战者有道思想

战争认识论方面,孙膑认为用兵作战应遵循战争的规律,即"道"。孙膑提出将领要知"道"。在《孙膑兵法·威王问》中记载了齐威王、田忌与孙膑之间关于用兵问题的讨论,例如,两军相遇,势均力敌时该怎么办?我强敌弱、我众敌寡时可以怎么做?敌强我弱、敌众我寡时又该如何应对?如何能让士卒一贯听从命令?什么因素会妨碍军队的行动?……可以看出,几乎所有问题都是围绕战争中的"道"展开的。孙膑在此篇末尾对威王和大将田忌关于战争规律的认识也做了一番中肯的评价。他说:"威王问九,田忌问七,几知兵矣,而未达于道也。"毫不留情地指出,无论是威王,还是田忌,虽然对用兵有了一定的研究,但还尚未真正达到掌握战争规律的境界。

战者有道,孙膑认为作战时人众、粮多、武器精良等因素都不足以保证取胜,只有了解战争的规律,了解敌我双方的情况,指挥得当,才能保证取胜。为此,他不仅专门阐述了积疏、盈虚、径行、疾徐、众寡、佚劳六对相互对立又相互转化的矛盾,还对"奇正"进行了深层次的分析,认为将领只有真正认识到这些矛盾的作用,把握了这些矛盾的转化规律,才能利用微妙的变化出奇制胜。《孙膑兵法》全书包含的30篇内容中,几乎每一篇都有关于"道"的讨论。例如,在《陈忌问垒》篇中,孙膑提出"先知胜不胜之谓之道",即打仗之前预先知道能否取胜还是不能取胜,就是对战争规律的把握。在《势备》篇中孙膑高度概括了他眼中的用兵之道:"凡兵之道四:曰阵,曰势,曰变,曰权。察此四者,所以破强敌,取猛将也。"在《威王问》篇中,孙膑指出"明主、知道之将,不以众卒几功",其强调懂得战争规律的将领是不会依赖于以兵多取胜的。《兵情》篇中,孙膑在篇末处点明:"……所循以成道也。知其道者,兵有功,主有名。"认为只有掌握了治军、用兵的规律,遵循这些法则、掌握其中的道理,军队就能建立战功,国君就能威名远扬。

**四、以人为贵思想**

孙膑十分重视战争要素中人的因素。他提出"间于天地之间,莫贵于人",认为天地之间,没有什么是比人更宝贵的,着眼于训练精兵强将,提高军队的士气和战斗力。《孙膑兵法·月战》篇中提到"天时、地利、人和,三者不得,虽胜有殃"。其中,在战争的构成要素中创造性地把人的因素单独提出来,与天、地相对应。"人和"是孙膑最为看重的一个关键因素。打胜仗有多方面的原因,不能单单只考虑一个方面的因素。尤其要重视人的因素对战争的影响。否则,看似胜利了,但同时也可能带来灾难。孙膑列举了作战中经常会出现的与人相关的一些不利情形:"故战之道,有多杀人而不得将卒者,有得将卒而不得舍者,有得舍而不得将军者,有覆军杀将者。"这五种情况分别是:杀死了敌军的众多士兵却没有俘获敌军军官;俘获了敌军军官却没有袭占敌人的领地;得到了敌人的领地却未能俘获敌军的将领;虽然击杀对方的将领,可是付出了全军覆没的代价。

军事人才的素质是国家战略能力的重要体现。孙膑认为战争中所有重要的因素加在一起,也不能与"人"相提并论。决定战争胜负的关键因素是人。《兵情》篇中,他做了一个非常形象的比喻:"矢轻重得,前后适,而弩张正,其送矢壹,发者非也,犹不中招也。"对于射箭而言,虽然弩和箭都符合标准,但发射的人出现错误,同样可能射不中。射箭尚且如此,对于整个战争而言,如果万事俱备,但人员的因素出现问题,如指挥不当、部众离心,那么在战争中就不可能取得胜利。孙膑对君主和将领的关系进行了分析,认为将领必须忠于君主,君主不应该干涉将领的具体军务,将领要有独立的军事指挥权。孙膑在《将义》《将德》《将败》篇中对将领的素质与作为提出了全面的要求,把具备义、仁、德、信、智五个要素作为对将领的要求,并分析了导致将帅作战失败的品德缺陷。在军队建设、管理方面,孙膑提出"兵之胜在于篡卒",应"篡贤取良",重视军事人才建设,对待士卒应"爱之若狡童,敬之若严师,用之若土介",通过各种方式在战争中加强基层士兵的士气、能动性,做到任用贤能、严明纪律、奖惩公平、赏罚及时。

**五、兵势不穷思想**

对"势"的深入研究与阐发是孙膑兵法的突出特点。势是战争态势,是敌我双方军事实力,包括兵力、武器装备、军事物资等在战场上因时而变的布局。孙膑认为,"兵势不穷"、"胜不可壹",意即在敌我双方兵力对比不同、采取作战态势不同时,可选择的战略、战术、作战方式也是变化无穷的。因此在战争中,要充分发挥人的智慧,运用变通的方法改变原先敌我双方的态势,使之发生不利于敌而有利于我的变化,从而夺取全局上的胜利。《孙膑兵法》中总结了大量实际作战经验,根据不同的敌情、我情、地形、天候、阵法等战场条件,提出了众多巧妙造势、灵活用兵的战略原则和战术方法。

在战略思想方面,孙膑强调"必攻不守"。这一战略不仅给占有优势的一方提供了速胜的可能性,也给处在劣势的一方提供了通过战略机动而避实击虚、调动敌人,以改变不利局面的机遇。在敌众我寡、敌强我弱的情况下,积极主动地进攻敌人防守的薄弱环节,不仅能够有效地歼灭敌人的有生力量,而且能够转换攻守形势,掌握战争的主动权。在战术思想方面,孙膑特别强调"阵"、"势"、"权"、"变",提出了"因势"、"造势"的思想,充分利用敌我双方的条件,造成有利于我的态势,以扭转敌众我寡的不利形势。例如,《奇正》篇中指出:"善战者,见敌之所长,则知其所短;见敌之所不足,则知其所有余。"分析敌人的长处与短处,发现其兵力部署的优劣,就能更好地预见胜利,克敌制胜。在《八阵》篇中,孙膑对阵法进行了专门论述,进而分析了攻击各种战阵的对策。在《雄牝城》篇中,他专门论述了攻城的问题,把处在不同地形的城分为难攻的雄城和易攻的牝城两类,论述了当时攻城的策略与技术。

## 第三节 《孙膑兵法》的影响与运用

### 一、《孙膑兵法》的影响

孙膑所处的战国中期是一个社会大变革时代,政治、经济的改革,战争的频繁,直接而深刻地影响和推动着军事思想的发展。孙膑所在的齐国,经济文化发达,孙膑为齐威王重用,为齐国的富国强兵立下功劳。《史记》记载"齐威王、宣王用孙子(膑)、田忌之徒,而诸侯东面朝齐。"《孙膑兵法》的诞生,正是这样一个时代的产物。

尽管孙膑是战国时期的军事思想家,但历朝历代对于他的兵学思想都非常推崇。司马迁在《史记》中感慨:"古者富贵而名磨灭,不可胜记,唯俶傥非常之人称焉……孙子膑脚,《兵法》修列。""世俗所称师旅,皆道孙子十三篇,吴起兵法,世多有,故弗论。论其行事所施设者,语曰:'能行之者未必能言,能言之者未必能行。'孙子筹策庞涓明矣,然不能蚤救患於被刑。吴起说武侯以形势不如德,然行之于楚,以刻暴少恩亡其躯。悲夫!"唐朝德宗建中年间,礼仪使颜真卿建议追封古代名将六十四人,供奉于武成王庙内,"齐将孙膑"名列其中。宋徽宗时追尊孙膑为武清伯,位列宋武庙七十二将之一。在北宋年间成书的《十七史百将传》中,孙膑亦位列其中。毛泽东也曾赞叹孙膑的兵法:"攻魏救赵,因败魏军,千古高手。"孙膑所著的《孙膑兵法》和孙武所著的《孙子兵法》,一部被称为《齐孙子》、一部被称为《吴孙子》,均是在我国历史上备受推崇的军事名著。作为孙武的后人,《孙膑兵法》中的军事思想与《孙子兵法》一脉相承,在战争观问题、战略战术问题、治军建军问题上都对孙子的思想有所继承和发展,而且在很多方面有了丰富、发展和进一步创新。同时,孙膑也是战国时期一位战争实践经验丰富的杰出指挥者,在历史上留下了诸多成功的经典战例。

由于兵法一度失传,千年之后才重现人间。《孙膑兵法》出土时竹简残缺严重,原书的全貌难以复现,对于其中是否部分杂有失传的其他兵书,目前尚难以鉴定。从现在已经整理出来的内容可以看出:它继承和发展了《孙子》十三篇等早期兵书的军事思想,总结和吸收了春秋以来丰富的战争实践经验。

孙膑敏锐地把握了时代发展的脉搏,其兵学理论内涵博大精深,军事学术价值历久弥新,在中国古代军事史上占有非常重要的地位。孙膑在继承孙子"以实击虚"、"以奇用兵"等重要理论原则的基础上,系统地发展了战略、战术理论,提出了野战作战原则,为后来机动战作战理论的发展奠定了基础。有专家认为孙膑是对策论、运筹学的始祖。第二次世界大战以后,用数学方法研究在竞争中是否存在制胜对方的最优策略以及如何找到这些最优策略等问题成为一种趋势。田忌赛马的策略对后世的影响不仅体现在军事与战争中,而且在经济、管理、社会生活的各个领域都有重要启示。

孙膑在魏齐桂陵之战中,审时度势,通观全局,采取"批亢捣虚"的战法,主动调动魏军,在运动中出其不意地发起攻势,击败魏军,擒获庞涓。《孙膑兵法》里的《擒庞涓》篇对此有详尽的记录。在战国中期就出现这种作战方式,在中国古代军事史上具有重要意义。通过主动运动作战的方式,削弱敌人力量的同时,很好地保存了自己实力,在对方疲惫之际,有效地给予敌人致命的打击。孙膑的这一战略是对后世影响深远,为历代兵家所沿用。毛泽东同志在《抗日游击战争的战略问题》一文中曾专门提到孙膑"围魏救赵"的战略和作战方法。他说:"如果敌在根据地内久踞不去……即以一部留在根据内围困该敌,而用主力进攻敌所从来之一带地方,在那里大肆活动,引致久踞之敌撤退出去打我主力;这就是'围魏救赵'的办法。"

孙膑的军事思想也有其阶级和时代的局限性。他对战争的性质分辨不清,把士兵纯粹当作被驱使的工具,对有些战略、战术的表述过于简单片面,有时还夹杂着迷信观念,这也是应当指出的。

## 二、《孙膑兵法》的运用

桂陵之战和马陵之战是中国古代战争史上两个极为出色的机动作战战例,也成为后世的军事家们乐于研究的经典之战。通过这两场战争,孙膑的军事思想在实践中得到了完美的诠释和检验,在作战策略的谋划、作战方针的选择、作战方案的实施等方面,他卓越的指挥才干展露无遗,表现出高超的军事指挥艺术。

(一)桂陵之战

战国初年,诸侯国林立,有魏、赵、韩、齐、燕、楚、秦七个强国,还有宋、鲁、郑、卫、越、蔡等二十多个小国。这些国家之间冲突不断,兼并战争此起彼伏。在这样的环境中,魏国经过革新变法,日渐强大。魏国的强盛引起了韩国、赵国的顾虑。魏国不断东扩,使齐国也受到了威胁。作为一个国力雄厚的大国,齐国为了同魏国抗衡,便利用魏国与赵国、韩国之间的矛盾,展开了对魏国的斗争。

周显王十五年(公元354年),赵国为了与魏国对抗,攻打了原来依附于魏国的卫国,企图夺占位于赵魏之间的卫国领土。魏国为了保护属国,派将军庞涓出兵8万包围了赵国的都城邯郸,赵国不敌,于是求救于齐国。田忌欲率大军直取邯郸,以解其围,孙膑却认为此时不宜轻举妄动,而应不动声色地避开魏国和赵国激烈冲突的区域。他进一步提出,趁魏军攻赵、精锐部队倾巢而出之际,齐军可以直捣大梁,取魏国要道、攻其虚弱部位,使魏军不得不回师自救。这样赵国之危自然就解了。齐威王以田忌为主帅、孙膑为军师,率8万大军攻打魏国。孙膑主张趁魏国国内防务空虚之际,率领齐军直奔大梁,并与卫国、宋国的军队联手,对大梁形成夹攻之势,待大梁告急,庞涓就不得不回军千里驰援。田忌采纳了孙膑"围魏救赵"和"批亢捣虚"的作战策略,先派兵攻打魏国东阳军事重镇平陵。平陵是位于宋、卫之间的魏国的一个军事重镇,兵强马壮、人口众多,不易攻打。齐国派出的部队果然未能攻下平陵,兵败受挫。这种故意示弱的作战方针,让庞涓误以为齐军将领指挥无能、不堪一击,齐军根本不是自己的对手,不必在意,从而坚定其攻赵的决心,安心攻赵。这时见时机成熟,孙膑请田忌先用假象迷惑魏军,派出精锐部队直接进军大梁城郊,逼庞涓大军回援,同时将主力部队集结部署于桂陵地区。这时,齐、宋、卫联军再围攻襄陵,楚军则攻占了睢地,秦军也攻占了少梁和安邑,庞涓四面受敌,又逢国都告急,于是决定亲率魏军,兼程回救大梁。由于魏军长途跋涉,战斗力大打折扣,在途经桂陵时遭到齐军伏击,被打得人仰马翻,遭遇大败。

在这次战争之前,孙膑充分利用了赵国与韩国之间的矛盾,一开始就为齐国创造了赵破魏疲的良好战争形势,为之后的战胜魏国、控制赵国与韩国做好前期铺垫。在战争的进程中,孙膑采取"批亢捣虚"的策略,通过"直取平陵"、"疾走大梁"等动作,一方面释放烟幕弹迷惑魏军、隐蔽自己的作战企图;另一方面又使魏军陷于被动挨打、处处受到牵制的境地,在战争中彻底失去主动,为齐军所牵制。最终齐军以逸待劳,击溃疲于奔命的魏军,完美实施"围魏救赵",达到"攻其必救"的目的。

(二) 马陵之战

魏国在桂陵之战后,与秦国、楚国也产生了矛盾,外交上日益孤立。周显王二十八年(公元前341年),魏国出兵攻打韩国。韩军不敌,向齐国求救。《史记·孙子吴起列传》中记载"后十三岁,魏与赵攻韩,韩告急齐"。齐国国内对是否救韩国意见不一。大将田忌主张立刻出兵,相国邹忌则主张不要出兵。孙膑立主出兵,但不赞成立即发兵,而要耐心等待时机成熟再出手助韩。孙膑指出,齐国应按兵不动,等到韩魏两军都打得精疲力竭、韩国告急之时,才出兵相救,这不仅能得到韩国发自内心的感激、彼此关系更为亲密,而且还避开了魏国军队一开始的锋芒,减少伤亡,增加胜算。一举两得,才是上策。

齐宣王采纳了孙膑的方案,在韩国与魏国交锋五战皆败后,任命田忌为主将、田婴为副将、孙膑为军师,依旧采用围魏救赵的计策,率领军队攻打魏国首都大梁。庞涓得知后,立即命魏军停止攻韩,回救魏都。此时,魏国的太子申也率领军队出来迎战,并打算与庞涓统帅的部队一同合围齐军,进行决战。孙膑见对方来势汹汹,便采用退兵减灶的方法,不断后退,退兵第一日做10万人的锅灶,退兵第二日只做5万人锅灶,退兵第三日将锅灶数量减到3万人。这样一来,连续追击齐军三日的魏军误以为齐军军心涣散、伤亡及逃亡的兵员众多,庞涓心中大喜过望、也更加志得意满,根本不把齐军放在眼中,战略上也越发骄狂冒进。他丢下大批的辎重部队,仅率一支轻骑兵,日夜兼程追击齐军,希望早日与齐军展开决战。

孙膑精确计算着魏军的行程,判断魏军将于日落后进入马陵区域。于是,命令齐军埋伏在树木茂密的险要地带。当庞涓率领的魏军追入齐国境内后,齐军埋伏在马陵古道狭窄道路两边的弓箭手万箭齐发,魏军大乱溃散,看到败局已定的庞涓在羞愤中拔剑自杀。齐军乘胜追击,彻底击溃魏军,俘虏了魏太子申,歼灭魏军十多万。魏国从此一蹶不振,齐国则日渐强大起来。

马陵之战,齐军又一次运用了桂陵之战中的策略,成功调动魏军回救,解除了韩国之危。从战争前期的形势来看,马陵之战与桂陵之战不同,齐军初入魏国时,魏军主力已经全部撤回国内,而且是主动迎击齐军,魏军具有主场优势。孙膑在对敌我形势做出正确判断的基础上,没有选择直接打硬仗,而是确定了退兵减灶、设伏诱敌的作战方针。他深知庞涓既骄傲轻敌,又求胜心切,于是先通过退兵,成功避开了魏军的锋芒;再实行减灶,制造齐军军心不稳、溃退逃散严重的假象,以混淆庞涓的视听,使他出现判断失误,从而做出孤军冒进的错误指挥。当庞涓决定追击之时,孙膑又精心为齐军选择了马陵这一地形险要、道路狭窄,既有利于封锁消息,又便于齐军补给的地方设伏,最终达到了歼灭敌人的目的。

# 第四章 管窥"数中有术,术中有数"

## ——《三十六计》军事思想

## 第一节 《三十六计》概述

### 一、《三十六计》的作者

《三十六计》,也称《三十六策》,是我国古代兵家计谋和军事谋略学的兵书。《三十六计》最早见于《南齐书·王敬则传》:"檀公三十六策,走是上计。汝父子唯应急走耳。"就是说败局已定,无可挽回,唯有退却,方是上策。此语后人经常沿用,宋代惠洪《冷斋夜话》有:"三十六计,走为上计。"后经考证《三十六计》的作者为南朝宋国著名武将檀道济。流传至今的《三十六计》版本是在原檀道济编的《三十六计》的基础上,于明清时期经后人增删编撰而成。

檀道济(? —公元436年),南朝宋代名将。汉族,祖籍山东高平(今山东济宁),出生于京口(今江苏镇江)。出身寒门,从军二十余年,由普通士兵升至大将军。东晋末年,率军与宋武帝刘裕一起攻打后秦,屡立战功,官至征南大将军。后宋文帝刘义隆以其前朝重臣,诸子皆善战,忌而杀之。檀道济被杀时,留下"乃复坏汝万里之长城",即自毁长城之典故。檀道济戎马倥偬,战绩卓著。他根据多年的战争经验,总结出三十六计,为后世留下了宝贵的军事著作遗产,被载入史册。

### 二、《三十六计》简介

《三十六计》全书按计名排列,共分六套,即胜战计、敌战计、攻战计、混战计、并战计、败战计。前三套是处于优势所用之计,后三套是处于劣势所用之计。每套各包含六计,总共三十六计。其中每计名称后的解说,均系依据《易经》中的阴阳变化之理及古代兵家刚柔、奇正、攻防、彼己、虚实、主客等对立关系相互转化的思想推演而成,含有朴素的军事辩证法的因素。解说后的按语,多引证南朝宋代以前的战例和孙武、吴起、尉缭子等兵家的精辟语句。全书还有总说和跋。

为便于人们熟记这三十六条妙计,有学者在三十六计中每取一字,依序组成一首诗:

金玉檀公策,借以擒劫贼,鱼蛇海间笑,羊虎桃桑隔,

树暗走痴故,釜空苦远客,屋梁有美尸,击魏连伐虢。

全诗除了檀公策外,每字包含了三十六计中的一计,依序为:金蝉脱壳、抛砖引玉、借刀杀人、以逸待劳、擒贼擒王、趁火打劫、关门捉贼、浑水摸鱼、打草惊蛇、瞒天过海、反间计、笑里藏刀、顺手牵羊、调虎离山、李代桃僵、指桑骂槐、隔岸观火、树上开花、暗度陈仓、走为上、假痴不癫、欲擒故纵、釜底抽薪、空城计、苦肉计、远交近攻、反客为主、上屋抽梯、偷梁换柱、无中生有、美人计、借尸还魂、声东击西、围魏救赵、连环计、假道伐虢。

## 第二节 《三十六计》的军事思想

### 一、胜战计思想

胜战计指处于绝对优势地位之时实施的计谋。在己方处于绝对优势的条件下,要弄清对手实力的变化,适时采取不同的作战谋略,获取战争的胜利。胜战计包括瞒天过海、围魏救赵、借刀杀人、以逸待劳、趁火打劫和声东击西六计。

#### 第一计　瞒天过海

原文:备周则意怠,常见则不疑。阴在阳之内,不在阳之对。太阳,太阴。

释义:准备万分周到,就容易松劲;平时看惯了的,就往往不再怀疑了,秘计隐藏在暴露的事物中,而不是和公开的形式相排斥。非常公开的往往蕴藏着非常机密的。

解读:所谓瞒天过海,就是故意一而再、再而三地用伪装的手段迷惑、欺骗对方,使对方放松戒备,然后突然行动,从而达到取胜的目的。这一计的兵

法运用,常常是着眼于对于在观察处理世事时,由于对某些事情习见不疑而自觉不自觉地产生了疏漏和松懈,故能乘虚而示假隐真,掩盖某种军事行动,把握时机,出奇制胜。

### 第二计　围魏救赵

原文:共敌不如分敌,敌阳不如敌阴。

释义:树敌不可过多,对敌要各个击破,对现在还不忙于消灭的,要隐藏我们的意图。

解读:所谓围魏救赵,是指当敌人实力强大时,要避免和强敌正面决战,应该采取迂回战术,迫使敌人分散兵力,然后抓住敌人的薄弱环节发动攻击,置敌于死地。对敌作战,好比治水:敌人势头强大,就要躲过冲击,如用疏导之法分流。对弱小的敌人,就抓住时机消灭它,就像筑堤围堰,不让水流走。对敌人,应避实就虚,攻其要害,使敌方受到挫折,受到牵制,围困可以自解。

### 第三计　借刀杀人

原文:敌已明,友未定,引友杀敌,不出自力,以《损》推演。

释义:作战的对象已经确定,而朋友的态度还不稳定,要诱导朋友去消灭敌人,避免消耗自己的力量。

解读:对付敌人的时候,自己不动手,而利用第三者的力量去攻击敌人,用以保存自己的实力;再进一步,则巧妙地利用敌人的内部矛盾,使其自相残杀,以达到置敌于死地的目的。

### 第四计　以逸待劳

原文:困敌之势,不以战;损刚益柔。

释义:控制敌方力量发展的命脉来扼杀他,而不采取进攻的形势,这就是"损刚益柔"原理的应用。

解读:"损刚益柔"以"刚"喻敌,以"柔"喻己,意谓对付困敌可用积极防御的策略,逐渐消耗敌人的有生力量,使之由强变弱,而我方则因势利导使自己变被动为主动,不用直接进攻的方法,同样可以制胜。

### 第五计　趁火打劫

原文:敌之害大,就势取利,刚夬柔也。

释义:敌方的危机很大,就乘机取利,用优势力量攻击其软弱的环节。

解读:以"刚"喻己,以"柔"喻敌,言乘敌之危,就势而取胜的意思。

### 第六计　声东击西

原文:敌志乱萃,不虞"坤下兑上"之象,利其不自主而取之。

释义:敌人乱撞瞎碰,摸不清情况,这是《易经》"萃"卦上所说的"坤下兑上"的混乱情形。必须利用敌方失去控制力的时机加以消灭之。

解读:在敌人处于危机四伏的时候,抓住敌人不能自控的混乱之势,机动灵活地运用时东时西,似打似离,不攻而示它以攻,欲攻而又示之以不攻等战术,进一步造成敌人的错觉,出其不意地一举夺胜。

## 二、敌战计思想

敌战计指处于势均力敌态势之时实施的计谋。在敌我实力均衡、双方对峙的情况下,要有意识地主动创造有利于己方的条件和时机,造成敌方的错觉,使敌方处于被动,受制于我。敌战计包括无中生有、暗度陈仓、隔岸观火、笑里藏刀、李代桃僵和顺手牵羊六计。

### 第七计　无中生有

原文:诳也,非诳也,实其所诳也。少阴,太阴,太阳。

释义:无中生有是运用假象,但不是弄假到底。而是使假象变真相,由虚变实,掩护真相。

解读:通过制造各种假象,造成看似真实的虚幻场景,巧妙地迷惑敌人。

### 第八计　暗度陈仓

原文:示之以动,利其静而有主,"益动而巽"。

释义:故意暴露行动,利用敌方固守的时机,主动偷袭。

解读:此计是利用敌人被我"示之以动"的迷惑手段所蒙蔽,而我即乘虚而入,以实现军事上的出奇制胜。

### 第九计　隔岸观火

原文:阳乖序乱,阴以待逆。暴戾恣睢,其势自毙。顺以动豫,豫顺以动。

释义:敌人内部分裂,秩序混乱,我便等待其发生暴乱,那时敌人穷凶极恶,翻目仇杀,势必自行灭亡。我要根据敌人的变动做好准备,根据敌人的变动采取行动。

解读:坐观敌人的内部恶变,我不急于采取攻逼手段,顺其变,"坐山观虎斗",最后让敌人自残自杀,时机一到而我即坐收其利,一举成功。

### 第十计　笑里藏刀

原文:信而安之,阴以图之;备而后动,勿使有变。刚中柔外也。

释义:使敌人相信我方,并使其麻痹松懈,我则暗中策划,充分准备,一有机会,立即动手,使他来不及应变。这是暗中厉害,表面柔和的策略。

解读:战场上若遇强敌,要善用谋略,一方面用假象迷惑敌人,让对方以为我方俯首以对,无攻略之心;另一方面积极备战,伺机而动。

### 第十一计　李代桃僵

原文:势必有损,损阴以益阳。

释义:当局势发展有所损失的时候,要舍得局部的损失,以换取全局的优势。

解读:在军事谋略上,如果暂时要以某种损失、失利为代价才能最终取胜,指挥者应当机立断,做出某些局部或暂时的牺牲,去保全或者争取全局的、整体性的胜利。这是运用我国古代阴阳学说的阴阳相生相克、相互转化的道理而制定的军事谋略。

### 第十二计　顺手牵羊

原文:微隙在所必乘,微利在所必得。少阴,少阳。

释义:微小的漏洞必须利用,微小的利益也必须获得。变敌人小的疏忽,为我方小的胜利。

解读:我方要善于捕捉时机,伺隙捣虚,变敌方小的疏漏而成为我方小的得利。

## 三、攻战计思想

攻战计指处于进攻态势之时采取的计谋。在进攻时必须做到知彼知己,勇敢面对各种问题,采取积极的态势,寻求敌方的弱点,果断出击。攻战计包括打草惊蛇、借尸还魂、调虎离山、欲擒故纵、抛砖引玉、擒贼擒王六计。

### 第十三计　打草惊蛇

原文:疑为叩实,察而后动;复者,阴之媒也。

释义:有怀疑的就要侦察实情,完全掌握了实情再行动。反复侦察,是发现暗藏敌人的因素。

解读:反复叩实查究,而后采取相应的行动,实际是发现隐藏之敌的重要手段。

### 第十四计　借尸还魂

原文:有用者,不可借;不能用者,求借。借不能用者而用之,"匪我求童蒙,童蒙求我"。

释义:有用的不可以利用,怕的是我不能控制它,不能利用的却要去利用,因为我完全可以控制它,利用不能用的而控制它。这不是我受别人的支配,而是我支配别人。

解读:兵家要善于抓住一切机会,甚至是看上去没什么用处的东西,努力争取主动,壮大自己,转不利为有利,乃至转败为胜。

#### 第十五计　调虎离山

原文:待天以困之,用人以诱之,"往蹇来返"。

释义:等待天时对敌方不利时再去围困他,用人制造假象去诱惑他"往前有危险,就返身离开"。

解读:战场上若遇强敌,要善用谋,用假象使敌人离开驻地,诱他就我之范,丧失他的优势,使他处处皆难,寸步难行,由主动变被动,而我则出其不意而制胜。

#### 第十六计　欲擒故纵

原文:逼则反兵,走则减势。紧随勿迫,累其气力,消其斗志,散而后擒,兵不血刃。需,有孚,光。

释义:逼得敌人无路可走,就会遭到坚决的反扑;让他逃走,就会消灭敌人的气势,所以要紧紧地跟踪敌人,但不要逼迫他,借以消耗他的体力,瓦解他的士气,等他的兵力分散了,再施行捕捉。这样用兵可以避免流血,不逼迫敌人,并让他相信,这对战争是有利的。

解读:攻城为下,攻心为上。要善于等待时机,从心理上使对方彻底屈服。

#### 第十七计　抛砖引玉

原文:类以诱之,击蒙也。

释义:用类似的东西去迷惑敌人,使敌人懵懂上当。

解读:此计是战争中迷惑敌人的方法。用类同之法造成敌人的错觉,使其判断失误。后也指以自己的粗浅的意见引出别人高明的见解。

#### 第十八计　擒贼擒王

原文:摧其坚,夺其魁,以解其体;龙战于野,其道穷也。

释义:彻底地摧毁敌人的主力,抓住他的首领,借以粉碎他的战争机构,这是一场激烈的总决战。

解读:作战要先擒拿主要的敌手。比喻做事要抓住关键。

### 四、混战计思想

混战计指处于敌我态势不明,诸军混战态势时采取的计谋。要求在局势混乱之时保持清醒的认识,寻找最可以取胜的途径,创造尽可能好的条件打击敌人。混战计包括釜底抽薪、浑水摸鱼、金蝉脱壳、关门捉贼、远交近攻和假途伐虢六计。

#### 第十九计　釜底抽薪

原文:不敌其力,而消其势,兑下乾上之象。

释义:力量上不能战胜敌人,可以瓦解他的气势,这就是《易经》兑下乾上的《履卦》上所说的"柔履刚"的办法。

解读:从锅底抽掉柴火。比喻从根本上解决问题。

#### 第二十计　浑水摸鱼

原文:乘其阴乱,利其弱而无主。随,以向晦入宴息。

释义:乘着敌人内部混乱,利用其暗弱没有主见之机,使其听从我方调遣,像人随着天时吃饭、休息一样。

解读:打仗时要善于抓住敌方的可乘之隙,借机行事,使乱顺我之意,我便乱中取胜。

#### 第二十一计　金蝉脱壳

原文:存其形,完其势;友不疑,敌不动。巽而上蛊。

释义:保存阵地的原形,造成强大的声势,使友军不怀疑,敌人也不敢贸然进犯,而我却可以隐蔽地击破另一支敌军。

解读:暗中谨慎地实行主力转移,稳住敌人,乘敌不怀疑之际脱离险境,就可安然躲过战乱之危。

#### 第二十二计　关门捉贼

原文:小敌困之。剥,不利有攸往。

释义:对弱小的敌人,要加以包围歼灭;对垂死挣扎的敌人,如果从后面急追远赶,那是很不利的。

解读:对小股敌人要即时围困消灭,而不利于去急追或者远袭。

#### 第二十三计　远交近攻

原文:形禁势格,利从近取,害以远隔。上火下泽。

释义:受到地势的限制和阻碍。先攻取就近的敌人是有利的,越过近敌先攻取远隔之敌是有害的。《易经·睽卦》说:"火苗向上冒,池水向下流,志向不同,也可以结交。"

解读:结交离得远的国家而进攻邻近的国家,使敌相互矛盾、离违,而我正好各个击破。这也是秦国用以并吞六国,统一全国的外交策略。

### 第二十四计 假途伐虢

原文:两大之间,敌胁以从,我假以势。困,有言不信。

释义:对处的两个强大敌人中间的国家,敌人胁迫它时,我方却援救它,立即出兵。《易经·困卦》说:"对处在困迫状况下的国家,光空谈而没有行动,是不会被他信任的。"

解读:处在我与敌两个大国之中的小国,敌方若胁迫小国屈从于他时,我则要借机去援救,造成一种有利的军事态势。

## 五、并战计思想

并战计是对付友军反为敌态势之计谋。敌我双方势均力敌,军备相当,在相持不下的战场形势下,就要抓住一切机会,借助有利于自己的局势,扩大自己的胜算,才能步步为营,稳操胜券。并战计包括偷梁换柱、指桑骂槐、假痴不癫、上屋抽梯、树上开花和反客为主六计。

### 第二十五计 偷梁换柱

原文:频更其阵,抽其劲旅,待其自败,而后乘之。曳其轮也。

释义:用计调动敌人,变更其阵容,抽走其主力,等待他自己呈现败象,然后用谋进攻他,《易经·既济卦》说:"先拖住敌人,然后再替换他。"

解读:从军事谋略来看,通过实施佯攻诱使敌人变换阵容,可伺机攻其薄弱之处。

### 第二十六计 指桑骂槐

原文:大凌小者,警以诱之。刚中而应,行险而顺。

释义:强大的慑服弱小的,要用警戒的方法来诱导它。《易经·师卦》说:"适当的强硬,可以得到拥护;施用险诈,可以得到顺从。"

解读:治军有时采取适当的强硬手段便会得到应和,行险则遇顺。

### 第二十七计 假痴不癫

原文:宁伪作不知不为,不伪作假知妄为。静不露机,云雷屯也。

释义：宁可假装不知道，不行动，不可假装知道而轻举妄动。要沉着，不要泄露一点机密，就像迅猛激烈的云雷，在冬季藏入地下般的平静。

解读：在军事上，有时为了以退求进，必得假痴不癫，老成持重，以便后发制人。这就如同云势压住雷动，且不露机巧一样，最后一旦爆发攻击，便出其不意而获胜。

### 第二十八计　上屋抽梯

原文：假之以便，唆之使前，断其援应，陷之死地。遇毒，位不当也。

释义：故意露出破绽，引诱敌人深入我方，然后选择有利时机，断绝敌人的援应，使它完全处于死地。敌人这样的下场恰似《易经·噬嗑卦》上所说的：因抢吃腊肉中毒，只怪自己贪婪。

解读：敌人受我之唆，犹如贪食抢吃，只怪自己见利而受骗，才陷于死地。

### 第二十九计　树上开花

原文：借局布势，力小势大。鸿渐于陆，其羽可用为仪也。

释义：借别人的局面布成阵势，兵力弱小的看来阵容也显得强大。《易经·渐卦》说："鸿雁飞向大陆，全凭它的羽毛丰满助长气势。"

解读：弱小的部队凭借某种因素，改变外部形态之后，自己阵容就显得充实强大了。

### 第三十计　反客为主

原文：乘隙插足，扼其主机，渐之进也。

释义：有空子就要插脚进去，扼住他的主脑机关。《易经·渐卦》所说的"循序而进"就是这个意思。

解读：军事上要找准时机，把主动权掌握在我方手中。

## 六、败战计思想

败战计是处于劣势情况下，反败为胜的计谋。在战局对自己极端不利的情况下，不能坐以待毙，要寻求或创造转危为安、转败为胜的条件，把握有利的战机，保存自己的实力，挽救自己的命运，避免不必要的牺牲。败战计包括美人计、空城计、反间计、苦肉计、连环计和走为上六计。

### 第三十一计　美人计

原文：兵强者，攻其将；将智者，伐其情。将弱兵颓，其势自萎。利用御寇，顺相保也。

释义：兵力强大的，就要攻打他的将帅；将帅明智的，就打击他的情绪。将帅斗志衰弱、部队士气消沉，其气势必定自行萎缩。《易经·渐卦》说："利用敌人内部的严重弱点来控制敌人，可以有把握地保存自己的实力。"

解读：利用敌人自身的严重缺点，顺势以对，使其自颓自损，己方一举得之。

### 第三十二计 空城计

原文：虚者虚之，疑中生疑；刚柔之际，奇而复奇。

释义：空虚的就让它空虚，使人更加难以揣测；在进攻和防御中运用空虚的战术来隐蔽自己的空虚，越发显得用兵出奇。

解读：虚而示虚，虚虚实实，兵无常势，变化无穷。在敌强我弱之时，心理战的有效实施可以改变双方的力量对比。

### 第三十三计 反间计

原文：疑中之疑。比之自内，不自失也。

释义：在疑阵中再布置一层疑阵。《易经·比卦》说："来自敌方内部的援助，自己不会受到损失。"

解读：布下重重疑阵之后，分化瓦解敌人。

### 第三十四计 苦肉计

原文：人不自害，受害必真；假真真假，间以得行。童蒙之吉，顺以巽也。

释义：人不会自己迫害自己，受迫害必然是真的。真的变假，以假作真，那么离间计就可以实施了。《易经·蒙卦》说："把他骗得乖乖的，顺着他活动。"

解读：采用这种办法欺骗敌人，使其蒙昧无知而达到自己的目的。

### 第三十五计 连环计

原文：将多兵众，不可以敌，使其自累，以杀其势。在师中吉，承天宠也。

释义：敌方兵力强大，不能硬打，应当运用谋略，增加其负担，借以削弱他的力量。《易经·师卦》说："将帅靠指挥不偏不倚，惯打胜仗的就是用兵如神。"

解读：在敌方实力强大无法正面迎击时，可以通过精心谋划、巧妙布局，运用一个接一个相互关联的计策打击敌人、重创对手。

### 第三十六计 走为上

原文：全师避敌。左次无咎，未失常也。

释义：全军退却，甩开敌人，以退为进，待机破败，这是不违背正常法则的。

解读：战场上，如果形势不利于我方，没有成功的希望时，就应选择暂时退却，保存自身的实力，待到元气恢复、时机成熟时，再重新出击。

## 第三节 《三十六计》的影响与运用

### 一、《三十六计》的影响

无谷译注的《三十六计》自 1979 年公开出版以来，迄今已发行 50 余万册。由李炳彦改编的《三十六计新编》印行 161 万册。《三十六计》不但被绘制成连环画，还被拍成电视系列片。1992 年 6 月由中央电视台《军事天地》节目组推出的《三十六计古今谈》播放后收视率极高。如今《三十六计》一书成为中国兵书中不可多得的后起之秀，与两千多年前的《孙子兵法》并列为兵学经典。

《三十六计》不但中国人研究，外国人也在研究。瑞士的汉学家胜雅津博士经过潜心研究后，于 1988 年编著了《智谋——平常和非常时刻的巧计》，曾经在西方世界引起轰动。胜雅津认为，西方人战争中的计谋无论怎样花样翻新，大抵跳不出中国人高度概括了的范围。中国人开辟的智谋学，是一个既深邃又广袤的天地。作为一个西方人，他虽然只是品尝了《三十六计》中的点滴智慧，却深感其味无穷，欲罢不能。日本人将三十六计尊为"运筹帷幄的诀窍"，将其广泛运用于社会生活的各个方面，特别是工商企业经营和相互之间的竞争上。法国海军上将科拉斯特则认为《三十六计》是中国战略的经典著作，是一部小百科全书，其中关于战略的描述要比克劳塞维茨的《战争论》要精细得多。

### 二、《三十六计》的运用

#### 三十六计在《三国演义》中的运用

1. 瞒天过海：青梅煮酒，惊雷去疑

曹操打败了吕布，回到许都。刘备虽然暗中与董承结成秘密反曹联盟，但为防止曹操起疑，就在自己后园种菜。一天，曹操趁关羽和张飞不在，派人请刘备喝酒。二人对坐，青梅煮酒，开怀畅饮。正饮酒间，忽然阴云密布，大雨将至。曹操请刘备说说他心中的英雄，刘备知道曹操在试探他，于是装傻道："备肉眼安识英雄？"曹操执意要刘备回答，刘备没办法，先说袁术，再说袁绍，又提到刘表、孙策、刘璋、张绣、张鲁、韩遂等人，都被曹操一一否定，说他们皆非英雄。刘备只好称再不知了。曹操说英雄必须是胸怀大志，腹有良谋，有包藏宇宙之机，吞吐天地之志。刘备说这样的人，谁能当得起？曹操用手指刘备，又指自己，说："当今天下能称英雄之人，只有使君与我曹操罢了。"刘备听完，心中大惊，手中的筷子抖落于地下。正赶上天上一个响雷，刘备才从容捡起筷子说："一震之威，竟至于此。"曹操笑他惧怕响雷，刘备则一语带过，掩饰了刚才的慌张，曹操也就未再起疑心。其实，刘备怎能不知当世谁能称得上英雄呢？但他不能说真话。在当时的情况下，刘备最怕的就是别人警惕他，他若承认自己是英雄，恐怕就要遭到杀身之祸。当曹操指称他是英雄时，刘备以为自己的韬晦之计被识破，才惊得筷子落地。不过，聪明的刘备借着怕雷掩饰过去，使曹操以为他胸无大志而放松了警惕。

2. 围魏救赵：修书一封，解困东吴

曹操得知周瑜病逝，准备再次兴兵进攻江东。为防西凉州的镇东将军马腾乘机来攻他的许都，曹操派使者以朝廷的名义给马腾加以征南将军头衔，表面上命令他随军讨伐孙权，待到马腾带兵前来，曹操却一举灭了马腾父子三人。留守西凉的马腾长子马超听说父亲和两个弟弟遇害的消息后，悲愤不已，发誓报仇。曹操认为灭了马腾，已解后顾之忧，遂兴兵30万直扑江东。江东闻报，向刘备求援。诸葛亮胸有成竹地对刘备说："既不用动江南之兵，也不用动荆州之兵，我自有妙计使曹操不敢进兵东南。"诸葛亮出的就是围魏救赵之计，请刘备立即修书，派使者投送西凉的马超。刘备在信中大骂曹操，还回忆了昔日与马腾同受汉帝密诏、誓诛曹贼的往事和旧情，建议马超率西凉之兵以攻曹之右，他统荆、襄之众以遏曹之前，并称此举不但大仇可报，而且可以复兴汉室。马超联合西凉太守韩遂共同起兵伐曹，20万大军杀奔长安。曹操只得放弃南下攻击孙权的计划，全力对付马韩军队。诸葛亮一封书信就轻而易举地阻止了曹军的南下，解了东吴之围。

3. 借刀杀人：语激曹操，立斩吕布

建安三年（198年），吕布背叛了刘备，替袁术出力，并派高顺攻刘备。刘备被打败，向曹操求救，曹操派出的夏侯惇也被高顺打败，曹操亲自征讨吕布。吕布本打算投降曹操，但谋士陈宫认为不妥，所以吕布固守城池。曹操久攻不下,手下谋士郭嘉出计水淹下邳。吕布有勇无谋,猜忌心重,手下将领叛变把他绑了送给曹操。曹操入城后与刘备一起坐在白门楼上,准备处置吕布。吕布被押上来质问手下:"我待你们不薄,为何背叛我?"手下人说:"你只听妻妾的话,不听将领的计谋,这如何不败呢?"吕布又对刘备说:"你是座上宾,我是阶下囚,为什么不替我说句话呢?"还对曹操说:"你忧虑的就是我吕布,今日我投降您,你争天下就不用忧虑了。你为主将,我为副将,用不了多久,天下就可以平定了。"曹操听了这番话,觉得十分有道理,正在犹豫不决之际,刘备却提醒他别忘了丁建阳与董卓的教训,吕布因为贪图金钱、贪恋美色,反复无常,毫无信义,先后杀了两个干爹。曹操闻言,下决心杀了吕布。刘备一句话就将吕布置于死地,用的就是借刀杀人之计,一则防备曹操得了吕布如虎添翼,二则也为自己除掉一个祸患。

4. 以逸待劳:先守后攻,火烧连营

关羽丢荆州走麦城,兵败身死。为了替关羽报仇,刘备不顾劝阻,举倾国之兵东进伐吴。一开始蜀军士气旺盛,东吴难以抵御,连折数员大将。经阚泽举荐,孙权任命陆逊为大都督,准备与刘备决战。陆逊的部下多为功臣宿将或公室贵族,自恃功高,根本不把陆逊放在眼里。对于陆逊坚守不战颇多微词,嘲笑他怯懦无能。陆逊却淡定自如,依然下令各将领守牢隘口和险要之处,不可妄动。此时天气炎热,士兵取水困难,刘备便命令将营扎在山林茂盛、靠近泉水的地方。蜀军从巫峡建平起到彝陵七百里间接连设营,与东吴相持不下。刘备要求决战,无奈对方就是不理,设计埋伏,却又被陆逊识破。两军又相持了一个来月,陆逊观察形势,见蜀兵没了开始时的锐气,便成竹在胸地反守为攻,当直接攻打不见效果时,马上改变战术,改用火攻的方法袭击。这一战破了蜀军40座大营,烧得蜀军狼狈逃窜,迫使几名蜀军战将投降,刘备逃到了白帝城。这就是著名的彝陵之战,陆逊用的就是以逸待劳之计。

5. 趁火打劫:杜预放火,周旨打劫

司马炎以晋代魏,此时蜀国已灭亡,吴国大将丁奉、陆抗也已去世,吴主孙皓荒淫无度。司马炎命杜预讨伐东吴。杜预兵出江陵,命令大将周旨率水军800人伏于巴山。次日,杜预领大军水陆并进。孙皓见晋兵来势汹汹,派遣伍延出陆路,陆景出水路,孙歆为先锋,三路迎敌。杜预引兵前进,两军刚一交锋,杜预便引兵而退,孙歆率兵上岸追赶,却误入圈套,追了不到20里,一场炮响,四面晋兵大至。吴军急退,杜预乘势掩杀,吴军死伤不计其数。孙

# 第四章 管窥"数中有术,术中有数"

歆奔到城边,见周旨 800 军士混杂于中在城上放火,大惊之下正要退却时,却被周旨大喝一声斩于马下。陆景在船上,望见江南岸上一片火起,巴山上风飘出一面大旗,上书"晋镇南大将军杜预"。陆景大惊,正欲上岸逃命,被晋将张尚斩杀。伍延见各军皆败,只好弃城逃走,却被伏兵捉住。杜预一鼓作气乘机攻下江陵。

6. 声东击西:设计攻城,伏兵破解

建安三年,曹操统大军伐张绣至南阳城下。张先出马迎敌被斩,张绣军大败,退回城内,闭门不出。曹操围城攻打,运土填壕,布袋做梯。绕城三天后,下令在西北角堆积柴草,会集众将,扬言从西北角攻城,却密谋从东南角进入。此计被张绣手下谋士贾诩识破,将计就计,令精壮之兵,饱食轻装,尽藏于东南房屋内,却教百姓假扮军士,虚守西北。探子向曹操报告,东南角没兵,西北角人多,曹操心中暗喜,日间引军攻西北角,至夜却领精兵于东南角上爬过壕去,砍开鹿角。城中全无动静,众军一齐拥入。只听得一声炮响,伏兵四起。曹军急退,背后张绣亲驱勇壮杀来。曹军大败,退出城外,奔走数十里,折兵 5 万余人,失去辎重无数。曹操本欲声东击西,遇识计高手贾诩而损兵折将。

7. 无中生有:王垕获罪,以定军心

袁术欲称帝,起兵 20 万攻打徐州,曹操奔徐州讨伐袁术。曹兵 17 万之众,补给出现困难。想要速战,袁术却闭门不出。管粮食的仓官王垕向曹操请示办法,曹操命他以小斛发粮以解一时之急。几天后,军心不稳,兵卒们纷纷抱怨丞相欺众。于是曹操对王垕说:"我想向你借一样东西,请你不要吝惜。"王垕说:"丞相欲用何物?"曹操说:"想借你的头一用。"王垕大惊,忙辩解不是自己的罪过,但曹操却面无表情地说:"我也知你无罪,可若不杀你,则难以稳军心。"曹操杀了王垕,贴出告示:"王垕用小斛发粮,盗窃官粮,按军法斩之。"曹操无中生有,让手下背了黑锅,解了众怨,安定了军心。

8. 暗度陈仓:剑阁受阻,涉险灭蜀

公元 263 年,司马昭准备一举灭蜀,派出三路人马,分路出击,魏军连连获胜。邓艾率 3 万人马攻到阴平一带,钟会则合并了诸葛绪的人马共 13 万大军直逼剑阁。蜀军统帅姜维居剑阁之险抵挡住了钟会的进攻。邓艾早已闻知钟会在剑阁受阻,已派人事先探得了一条从阴平通往成都的小路。这条小路据说是汉武帝南征时开凿的,已有三四百年无人通行了。钟会自恃兵多将广,不把邓艾放在眼里,对此嗤之以鼻。邓艾派儿子邓忠为先锋,率五千精兵手执利斧铁凿开路。他带领大军,紧随其后。途中道路非常险阻,遇陡峭悬崖人马难以通过。邓艾身先士卒,带头滚下悬崖,将士们深受感动,纷纷效仿。虽然过天险人马略有损失,但重新集合队伍后邓艾轻而易举地拿下江油城,又胜利攻占了绵竹。蜀国皇帝刘禅接到战报想调回剑阁姜维的人马,已为时已晚,只得出城投降。邓艾涉险剑走偏锋,一举灭亡了蜀国,而此时钟会还在剑阁城外苦攻不下。

9. 隔岸观火:苟安传谣,孔明退兵

孔明四出祁山,取得战场主动权,魏军陷于不利境地。永安城李严遣都尉苟安解送粮米,至军中交割。苟安好酒,于路怠慢,违限十日。苟安被责,心中怀恨,连夜引亲随五六骑,径直奔至魏寨投降。司马懿利用苟安布散流言,说孔明自倚大功,早晚必将篡国。后主听信谗言,为免生叛逆,遂下诏令还宣孔明班师回朝,削其兵权。孔明领旨后仰天叹说:"主上年幼,必有佞臣在侧!吾正欲建功,何故取回?我如不回,是欺主矣。若奉命而退,日后再难得此机会也。"在关键时刻司马懿用隔岸观火之计,令成都内变,实现了让对方退兵的目的。

10. 笑里藏刀:按兵不动,助预灭吴

三国后期,蜀国亡,司马炎也以晋代魏,存东吴与晋对立。吴国名将陆抗率兵屯江口以防晋国。晋国派羊祜率兵拒之。羊祜守襄阳,屯田减卒,轻车简从,深得民心。部将曾建议羊祜可趁吴军不备进行偷袭,羊祜却认为陆抗足智多谋,只可自守。羊祜打猎,下令手下不许过界,凡吴兵先射者皆送归吴兵所有,众将士遵守,深得吴兵佩服。羊祜还用自己配的药治好了陆抗的病,陆抗也以佳酿奉给羊将军为酬谢。不久,吴主孙皓令陆抗进兵,陆抗不从,并劝吴主施德政,被免职。羊祜病故后,杜预接任,吴国没有了陆抗的带兵,失去反抗能力,最后为杜预所灭。羊祜非但不与陆抗正面冲突,还与陆抗及其部队友好往来,并使陆抗认同他的德治理念而与孙皓出现分歧被罢黜,从而为晋灭吴奠定了基础。

11. 李代桃僵:忠将让马,负操渡水

各路诸侯打败了董卓,曹操欲乘胜追击,众诸侯皆言不可轻动,遂自引兵万余去追。董卓行至荥阳令徐荣伏军于荥阳城外,又令吕布引精兵断后。曹操、吕布两军相遇,夏侯惇抵敌不住吕布,操军大败,回望荥阳而走,至一荒山又遭遇徐荣伏兵,曹操被徐荣射中肩膀,带箭逃命,坐骑又中枪而倒。曹操翻身落马被擒,曹洪飞马而来,救起曹操,并把自己的战马让与曹操。曹操上马,洪脱去衣甲,拖刀跟马而走。遇大河阻去路,后面追兵迫近,曹操以为命已至此,但曹洪脱去袍铠,背着曹操过河。不久,徐荣从上流渡河来追,幸得夏侯惇、夏侯渊援军相救。"天下可无洪,不可无公",忠诚的曹洪出此言而李代桃僵,让出战马,冒死保住曹操性命。

12. 顺手牵羊:得玺而逃,刘表设伏

东汉末年,曹操、袁绍为首的各路诸侯联合讨伐董卓,在虎牢关大败吕布,董卓挟持汉帝匆忙逃往长安。盟军先锋进入洛阳,屯兵城内。期间,孙坚得获皇帝留下玉玺,以为自己有皇帝的命,与程普商议速回江东以图大事,未料有人密报了袁绍。次日,孙坚推病欲告辞还乡,袁绍直言以告,并借盟主身份让孙坚交出玉玺,孙坚否认,并率部下离开。袁绍非常恼怒,写信让刘表在路上堵截。刘表堵住了孙坚,并设下了埋伏,也想顺手牵羊得到玉玺,奈何不敌孙坚手下大将。孙坚折损大半兵力,夺路回到了江东。所谓祸福相依,孙坚顺手牵羊虽然得到了玉玺,却也引来了杀身之祸。

13. 打草惊蛇:诸葛施计,曹军大溃

刘备领兵10万围汉中,曹操闻报起兵40万亲征。定军山一役,蜀将黄忠计斩曹操大将夏侯渊。曹操大怒,亲统大军抵汉水与刘备决战,誓为夏侯渊报仇。蜀军见曹兵势大,退驻汉水之西,两军隔水相拒。孔明命赵云领兵500伏于土山之下,或黄昏,或半夜,每逢营中炮响,便擂鼓吹角呐喊,但不出兵,自己隐在高山上观察敌军动静。如此,一连三夜,一夜数次,弄得曹兵彻夜不得安宁。曹操明知这是诸葛亮的诡计,但害怕有诈,无奈之下传令退兵。诸葛亮施"打草惊蛇"计逼退了曹兵,乘势挥军渡过汉水,故意背水扎营置蜀军于险境,令曹操疑惑。两军决战之初,蜀军佯败后退,曹操见此非但不追反令收兵。然而,正当曹军掉头后撤时,诸葛亮却举起了号旗,指挥蜀军返身杀来,致使曹军大溃而逃。

14. 借尸还魂:秘不发丧,全身而退

诸葛亮在第六次北伐时积劳成疾,在五丈原病重,更知自己不久于人世,秘密吩咐杨仪在他死之后不可发丧,将尸体坐于龛中,口含米粒,脚踩明灯。若司马懿来追,则可布成阵势,将所雕木像安于车上推至军前。建兴十二年(234年)秋八月二十三日,诸葛亮死于军中。因为诸葛亮事先有了安排,杨仪和姜维按其嘱咐,秘不发丧,对外严密封锁消息。令魏延断后,各营缓缓而退。司马懿亲自率兵追击蜀军。见中军姜维等数十员上将拥出一辆四轮车,诸葛亮端坐其中,杨仪等向魏军发动进攻。魏军远望蜀军,军容整齐,旗鼓大张,又见诸葛亮稳坐车中,指挥若定,怀疑是诱敌之计,于是命令部队后撤,观察蜀军动向。姜维趁机指挥主力部队迅速转移,撤回汉中。等司马懿得知诸葛亮已死,再进兵追击,为时已晚。

15. 调虎离山:里应外合,关羽被欺

刘备与人合谋欲除曹操,事败只身投靠袁绍,刘备家小由关羽保护困在下邳。曹操急唤众谋士议取下邳,荀彧认为要速取,否则关羽就要被袁绍所得。曹操想派人去劝降。谋士程昱献计主张智谋,差刘备手下降兵数十人去下邳投奔关羽,伏于城中为内应。夏侯惇为先锋,怒激关公出战诈败佯输,截其归路,关公奋力杀退徐晃、许褚,又为夏侯惇截住,无路可逃,被曹军围在土山上。而此时下邳城中诈降兵卒偷开城门,曹操自提大军杀入城中,并命令放火激将关羽。果然,关羽在土山上见此情形,知自己中计,连夜几番冲下山来,都被乱箭射回。天亮后,与关羽私交甚好的张辽特来劝说关羽,关羽无计可施,只好就范。

16. 欲擒故纵:七纵七擒,孟获归心

公元225年,南蛮王孟获起兵10万反蜀,北伐大计受阻。诸葛亮为解后顾之忧,决定亲征孟获。初以挑拨离间之计解永昌之危,后大败南蛮三洞元帅,生擒孟获,因孟获不服遂放归。孟获扎寨泸水,只守不战。未料蜀将马岱半夜渡泸水,绝断了夹山粮道,孟获手下董荼那受重罚,故趁孟获大醉绑之献给蜀军,孟获不服,遂放归。孟获自恃探知蜀军底细,故令弟孟优诈降借机里应外合杀了诸葛亮,却被诸葛亮将计就计打败生擒。孟获不服气被放归。孟获为报仇借10万牌刀獠丁军再战蜀兵,被擒不服,诸葛亮又一次放他回去。孟获躲入秃龙洞求援,洞主杨锋捉了孟获送给诸葛亮,孟获当然不服,又被放了。孟获在银坑洞召集千余人与蜀军决战,被打败诈降,又被识破拿下,孟获还是不服被放。最后孟获请来乌戈国的藤甲军与蜀军决战,又失败而被拿下。经过七擒七纵,孟获最终被真正降服,誓不再反,从此蜀国西南得以安定。

17. 抛砖引玉:以酒设局,张郃败走

刘备占西川,欲取汉中,曹操派曹洪、张郃增援汉中守将夏侯渊。张郃率兵杀来,张飞引兵1万,离阆中30里与张郃对阵大战,张郃大败,守住大寨不出战。无论张飞引兵讨战,还是大骂激将,张郃只在山上饮酒。张飞于是在山前扎住大寨,每日除了喝酒,就是乘醉在山前大骂张郃。刘备不解,诸葛亮却心领神会,还差魏延送酒给张飞,车上插黄旗,大书"军前公用美酒"。张郃自来山顶观望,见张飞坐于帐下饮酒,令二小卒于面前玩摔跤,觉得太过分,连夜下山杀入中军,一刀刺去却不料端坐的张飞是个草人,身后却炮声四起,真正的张飞突然跳出来,再定睛细看,山上火起,自己的大寨已被张飞后军夺了。张郃只好退守瓦口关,用埋伏杀了雷铜。张飞将计就计,等张郃诈败欲围困他时,让魏延对付伏兵,自己大败张郃。张郃好不容易收聚败兵,坚守不出。张飞和魏延连日攻打关隘不下,后得百姓引路,魏延在关下攻打,张飞则引轻骑五百出梓潼山攻关后,前后夹击,令张郃落荒而逃。

18. 擒贼擒王:单刀赴会,巧妙脱身

赤壁大战,刘备借力孙权打跑曹操,还用计占了荆州。吴国都督鲁肃掌权后,欲夺回荆州,遂致信关羽邀宴。关羽部将都认为是计,提醒关羽小心提防,鲁肃虽然厚道,但这是他的擒贼擒王之计。关羽心知肚明,但不动声色地安排关平准备快船10只,带500人在江上等候,见红旗举起便过江接应,单刀赴会去了。饭局上,鲁肃果然提到了荆州主权的问题,但关羽说这件事是有德者居之,态度强硬。鲁肃正欲动用伏兵制服关羽,却被关羽先他一步,提着青龙刀拽起鲁肃径直往外走。鲁肃哪里是关羽对手,挣扎不过也不敢乱动。都督被劫,在场的吴国将领也不敢轻举妄动。鲁肃就这样被关羽挟持着一直到了江边。登船前关羽才放开鲁肃,并礼貌道别,反被擒贼擒王的鲁肃只好无奈地看着关羽的船乘风而去。

19. 釜底抽薪:奇袭乌巢,火烧军粮

公元199年,袁绍领10万大军攻许昌。曹操率军3万守官渡,两军对峙。袁绍派兵攻打白马,曹操向延津渡口进发,却虚晃一枪回袭白马,斩杀颜良,初战告捷。袁绍监军沮授分析认为:曹军勇猛,但粮草吃紧,所以只要原地坚守,待到曹军粮草消耗完就会不战自败了。但袁绍根本不听劝告,命将士继续进军,一直赶到官渡。袁绍见曹军守住营垒,令在曹营外面堆土山、筑高台、向内射箭,双方在官渡相持一月有余。曹军粮食越来越少,袁绍的军粮却从邺城源源不断得到补给,大批军粮囤积在离官渡40里的乌巢。谋士许攸向袁绍献计偷袭许都,却被袁绍拒绝,于是许攸连夜逃出袁营,投奔曹操。曹操得到了袁军情报,立刻让曹洪等人守好官渡大营,自己带领5000骑兵伪装成袁军,连夜攻打乌巢,杀了守将淳于琼,并放火把乌巢的1万车粮草烧了个干净。曹军乘势猛攻官渡,袁军四下逃散。虽然袁绍艰难地杀出重围,但从此一蹶不振。

20. 浑水摸鱼:城外退兵,轻取长安

马超、韩遂统率20万大军抵关中重地长安。长安郡守钟繇不敌西凉兵先锋马岱,率众退保长安城。长安城固壕深,易守难攻。马超部将庞德主张改变长围硬攻的战法,献上取城之计。马超挥军撤退,麻痹钟繇,此时城中极端缺水少柴,军民纷纷出城补给。五日后马超复来,出城打柴取水的军民受惊不小,蜂拥奔入城内,部分马军兵卒也趁乱混入其中。钟繇关闭城门,仍坚守不出。当夜庞德趁火杀钟繇之弟钟进,打开城门,城外兵马杀入城中。慌乱之中,钟繇弃城逃走,马超、韩遂轻取长安。

21. 金蝉脱壳:退兵增灶,虚晃一枪

诸葛亮四出祁山本已获胜,却被司马懿用反间计,不得不班师回朝,为防司马懿乘势追杀上来,撤军时分五路而退,并令每日退军,都要添灶之后再出发。司马懿知道诸葛亮足智多谋,不敢轻易追赶,亲自率了百余名骑卫前来蜀军营地察看,教军士点数灶的数目,次日又来查点灶数,发现营内灶的数目比原来又多了一分,想当然地认为蜀军添兵增灶,若追赶必然中计,于是决定不再追赶,暂且退军再作打算。蜀军未有损失,安然返回成都。司马懿后来才得知蜀军退兵并没见添兵,只是增灶而已,自叹谋略不如诸葛亮,只好率军返回洛阳。

22. 关门捉贼:天时地利,水淹七军

刘备占益州,于公元219年自立为王,令关羽攻樊城。樊城守将曹仁求救,曹操派于禁、庞德率领七支人马屯兵在樊城北面增援,与城中呼应。关羽派关平率军继续攻打樊城,自己率部与曹军先锋庞德交战,不料左臂中箭,两军相峙。此时秋雨连绵,于、庞二军移驻襄城以北。连续暴雨几日,关羽命准备船只,关平不解陆地打仗何用船只,关羽指出于禁将部队驻扎在罾口川这个险狭的谷地是大忌。关羽趁襄江大涨,派人堵住上游各缺口。魏军屯驻罾口川,督将成何劝阻于禁移师避难,却遭斥责自乱军心,后虽庞德认同成何,欲率领本部转移,奈何为时已晚。当夜风雨大作,洪水汹涌冲来,七军官兵四处乱窜,淹死无数,关羽率军乘船攻曹军,于禁迫降。庞德虽力战却也被活捉,后为关羽所杀。

23. 远交近攻:联吴抗曹,轻松解围

曹操平定汉中,威胁到了成都的刘备。诸葛亮仔细分析了形势,决心联吴抗曹,先将江夏、长沙、桂阳三郡还吴,并以伊籍为使入吴。孙权见刘备主动归还三郡,大悦,遣鲁肃收郡,并亲率大军攻合肥,直插曹操后背。东吴军马渡江,取和州,攻下皖城。诸葛亮从大局出发,为了整体利益暂时放弃一些局部利益,有舍有得,割舍三郡换来了联盟,实现了远交近攻的战略意图,不费兵卒阻止了曹操的进攻。

24．假途伐虢:刘璋失策,刘备西进

刘备欲占据西川,与曹操、孙权鼎足而立,但西川一直为刘璋所有。赤壁战后,刘备实力不断增强。公元215年,世仇张鲁进攻益州的刘璋,心怀叵测的张松建议刘璋请曹操援助,不料遭到曹操拒绝,于是刘璋同意让刘备来共同管理益州以抵御张鲁和曹操的进攻。刘备得到了进军西川的大好机会,派关羽留守荆州,亲率步卒万人进入益州。刘璋推举刘备为大司马领司隶校尉,自己为镇西大将军兼益州牧。二刘表面上虽是联合状态,但各自打着算盘。不久,刘备、刘璋就因对派兵送粮助战孙权一事意见出现分歧,刘备乘机大骂刘璋,并向刘璋宣战。等刘璋明白过来刘备的假途伐虢之计为时已晚。刘备乘胜直捣成都,占领四川,三足鼎立的格局正式形成。

25．偷梁换柱:暗袭混战,伏兵待敌

姜维第六次北伐用了诸葛亮"八阵"之法大败邓艾,把魏军由祁山赶到了渭水之南。邓艾不甘失败,设计让司马望下战书与姜维斗阵法,自己引军暗袭祁山之后,两下混战夺回旧寨。不料却被姜维一眼识破,断定邓艾肯定引一军来袭己军之后的图谋,索性令张翼、廖化引1万兵去山后埋伏。结果,邓艾来袭祁山之后时,中了姜维部队的埋伏,再次被打得大败。

26．指桑骂槐:见死不救,刘封被斩

关羽败走麦城,与刘封、孟达不出兵相救不无关系。孟达知自己罪过不轻,在申耽、申仪兄弟的建议下决定投魏王曹丕,写表一封交给使者带给刘备,当晚引五十余骑兵投魏国去了。刘备对孟达的背叛大怒,欲起兵讨伐。诸葛亮建议刘备遣刘封进兵,令二虎相斗。刘封受命,率兵来擒孟达。曹丕封孟达为散骑常侍、建武将军、平阳亭侯,领新城太守,守襄阳、樊城。孟达即修书一封招降刘封,刘封览书怒斩孟达使者。两军对阵不到三回合,孟达佯败,刘封追杀二十余里,却遭遇夏侯尚、徐晃伏兵左右杀来,孟达回身复战,三军夹攻下刘封大败而走,连夜奔回上庸,背后魏兵赶来。刘封到城下却遭申耽乱箭射下,奔房陵城却见申仪在敌楼已尽插魏旗,只好向西川而走,唯余百余骑。入见汉中,哭拜于地,细奏前事,却被刘备斥责为听信谗言,刘备杀一儆百将其推出斩首。

### 27. 假痴不癫：诈病去疑，待机重来

魏明帝去世，年仅八岁的曹芳继位，朝政大权由太尉司马懿和大将军曹爽共同执掌。曹爽是宗亲贵胄，为人飞扬跋扈，用明升暗降的手段夺了司马懿的兵权。司马懿大权旁落，心中怨恨，但见曹爽势大，于是称病不再上朝，正中曹爽下怀。曹爽派亲信李胜去司马懿家探听虚实，谁知司马懿早已看破曹爽心事，故意演了一场戏。李胜被引到司马懿的卧室，见司马懿头发散乱、病容满面地躺在床上，说话胡言乱语，思维混乱，凡事都要人服侍。吃药的时候，司马懿显得吞咽艰难，汤水还从口中流出，仿佛不久于人世的样子。曹爽听了李胜的汇报，高兴极了，于是放松了对司马懿的警惕。不久，天子曹芳去济阳城北扫墓，祭祀祖先，曹爽护驾出行。司马懿马上调兵遣将迅速占据了曹氏兵营，然后逼宫太后，废黜了曹芳，并以篡逆的罪名诛杀曹爽一家，独揽大权。

### 28. 上屋抽梯：问计诸葛，避祸得保

曹操在官渡之战中大败袁绍，逐步统一了北方。刘备迫于形势南下投靠荆州的刘表。建安十二年（207年），刘备三顾茅庐请出诸葛亮。当时，荆州内部矛盾重重，刘表宠爱小儿子刘琮，却不喜欢大儿子刘琦。刘琦乘刘表把刘备、诸葛亮请到荆州议事的机会，把诸葛亮请到家中，又挽留他密室喝酒，请教自救的办法，被诸葛亮推辞了。后又以请诸葛亮到他的楼上看古书为由，把诸葛亮请上一座小楼，令人撤去楼梯，再次请求，跪在地上以死哭求，诸葛亮无奈，就教他去向刘表请求带兵镇守江夏，以此达到避祸的目的。刘琦依计而行，果然避过了刘琮集团的迫害。

### 29. 树上开花：虚张声势，奉先落荒

曹操平定汝南和颍川，吕布还盘踞在濮阳。曹操令许褚、典韦为先锋，夏侯惇、夏侯渊为左军，李典、乐进为右军，亲领中军，于禁、吕虔为合后，兵指濮阳。吕布见曹操来犯，不听谋士陈宫劝阻，亲自引兵出阵，横戟大骂，与许褚斗20回合，不分胜负。曹操遣六将共攻吕布，吕布抵挡不住，拨马回城。谁知城中田氏已降曹军，吕布只好奔定陶而去。曹操得濮阳，令刘晔等守之，自己引兵定陶，却连日不战。此时正值济郡麦熟，操令军割麦为食。吕布引军赶来，又恐有伏兵而回。曹操命诸将插旌旗于林中以引起吕布更大的怀疑，同时埋伏精兵于寨西一带长堤。次日吕布来攻，见林中有旗，驱兵大进以火攻，却见林中竟无一人，又闻得寨中鼓声大震，正在疑惑之间，堤内伏兵一起杀出，吕布弃定陶落荒而走。

## 第四章 管窥"数中有术,术中有数"

### 30. 反客为主:逢纪献计,轻取冀州

袁绍与韩馥曾是盟友,共同讨伐过董卓。后来,袁绍势渐强大,屯兵河内,缺少粮草,老友韩馥还主动派人送去粮草,帮袁绍排忧解难。谁知,袁绍听了谋士逢纪的劝告,不念老友情谊,决定从韩馥手中夺取粮仓冀州。袁绍一面联络公孙瓒共同攻打冀州,一面又暗地派人报信给韩馥说公孙瓒正联合袁绍准备攻打冀州,还让人出点子给韩馥让他主动联合袁绍对付公孙瓒。韩馥觉得有道理,就邀请袁绍带兵进入冀州。袁绍表面上尊重韩馥,却在暗地里一步一步逐渐将自己的部下安插到冀州的要害部位。韩馥最终明白了袁绍的意图,他清楚地知道自己已被取而代之了,为了保全性命,只好只身逃出了冀州。

### 31. 美人计:貂蝉献身,父子反目

汉献帝年幼登基,董卓专权朝政,倒行逆施。司徒王允见董卓、吕布父子皆好美色,计上心头。王允向府中色艺俱佳的歌女貂蝉提出用美人计诛杀董卓,貂蝉为感激王允的恩德,决心牺牲自己,为国除害。在一次私人宴会上,王允主动提出将自己的"女儿"貂蝉许配给吕布。吕布对貂蝉一见倾心,十分感激王允。次日,王允又请董卓赴宴,并将貂蝉献给董卓。吕布知道后大怒,当面斥责王允,王允哄骗吕布说董卓带貂蝉是要给他办喜事,吕布信以为真,但几天后得知董卓已把貂蝉据为己有,吕布愤怒不已。一日吕布与貂蝉私自约会,被董卓撞见,大怒中董卓用戟直刺吕布,貂蝉则按王允之计,尽全力挑拨他们的父子关系。王允见时机成熟,邀吕布密谋除掉董卓。王允立即假传圣旨宣董卓上朝受禅,于是董卓被吕布一戟直穿咽喉而死。

### 32. 空城计:孔明抚琴,仲达退兵

诸葛亮错用马谡失街亭,司马懿乘势引 15 万大军蜂拥而来。城里当时只有二千多兵卒,诸葛亮登城楼观望后,传令藏起旌旗,士兵原地待命,不得喧哗,违者斩首。又命人大开城门,令士兵扮成百姓模样,洒水扫街。自己则披上鹤氅,戴上纶巾,领两书童,燃香抚琴于城楼之上。司马懿的先头部队到达城下,见了这种气势,不敢轻易入城,司马懿见状也疑惑不已,认为诸葛亮一生谨慎,不可能如此冒险。故疑城中有伏兵,不敢轻举妄动,所以挥军撤退。

### 33. 反间计:蒋干盗书,曹操中计

曹操占荆州后,用降将蔡瑁和张允为都督,训练水军,为扫平江东做准

备。蔡、张二人,水战经验丰富,周瑜深为忧虑。一天,周瑜正在帐中议事,有人通报故人蒋干来访。周瑜对众将作了一番部署,遂整衣出迎。蒋干与周瑜自幼同窗,交情颇厚,为曹操帐下幕宾。这次,他是主动请命前来江东的,目的是要说动周瑜投降。周瑜设宴热情招待蒋干,但不给他任何机会招降。欢宴之后,周瑜故作大醉,定要与蒋干同榻而眠。蒋干半夜溜到帐内偷看桌上堆着文书,见有蔡瑁、张允写给周瑜的一封投降书信,不禁大惊,忙将其藏在身上。此时听得周瑜在床上翻身梦呓,道数日内要让蒋干看那曹操的脑袋。四更时分,蒋干在帐内还偷听到周瑜手下汇报蔡、张二将的消息,更令他确信此事。于是趁周瑜脱衣就寝之际,悄悄溜回密报曹操。曹操果然信以为真,不容蔡瑁、张允分辩,就命武士将曹军最为得力的两个水军将领推出斩首。

34. 苦肉计:怒打黄盖,火烧赤壁

诸葛亮与周瑜共拟火攻曹营的方案,恰逢已降曹的荆州将领蔡和、蔡中兄弟前来诈降,周瑜于是将计就计,与老将黄盖达成共识,互相配合演一场戏,对曹操实行诈降计。次日,周瑜召集诸将于大帐之中,令取三月粮草准备破曹作战,却被黄盖打断讥讽,周瑜勃然大怒,喝令左右将黄盖斩首示众,黄盖则根本就没把周瑜放在眼里。周瑜欲斩黄盖,众人苦苦求情,才改为杖责。最终黄盖被打了五十脊杖,皮开肉绽,鲜血迸流,昏死数次。后密友阚泽来探视,黄盖才道出了实情,并转请素有忠义和胆识的阚泽替他潜去曹营代献诈降书信。已混入周瑜帐下的蔡中、蔡和两人也遭人送来了周瑜怒杖黄盖的密报。曹操对黄盖"投降"一事深信不疑。周瑜又巧妙地让庞统潜至曹营,为曹操献上了将战船拴到一起的"连环计"。建安十三年(208年)十一月二十日,黄盖诈降的船队,趁着呼呼的东南风向北岸疾进如飞。等曹操部将看出破绽,为时已晚,黄盖的船只一起放火,如箭一般冲入曹操水寨,曹军战船一时因被铁锁拴在一起,成为一片火海,大火又迅速延及北岸的曹军大营。曹军被火焚水溺、着枪中箭而死的不可胜数,曹操本人也落荒而逃。

35. 连环计:庞统巧计,周瑜建功

曹操一度对黄盖的苦肉计将信将疑,曾派蒋干再次过江察看虚实。周瑜这次见了蒋干,故意指责他盗书逃跑,把蒋干给软禁在西山,实际上又在诱他上钩。一日,蒋干在山间闲逛,忽听得一茅屋中传出琅琅书声。进屋一看,见一隐士正在读兵法,攀谈之后,知道此人是名士庞统,自言因周瑜年轻自负,难以容人,故隐居在山中。蒋干自作聪明地劝庞统投奔曹操,庞统应允。曹操得了庞统,十分欢喜,言谈之中,很佩服庞统的学问。巡视了各营寨庞统建议将船连锁起来,平稳如在陆地之上。曹操大悦,果然依计而行,将士们从此在水上如履平地,也都十分满意。看似有如神助地解决了北方兵士不习水战的问题,却不料日后为黄盖火烧赤壁铺平了道路。

36. 走为上:蔡瑁设宴,刘备疾走

刘备被曹操追杀,只好投奔荆州刺史刘表,得以在襄阳新野县屯驻。一日二人相对饮酒,刘表坦言欲废长立幼,恐碍于礼法,刘备建议他要慢慢来。不料被刘表的蔡夫人在屏风后听到,心甚恨之。刘备走后,蔡夫人进言让刘表除掉刘备,否则必为后患,未果。蔡又密召其弟蔡瑁杀刘备。不想被伊籍通风报信给刘备,刘备当夜返回新野。后蔡瑁又设计差人请刘备赴襄阳,欲趁机害之。赵云带马步军300人保护刘备赴襄阳。蔡瑁出城迎接,表面上非常客气。次日,蔡瑁密请蒯越计议,以除刘备。当日杀牛宰马,大张筵席。刘备坐在主位,赵云带剑在侧,文聘、王威入请赵云赴席,蔡瑁在外将刘备带来300军士都遣归馆舍,只待半酣,号起下手。酒至三巡,伊籍起把盏,目视刘备低声报信,刘备以如厕为借口疾入后园,骑马加鞭而出,跃过檀溪,回望东岸,蔡瑁已引军赶到溪边,于是急拨马望西南而去。

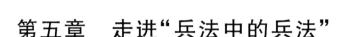

# 第五章　走进"兵法中的兵法"

## ——《武经七书》军事思想

《武经七书》是宋代官方校刊颁行的兵法丛书,是我国古代第一部军事学教科书。宋初,重文轻武,武备废弛,边境面临严重危机。1072年,宋神宗在武成王庙正式建立武学,重设武举,任命专管武学的负责人,培养军事人才。随着武学、武举制度的健全和发展,宋神宗于元丰三年(1080年)四月二十四日下诏,校订《孙子》《吴子》《六韬》《司马法》《三略》《尉缭子》《李卫公问对》七部兵书,雕版刊行,作为武学教材,并置学官,设武经博士。宋朝最高学府国子监司业朱服、武学博士何去非等人组织力量校定、汇编上述七书,耗时三年多的时间,至元丰六年(1083年)冬完成,宋神宗当即下令颁行,号称《武经七书》,共25卷,其宗旨是"立之学官,亦以之试士"。《武经七书》成为封建社会武学教学、选拔武学人才的基本教材,确定了兵学在封建社会的正统地位,对此后中国古代军事思想的发展产生了深远影响。

## 第一节　《吴子兵法》的军事思想

### 一、《吴子兵法》简介

《吴子兵法》,又称《吴子》《吴起兵法》,我国古代著名军事著作,《武经七书》之一,战国时期著名军事家吴起所著。吴起(公元前440年—前381年),卫国左氏(今山东省定陶县)人。战国初期军事家、政治家、改革家,兵家代表人物之一。吴起一生历仕鲁、魏、楚三国,在内政、军事上都有极高的成就。在鲁国杀妻拜将,一战成名;在魏国创立武卒制,"大战七十二,全胜六十四,其余均解不分胜负";在楚国实施变法,三晋不敢南谋。吴起以文韬武略振兴三国,呈现出"吴起在而兴盛,吴起去而衰亡"的现象。

《吴子兵法》问世之后广为流传,曾经达到"藏孙、吴之书家有之"的程度,但在流传的过程中经过了后人的增益和删改,且部分内容已经佚失。《汉书·艺文志》称"吴起四十八篇",现存《图国》《料敌》《治兵》《论将》《应变》《励士》六篇。《图国》主要是谈治国的理论、政策;《料敌》主要是谈刺探敌情的方法;《治兵》主要是谈治军标准;《论将》主要是谈选拔将领的标准;《应变》主要是谈临阵对敌时战术的运用;《励士》主要是谈奖励将士的措施。《吴子兵法》是在封建制度确立后,战争和军事思想有了显著发展的历史条件下产生的,它反映了新兴地主阶级的战争理论、军队建设和作战指导方面的观点。《吴子兵法》继承和发展了《孙子兵法》的有关思想,在历史上与《孙子兵法》齐名,并称为"孙吴兵法",在中国古代军事思想中占有重要地位。

## 二、《吴子兵法》的主要思想

《吴子兵法》的军事思想体系主要由战争观、治军思想和作战思想组成。

### (一)战争观

战争观是对战争的根本看法和认识,是军事思想的基石和出发点。吴起在《图国篇》中分析了引发战争的"五因","一曰争名,二曰争利,三曰积恶,四曰内乱,五曰因饥"。即战争的起因有五种,一是争夺名位,二是掠取财富,三是仇恨的积累,四是内乱,五是饥荒。吴起认为,战争的爆发是不以人们的意志为转移的,在列国争雄兼并的条件下,战争是普遍的社会现象,是不可避免的。吴起在探讨战争的起因问题之后,又将战争性质划分为五种:"一曰义兵,二曰强兵,三曰刚兵,四曰暴兵,五曰逆兵。"并对五种战争进行了解释:"禁暴救乱曰义;恃众以伐曰强;因怒兴师曰刚;弃礼贪利曰暴;国乱人疲、举事动众曰逆。"所谓义兵,就是制止暴虐,平息动乱的战争,因为顺天应人,得到了民众的拥护,所以"成汤讨桀而夏氏喜悦,周武伐纣而殷人不非"。所谓强兵,就是以强凌弱,以大欺小的战争。所谓刚兵,就是不胜欺凌,因怒兴师的战争。所谓暴兵,就是因贪图利益而不顾礼义发动的战争。所谓逆兵,就是不顾国内危机和民众疲惫,兴师动众而发动的战争。显然,吴起已经注意到战争的正义性与非正义性,初步区分了战争的不同性质。虽然《吴子兵法》对战争原因的探讨比较粗浅,对战争性质的分类也比较简单,但它毕竟已涉及这些问题,提出了自己独到的看法,这在古代兵学发展史上具有重大的意义。

战争与政治的关系问题,也是战争观中的重要问题。《吴子兵法》军事思想的核心内容是"内修文德,外治武备",即正确处理政治与军事之间的关系,在修明政治的前提下,加强军事建设,为从事封建兼并战争创造必要的条件。

"内修文德"就是争取民心、团结对敌的思想。吴起的"内修文德"就是行善政,采取良好的政治措施协调不同社会集团的内部关系,巩固国内团结,使民众安居乐业、支持拥护君主并一致对敌。吴起所言的"文德"有明确的内涵,包括道、义、礼、仁"四德";所言的"内修文德"相应包括四个方面的内容:"绥之以道,理之以义,动之以礼,抚之以仁","此四德者,修之则兴,废之则衰"。意思是说:圣人安定天下用道,治理国家用义,动用民众用礼,抚慰民众用仁。吴起认为用"四德"来"教百姓而亲万民",便能使民众"皆是吾君而非邻国",在战争中就能使举国上下团结一致,同仇敌忾,在战场上士卒就会"以尽死为荣,退生为辱"。这是"内修文德"所要达到的理想境界,吴起称之为"和"。所谓"和"就是国家内部不同领域、不同层面的各种关系的和谐,主要表现为"人和",也就是内部团结一致。吴起列举了不同层面的"四不和","不和于国,不可以出军;不和于军,不可以出陈;不和于陈,不可以进战;不和于战,不可以决胜"。也就是说,如果国内意志不统一,就不能贸然做出战争决策;如果军队内部意见不一致,就不能与敌对阵;如果临战阵形不整齐,就不能与敌作战;如果在战斗中部队战斗动作不协调,就不能战胜敌人。"内修文德"可以使国家达到内部政治、军事、社会等各领域全方位的和谐统一,可以对战争与军事起到重要的支撑保障作用。

吴起把政治和军事结合起来认识考察,阐明了"内修文德"与"外治武备"的辩证关系,认为与"内修文德"相辅相成的是"外治武备"。如何"外治武备"?吴起认为,首先要思想重视,牢固树立居安思危的战备观念,时刻警惕国家安危。吴起在《料敌》提出"安国之道,先戒为宝"的备战思想。《孙子兵法·九变篇》告诫后人要"无恃其不来,恃吾有以待也"。在备战的问题上,《吴子兵法》与《孙子兵法》的观点有一致之处。其次,吴起认为战备思想只有付诸实际行动,才能做到"有备无患"。《史记·孙子吴起列传》记载了吴起主张"要在强兵",即建设一支强大的军队的思想。吴起"要在强兵"的思想,强调塑造强大的军事实力,强调依靠军事实力确保国家安全。吴起虽然主张"外治武备",但对战争却采取了非常慎重的态度。他强调慎战不好战,反对穷兵黩武,认为"恃众好勇"会导致亡国惨剧,又进一步提出"战胜易,守胜难"的新观点,认为胜仗越多反而越会孕育未来的巨大灾难。他认为:"天下战国,五胜者祸,四胜者弊,三胜者霸,二胜者王,一胜者帝。是以数胜得天下者稀,以亡者众。"正是因为深刻认识到战争的负面影响,吴起明确指出使用武力要注意把握"度",极力反对扩大战争,主张通过尽可能少的战争,迅速夺取决定性的胜利,实现战争目的。

总的来看,吴起"内修文德,外治武备"的思想是一种经国治军的大战略思想,它吸收并融合了儒、法、兵等学术流派的思想精华,将政治与军事紧密结合起来,既深刻阐发了一些新兴地主阶级治国理政的新思想,又在此基础上揭示了一些符合时代大势的建军、治军的新规律,达到了时人在战争观问题认识上所能达到的最高水平。

(二) 治军思想

治军思想,就是军队建设理论和军队管理理论,是组建军队和提高军队战斗力的各项工作的统称。《吴子兵法》中蕴含的治军思想非常丰富,其核心是"以治为胜"(《吴子兵法·治兵》),强调以法治军。具体来说,《吴子兵法》的治军思想包括教戒为先、信赏明罚、选募精兵以及关于将帅标准的一系列思想。

第一,主张"教戒为先"。吴起重视对军队官兵开展思想教育,这就是所谓的"教之以礼,励之以义",认为只要士卒有了羞耻之心,军队无论攻守,都能得其所宜,"夫人有耻,在大足以战,在小足以守"。同时吴起也非常重视军队的军事训练,指出将士在作战中战死往往是由于其军事技能不熟练,作战失败的原因也多由于战术要领没有掌握,"夫人常死其所不能,败其所不便。故用兵之法,教戒为先"。为此,吴起提出了一整套具体的训练方法,指导平时的训练活动,内容包括单兵技艺训练、战术训练、阵法变化训练等。

第二,提倡"严刑明赏"。吴起主张从严治军,强调用严格的军纪军法来约束将士,使军队的一切行动"任其上令",即坚决服从上级的命令。做到"令行禁止,严不可犯"。对不从令者要予以诛戮,以整肃军纪,在军事奖惩上要做到"进有重赏,退有重刑"。对善于使用各种兵器,身强力壮,行动敏捷,"志在吞敌"的人予以多次拔擢,"必加其爵列",以此激励士气,鼓舞斗志,并强调在实行"重赏""重刑"之时必须做到"行之有信"。

第三,强调"简募良材"。吴起提倡组建特种精锐部队,以防备应付突发事件,即"简募良材,以备不虞"。为此,吴起曾建议魏国统治者"聚卒"、"练锐",即把士卒中勇敢强壮者编为一队,把愿意拼死向前者编为一队,把善于越高奔远、轻捷善走者编为一队。同时还主张根据军队将士的身材高矮,体魄强弱,秉性勇怯,智力优下等情况进行合适的分工,以发挥各人的特长,具体做法是"短者持矛戟,长者持弓弩,强者持旌旗,勇者持金鼓,弱者给厮养,智者为谋士"。吴起相信,按照这样的原则选拔训练的军队,作战能力强,便可以无往而不胜。

第四,提出"总文武者,军之将"的为将标准。吴起十分重视将领在战争中的地位和作用,认为"良将"关系到国运的盛衰和军队的安危,"得之国强,去之国亡"。为此他对将领提出了严格的要求,总的原则是要文武兼备,刚柔相济,"总文武者,军之将也;兼刚柔者,兵之事也"。具体地说,为将者要有为国献身的高尚情操,"受命而不辞,敌破而后言返","师出之日,有死之荣,无生之辱";具备爱护士卒的慈祥之心,能够与士卒同甘共苦;树立威严,善于号令和指挥部队;善于做到"五慎",即:"一曰理,二曰备,三曰果,四曰戒,五曰约";能够掌握"气机、地机、事机、力机"这"四机",即在对敌作战中掌握士气,利用地形,运用谋略,提高战斗力。总之,为将者的威严、胆识、品德、才干要足以统率部队,安抚士卒,威震敌军,战胜攻取。

由此可见,《吴子兵法》的治军思想系统完备,对凡治军原则、教育训练、军纪军法、赏罚手段、精兵建设、选将任帅等问题,均有深入的阐述。其中不少合理的思想内核,直至今天仍有一定的借鉴价值。

(三)作战思想

作战思想,就是作战的指导原则和方式方法。《孙子兵法》注重从哲理层次揭示作战指导规律,《吴子兵法》更侧重于对战术要领的具体表述。吴起的作战思想集中于两条主线,"审敌虚实而趋其危"(《吴子兵法·料敌》)和"因形用权"(《吴子兵法·论将》)。

第一,"审敌虚实而趋其危"。该思想包括"审敌虚实"和"趋其危"两个要点。"审敌虚实",即找出敌方的虚实强弱之处;"趋其危",即打击或威胁敌人的虚弱之处。《吴子兵法》和《孙子兵法》一样,非常重视了解敌我双方的军情态势,并把重点放在掌握敌情之上。为此,专门设有《料敌》对此进行深入的阐述。吴起从作战的角度总结出八种军情为"虚"和六种军情为"实"的情况。如果敌军陷于疲惫不堪、军心动摇、内部不和、后勤补给匮乏、援兵不继、将领指挥能力差、作战准备不充分等不利境况时,其军情为"虚",对这样的敌人应"击之勿疑";如果敌方国力雄厚、政治清明、内部和睦、信赏明罚、任贤使能、兵力众多、装备精良、有盟国支援等,则其军情为"实",应"避之勿疑"。这些是吴起从战争实践中总结出来的经验之谈,是"审敌虚实"的一般规律。

吴起还指出，"料敌"的目的是为了发挥自己的长处，选择捕捉战机，抓住敌人的薄弱环节予以致命的打击。吴起在《料敌》中对六国军情进行了详细的分析："夫齐陈重而不坚，秦陈散而自斗，楚陈整而不久，燕陈守而不走，三晋陈治而不用。"对各国的军队分析得非常透彻，齐国的军阵虽然庞大但不坚固，秦国的军阵分散但能各自为战，楚国的军阵虽齐整但不能持久，燕国的军阵善于防守而不能出击，韩赵两国阵势虽然有条理但缺乏战斗力。由此，吴起提出了破敌的方法。攻击齐国军队，"必三分之，猎其左右，胁而从之，其陈可坏"；攻击秦国军队，"必先示之以利而引去之，士贪于得而离其将，乘乖猎散，设伏投机，其将可取"；攻击楚国军队，则"袭乱其屯，先夺其气，轻进速退，弊而劳之，勿与争战，其军可败"；攻击燕国军队，宜"触而迫之，陵而远之，驰而后之，则上疑而下惧，谨我车骑必避之路，其将可虏"；攻击韩赵魏两国军队，需"阻陈而压之，众来则拒之，去则追之，以倦其师"。吴起的这些分析和对策都是符合当时的实际情况的，集中体现了吴起用兵打仗以"料敌"为先的指导原则，具有非常强的针对性和可操作性。

第二，强调"因形用权"。"因形用权"就是说在战场上要根据不同的情况，采取不同的战法，强调作战指挥的灵活性。吴起认为，战场上的情况各不相同，作战的形势瞬息万变，高明的作战指导者应该善于分析形势，把握战机，灵活机动地运用战术，予敌以毁灭性的打击，从而收到事半功倍之效，"凡战之要，必先占其将而察其才，因形用权，则不劳而功举。"(《吴子兵法·论将》)具体地说，就是要根据敌情、天时、地利等情况的不断变化，审时度势，以变应变，实施欺诈、收买、离间、疲困、威慑等谋略，灵活采取诱奸、伏击、截击、追击、逼攻、偷袭、水淹、火攻、半渡击等不同战法，迫使敌人分兵、混乱、恐惧、疲惫，陷于不利的地形和被动挨打的地位，尔后集中优势兵力，制敌于死命，夺取作战的胜利。在此基础上，吴起还进而总结出作战中"因形用权"带有规律性的要领，包括"急击勿疑"的十三种情况，"击之勿疑"的八种情况以及"避之勿疑"的六种情况，这些都极大丰富了中国古代作战指导的理论。

### 三、《吴子兵法》的影响与运用

(一)《吴子兵法》的影响

《吴子兵法》从战争观、治军思想、作战思想等方面建立起较为完备的军事思想体系，反映了战国时期军事斗争的实践经验，具有鲜明的时代特色和重要的军事学术价值，对后世兵学理论的发展产生了较为深远的影响。《吴子兵法》继承和发展了《孙子兵法》的军事思想,并在政治、军事领域有许多独到的见解,特别是"内修文德,外治武备"的战略思想,千百年来一直为人称道。《韩非子·五蠹》记载:"境内皆言兵,藏孙、吴之书者家有之。"《史记·孙子吴起列传》记载:"世俗所称师旅,皆道《孙子十三篇》《吴起兵法》,世多有。"在唐初,匡政巨著《群书治要》就辑录了《吴子兵法》的《图国》《论将》《治兵》《励士》四篇内容,为唐太宗"偃武修文"、"治国安邦",创建"贞观之治"提供警示。北宋时《吴子兵法》被定为《武经七书》之一,更说明了它在中国军事史上的地位。虽然由于时代的原因,其中部分内容已经失去现实价值,但是其中对于战争基本规律的认识和分析并未过时,需要我们加以分析研究,继承借鉴。

《吴子兵法》不仅在中国古代军事学术史上有着重要的地位,而且在世界上享有极高的声誉,对世界军事理论的发展产生了重大影响。在日本奈良时代,著名的遣唐留学生吉备真备,把《吴子兵法》《孙子兵法》等中国军事文化典籍带到日本,《吴子兵法》深刻地影响了日本古代军事思想的形成和发展。18世纪后半叶,《吴子兵法》又传播到欧洲,与《孙子兵法》一样受到青睐,并收录于1772年巴黎翻译出版的法文《中国军事艺术》丛书中,之后相继被译成英文、德文等,在欧洲大陆广为传播,被西方称为"言简意赅的箴言和无价的真理"。

(二)《吴子兵法》的运用

#### "内修文德,外治武备":吴起在魏楚的变法改革与军事实践

吴起在魏国协助李克等辅佐魏文侯、魏武侯进行改革,使魏国成为战国前期的军事强国。在担任西河太守后,吴起在西河辖区内进行改革,整顿吏治,选拔和重用廉洁奉公的官吏,同时实行奖励耕战政策,发展农业生产,充实府库。吴起还重视加强边防建设,选拔训练士兵,建立了一支精锐的"魏武卒"。随着魏国军事实力增强,吴起率部屡次大败秦军军队。据载,吴起任魏国大将及镇守西河期间,曾统率魏军与诸侯各国军队进行大战76次,魏军大获全胜的有64次,其余12次与敌不分胜负,为魏国"辟土四面,拓地千里"。

吴起到楚国后,担任令尹,直接辅佐楚悼王进行变法改革。在政治上采取了一系列措施,制定法令,加强王权,削弱贵族特权。吴起还精简机构,裁减冗员,整顿吏治,打击徇私舞弊,任贤用能,提高办事效率,改变社会风气。在经济上下令打击游手好闲之人,奖励"耕战之士",鼓励从事农业生产,保证

生产发展。在军事上,强调"要在强兵",扩充军备,建立一支富有战斗力的军队。吴起推行变法后,收到了富国强兵的明显效果。向北,伐魏救赵,收复了被三晋占领的陈国和蔡国土地,将楚国势力扩展到黄河岸边;向南,平定百越,疆域拓展至江南,楚人"兵震天下,威服诸侯"。

## 第二节 《司马法》的军事思想

### 一、《司马法》简介

《司马法》是我国古代的重要军事理论著作,《武经七书》之一。大约成书于战国初期,相传是司马穰苴所著。根据《史记·司马穰苴列传》记载:"齐威王使大夫追论古者司马兵法,而附穰苴于其中,因号曰《司马穰苴兵法》。"司马穰苴,春秋末期齐国人,生卒年不详,原姓田,名穰苴,曾领兵战胜晋、燕,被齐景公封为掌管军事的大司马,后人尊称其为司马穰苴,是战国初期的著名军事家、军事理论家。

《司马法》最早见于《汉书·艺文志》的礼类,称《军礼司马法》,共计155篇。此书受到历代兵家及统治者的高度重视。汉武帝曾"置尚武之官,以《司马兵法》选任,秩比博士"。汉朝以后,在长期的流传过程中,该书多有散佚,至唐代编《隋书·经籍志》时录为3卷5篇,列入子部兵家类,称为《司马法》。北宋时期,《司马法》被列为《武经七书》之一,宋刻《武经七书》本为现存最早刊本。由于《司马法》距今年代久远,散失严重,所以对于该书的真伪、成书年代、作者等问题,历代学者均有各种不同的看法。当前,国内学者一般认为今本《司马法》不是伪书,历史上的《司马兵法》《司马穰苴兵法》《军礼司马法》均包含于《司马法》之中。

兵书《司马法》现存《仁本》《天子之义》《定爵》《严位》《用众》5篇,另有逸文60余条,1600多字,记载着从殷周到春秋、战国时期的一些古代作战原则和方法,为研究战国初期的军事思想提供了重要的资料。

### 二、《司马法》的主要思想

《司马法》的军事思想主要包括战争观、治军原则和作战指导思想等方面,带有比较明显的儒家色彩。

（一）"以战止战"的战争观

《司马法》按战争的目的,把战争分为正义与非正义两大类。《仁本》中指出:"古者以仁为本,以义治之谓正,正不获意则权,权出于战,不出于中。是故杀人安人,杀之可也;攻其国,爱其民,攻之可也;以战止战,虽战可也。"即要求统治者坚持以仁爱为基本的政治原则,以正义的手段来管理社会。即使是在正义的手段无效的情况下,也必须是为了"仁爱"才可以发动战争。所以,为了使本国人民得到安定,可以发动战争;为了保护他国的人民,可以进攻他国;运用战争的手段来制止战争,也是可行的。而为扩大疆土或夺取财货、凭借国之大而凌辱小国之民的战争是非正义的。这种以战争的目的来区分战争性质的观点,虽然只是初步的比较肤浅的论述,但反映出《司马法》在战争目的和性质问题上的认识已经达到了一定的深度与高度,这比近代德国军事家克劳塞维茨同样的论述"战争无非是政治另一种手段的继续",要早出二千多年,的确难能可贵。

《司马法》将从事战争的基本条件概括归纳为"以礼为固,以仁为胜"（《天子之义》）,即以礼义廉耻为规范,军队就能够固如磐石;以仁慈博爱为宗旨,军队就能所向披靡,无往不胜。强调发动战争应以保护人民的利益为前提条件,"战道,不违时,不历民病,所以爱吾民也;不加丧,不因凶,所以爱夫其民也;冬夏不兴师,所以兼爱民也"。在对敌政策问题上,提出"入罪人之地,无暴神祇,无行田猎,无毁土功,无燔墙屋,无伐林木,无取六畜、禾黍、器械。见其老幼,奉归勿伤,虽遇壮者,不校勿敌;敌若伤之,医药归之"。把战争"罪人"和一般兵士相区别,同时主张优待俘虏,对其伤者进行医护。不主张侵犯敌国民众的利益,要求军队在进入敌区后,严格遵守纪律,以求得敌国民众的同情与支持。这是中国最早关于对敌政策和群众纪律的论述。

《司马法》战争观的一个重要思想是备战、慎战,因而提出"故国虽大,好战必亡;天下虽安,忘战必危。天下既平,天子大恺,春蒐秋狝。诸侯春振旅,秋治兵,所以不忘战也"。强调居安思危,常备不懈,每年借春秋两次大规模的围猎活动进行军事操法训练和检阅,以示全国上下不忘战并随时准备应战。《司马法》的这种国防和国防建设思想影响至今。

（二）"以仁为本"的治军思想

《司马法》治军思想侧重于军事教育,不在于阐述军事技术和战术训练的具体内容。认为:"士不先教,不可用也。"提倡以仁、义、礼、智、勇、信来教育和训练军队。在教育的内容上要简明扼要,注重制定军法、军礼,强调要申军法、立约束、明赏罚。《司马法》在治军原则上强调治军要综合运用各种办法："凡民,以仁救,以义战,以智决,以勇斗,以信专,以利劝,以功胜。"(《严位》)即要用仁义的道理去教育,用智谋和勇敢去战斗,用威信使士兵服从,用物质奖励和建功立业鼓舞他们去取得胜利。《司马法》强调治军要"治气"、治心,士气旺盛方有战斗力,才能打败敌人。激发士气必须使将士安心,以"仁"来得"民心",将帅平时就要像爱护亲人一样爱护士卒。

《司马法》告诫治军不能用治国的办法,"治国尚礼,治军尚法",二者有着根本的区别,特别强调"国容不入军,军容不入国","军容入国则民德废,国容入军则民德弱",即不能把治理军队的一套办法,搬来治理国家和朝廷;同样也不能把治理国家和朝廷的一套办法,搬来治理军队。如果把治理军队的一套办法,用来治理国家和朝廷,那么民众礼让的风气就会废弛;如果把治理国家和朝廷的一套办法,用来治理军队,那么军人的尚武精神就会削弱。

《司马法》高度重视对将帅的培养,认为将帅在战争中起着决定性的作用,是军队中的核心,但是这种核心地位需通过与广大士卒间的沟通和配合才能发挥其应有的作用:"将军,身也;卒,支也;伍,指拇也。"(《定爵》)真正优秀的将帅应具备仁、义、礼、智、勇、信的标准,强调德才兼备,智勇双全,以身作则,身先士卒,"敬则慊,率则服"。将帅要谦让、严明、果敢、负责、不诿过、能为人表率,这样,才能使军队做到有礼有节,勇猛善战。

(三)"灵活独特"的作战指导思想

《司马法》论述的重点不是作战的指导思想,但也有一些独到的见解和精辟的论述。

《司马法》提出了"相为轻重"原则,这是《司马法》论述作战指挥问题的基本线索,贯穿于各个层次的作战指挥中。"轻重"是指兵力的大小与强弱,战争就是敌对双方不同兵力的较量和对抗。掌握战争规律的关键在于处理好轻重这两个因素的关系,即根据具体的情况灵活地改变战略战术和正确地部署、使用兵力,赢得优势,把握主动,夺取胜利。"甲以重固,兵以轻胜。"凡打仗的人,披甲越重就越坚固;但就士兵个人来说,愈是轻捷便当才能发挥威力、击敌取胜。

《司马法》提出了集中兵力原则。在《严位篇》里提出,一般作战的规律,用自己的小部队去对付敌人的小部队会有危险,用自己的大部队去对付敌人的大部队就难以取得成功,用自己的小部队去对付敌人的大部队就会导致悲惨的失败,只有用自己的大部队去对付敌人的小部队方可占据主动,才能够决战取胜。并强调,即便是兵力雄厚,优势明显,当实施进攻时也不要一次性投入全部的兵力,如果力量用尽会带来不可预测的危险,而应当留有适当的机动性兵力以便应付各种突然的变故。这实际上就是主张集中优势兵力,以强击弱,以多击寡,掌握主动,稳操胜券。这一观点,揭示了作战指导中的一条普遍规律,也是中国古代兵家的一般共识,并已为战争实践一再证实。

《司马法》提出了"视敌而举"的原则。强调"称众,因地,因敌令陈",要捕捉战机,随机变化,根据敌情而布阵;"因欲而事,蹈敌制地",要根据不同的情况尤其是敌情的变化而采取行动对策、制定不同的战法,努力使战术运用灵活巧妙,变化无穷,从而实现克敌制胜的目的。战场的激烈角逐,万般变化,不可守株待兔,只有随着敌情的变化而灵活指导,才能应对变化莫测的战场。"视敌而举"要领是根据敌人的行为和心理确定打击办法,同时,还要根据地理位置、敌我众寡来排兵布阵。《司马法》认为,打仗最难的是充分发挥士兵的能力,强调人是战争最主要、最活跃的因素。这条古训对每一个战争指导者无疑都有启示。

### 三、《司马法》的影响与运用

(一)《司马法》的影响

《司马法》自诞生以来,一直被奉为军事经典,在古今中外享有很高的声誉,对中国军事思想的形成与发展产生了深远的影响。

《司马法》是《孙子兵法》《孙膑兵法》的重要思想来源。《司马法》一书在中国兵学发展史上有特殊地位,堪称中国兵学文化的总源头。在孙武、孙膑的军事著作中,可以看到司马穰苴军事思想的烙印。孙武的"将者,智、信、仁、勇、严也"和孙膑关于将帅应具有义、仁、德、信、智等选将标准的论述与《司马法》的思想渊源关系还是比较明显的。

《司马法》在古今中外享有很高的声誉。秦汉以降,《司马法》始终受到普遍关注,其基本军事原则和重要语句被广泛征引。司马迁感叹说:"宏廓深远,虽三代征伐,未能竟其义,如其文也,亦少褒矣。"唐代名将李靖称:"今世所传兵家者流,又分权谋、形势、阴阳、技巧四种,皆出《司马法》也。"宋代,《司马法》被列为《武经七书》之一,成为官方选定的将校必读之书。《司马法》在国外也有一定的流传和影响,日刊本《司马法》以及各种注本就不下30多种。1772年,法国传教士约瑟夫·艾米奥从众多中国兵法名著中选择经典译成法文在巴黎出版,题名《中国军事艺术》,其中就包括《司马法五篇》,这是有文字可考的《司马法》传入欧洲的开始。

《司马法》的军事思想至今仍有其重要的现实意义。《司马法》的"忘战必危"的国防理念、国法与军法的关系、教育与强制在治军中的作用等观点和做法,至今仍有重要的现实意义。

(二)《司马法》的运用

### 忘战必危的战例:秦灭齐之战

秦灭齐之战是秦军直逼齐都临淄迫使齐国投降的作战。公元前221年,秦军在将军王贲的指挥下,避开齐国西部防线,从北面薄弱之处,由燕国南部进军,直插齐都临淄,将齐王田建俘虏,灭亡了齐国。齐国灭亡的主观原因在于齐王田建长期不修武备。田建在位四十多年,年少时,国事决于齐襄王后,对中原军情置若罔闻。即位后仍然苟且偷安,浑浑噩噩虚度时光。国内虽有人建议他整治武备,弘扬国威,以保社稷。田建对此置之不理,一旦秦军兵临城下,只得束手就擒。

### 逐奔不远的战例:东魏侯景围攻彭城之战

北魏孝静帝武定五年(547年),高欢长子高澄继位,部将不服,占据颍川后反叛,投降梁朝而围彭城。高澄派部将慕容绍宗讨伐。慕容绍宗对部将说,梁人剽悍,我拟在作战中佯败,诱梁人前来追击,你们则从背后实施攻击。侯景在战前也曾告诫梁人,如果敌人战败,你们追击时不得超过二里路远。作战中,慕容绍宗佯败,梁人不听侯景之言,乘机深入。魏人反戈相击,大败梁人。此战,慕容绍宗佯败而退,梁人不以侯景"逐奔不远"为戒,驱军追赶,招致败局。

## 第三节 《六韬》的军事思想

### 一、《六韬》简介

《六韬》是一部集先秦军事思想之大成的著作,又称《太公六韬》《太公兵法》,相传为周初太公望(即吕尚、姜子牙)所著,现在普遍认为该书是后人依托其名而编,大约成书于战国晚期。

《六韬》通过周文王、武王与吕望对话的形式,论述治国、治军和指导战争的理论、原则,对后代的军事思想有很大的影响,被誉为"兵家权谋类的始祖"。司马迁《史记·齐太公世家》称:"后世之言兵及周之阴权。皆宗太公为本谋。"《六韬》在《汉书·艺文志》诸子兵家类中不见著录,但在"道家"列"《太公》二百三十七篇",其中《谋》八十一篇,《言》七十一篇,《兵》八十五篇;儒家类著录有《国史六》。《隋书·经籍志》明确记载:"《太公六韬》五卷,周文王师姜望撰。"北宋神宗元丰年间,《六韬》被列为《武经七书》之一,为武学必读之书。

现存《六韬》分为《文韬》《武韬》《龙韬》《虎韬》《豹韬》《犬韬》六卷,共61篇,近2万字。《文韬》,论治国用人的韬略;《武韬》,讲用兵的韬略;《龙韬》,论军事组织;《虎韬》论战争环境以及武器与布阵;《豹韬》论战术;《犬韬》论军队的指挥训练。

## 二、《六韬》的主要思想

《六韬》的内容十分广泛,涉及战争观、军队建设、战略战术等有关军事的诸多方面。

### (一) 战争观

《六韬》继承了早期兵家理论对战争性质与目的的深刻认识并有所发挥。《六韬》提出"故兵者,国之大事,存亡之道",这与《孙子兵法》的有关论述是一脉相承的。但《六韬》从其"天下者非一人之天下也,莫常有之,唯贤者取之"的政治观念出发,把通过军事手段推翻暴政看作是正义的事业,是民众拥护和不可战胜的。因此,它认为"禁暴乱,止奢侈"的战争有其合理性,是解决现实社会政治、经济矛盾,改善社会的必要手段和形式。

《六韬》对《孙子兵法》中所倡导的"全胜"思想也有继承和发展,提出以"文伐"为核心的"全胜"思想。《武韬·发启》之"全胜不斗,大兵无创";《龙韬·军势》之"善胜敌者,胜于无形,上战无与战",都是希望以最小的代价换取最大的胜利,甚至不经交战就达到目的,所谓"兵不接刃,而敌降服"。《孙子》虽然提出了"不战而屈人之兵"的"全胜"理论,但对于如何实现这一理想目标,却仅仅原则性地提出了"伐谋"、"伐交"两种途径。《六韬》在这方面则做了许多具体而深入的阐述,建立了以"文伐"为核心的新"全胜"理论。《武韬·文伐》提出了"文伐"十二法,列举了分化、瓦解、离间敌人的各种方法,认为可以通过各种外交和军事谋略,瓦解敌人,不战而胜。

### (二) 军队建设

对于军队的建设,《六韬》认为首先应注意将领的选拔与培养。因为"国之大事,存亡之道,命在于将。将者,国之辅,先王之所重也"。"社稷安危,一在将军"。所以,对于将领的选拔、考察就不能不认真细致。认为:"将有五材十过。……所谓五材者,勇、智、仁、信、忠也。……所谓十过者,有勇而轻死者,有急而心速者,有贪而好利者,有仁而不忍人者,有智而心怯者,有信而喜信人者,有廉洁而不爱人者,有智而心缓者,有刚毅而自用者,有懦而喜任人者。"不同的人,具有不同的长处与短处,选拔与培养将帅时,对此应该有清醒的认识。值得注意的是,《六韬》还提出了建立参谋部的问题。

对于军队的治理,《六韬》提出了刑赏并重和"杀贵大,赏贵小"的原则。所谓"杀大赏小",就是杀位高者以震慑他人,赏位卑者以激励众人。《六韬》认为赏功罚罪是治军的重要措施,必须严肃对待:"凡用赏者贵信,用罚者贵必。"(《文韬·赏罚》)强调执法必须打破等级界限,"杀贵大,赏贵小。杀及当路贵重之臣,是刑上极也;赏及牛竖马洗厩养之徒,是赏下通也"。(《龙韬·将威》)这样才能震慑和激励将士,真正调动起他们杀敌立功的积极性。杀和赏都是将帅建立威信的手段,这一点在《孙子兵法》《孙膑兵法》等兵书中提到过,但明确地提出"杀大赏小"原则的以《六韬》为最早。

(三)战略战术思想

在战略战术上,《六韬》强调的是"因敌之动","倏而和主,忽而来",核心是突出机动灵活,不为敌人所牵制。《六韬》还强调了用兵要见机而作,以谋略取胜,而不以力战。"故善战者,不待张军。善除患者,理于未生。善胜敌者,胜于无形。上战与无战。故争胜于白刃之前者,非良将也;设备于已失之后者,非上圣也。智与众同,非国师也;技与众同,非国工也。"《六韬·武韬》中说,"全胜不斗,大兵无创","大智不智,大谋不谋"。意为战争在于以智取胜,以最小代价换取最大胜利。而要做到以智取胜,高明的人运用智慧于无形,使人不见其智;运用谋略于作战之前,使人对其意图不能察觉。

《六韬》还论述到了步、车、骑三种兵种配合作战的战术问题。《均兵》指出了车、骑的地位及其不同作用:"车者,军之羽翼也,所以陷坚陈,要强敌,遮走北也;骑者,军之伺候也,所以踵败军,绝粮道,击便寇也。"《战骑》对车、骑、步兵的协同作战及如何运用步兵对付敌人车、骑兵的办法做了详细的论述。如果步兵与车、骑作战,那么,"必依丘陵险阻,长兵强弩居前,短兵弱发弩居后,更发更止。敌之车骑虽众而至,坚阵疾战,材士强弩,以备我后"。(《战步》)如果是平地作战,方法是"令我士卒为行马、木蒺藜;掘地匝后,广深五尺,名曰命笼。人操行马进步,阑车以为垒,推而前后,立而为屯;材士强弩,备我左右。然后令我三军,皆疾战而不解"。

《六韬》对各种战法的具体阐述及对各兵种配合作战的方法进行了总结。战国时代,各种新式的铁制兵器广泛投入使用,战争的规模和激烈程度都有了很大变化,对各种战法的研究日益引起了兵学家们的重视。在这方面,《六韬》做了许多有价值的阐述,"其篇幅之大,分析之细,范围之广,在前人的兵书中是绝无仅有的"。《六韬》分别叙述了野战、林战、火战、山地战、险隘战、渡水作战以及伏击战、突围战、攻坚战、运动战、奔袭战、歼灭战等多种战法,对作战中的各种队形、阵法也有较多论述,既有较高的理论价值,也有较强的可操作性。

### 三、《六韬》的影响与运用

(一)《六韬》的影响

《六韬》对后世有重大影响,张良、刘备、诸葛亮、孙权都重视《六韬》,《李卫公问对》中多次提到它,其他唐朝军事家著书论兵也多引用它。宋、明、清对《六韬》注释、集释、注解者,也不乏其人。据不完全统计,这类著述自唐以后约有近百种,仅明代就达四十多种。可见其流传之广,影响之大。因此《六韬》在中国军事学术史上具有较高的地位。

《六韬》是宋代颁定的《武经七书》之一,是先秦兵书中集大成之作,受到历代兵家的重视,曾被译成西夏文,在少数民族中流传。它不仅文武齐备,在政治和军事理论方面有许多独到的见解,而且保存了丰富的古代军事史料,如编制、兵器和通讯方式等,因此该书具有重要的理论价值和史料价值。

《六韬》在国外的影响也很大。日本培养军事顾问的学校就曾把《六韬》与《三略》定为该校的主要教科书。据记载日本研究译解《六韬》的著作有三十多种。朝鲜、越南等邻国也相继出版和翻译了《六韬》。西方第一次翻译的中国兵书《中国军事艺术》于1772年在法国巴黎出版,《六韬》就是其中的一种。

(二)《六韬》的运用

**"君不肖,则国危而民乱"的战例:金灭北宋的汴梁之战**

北宋末年,宋徽宗赵佶在位时政治腐败,任用蔡京、童贯等人主持朝政,横征暴敛,贪污之风盛行。赵佶本人穷奢极欲,兴建豪华宫殿,导致国内矛盾激化。宣和七年(1125年)十二月,金军在灭辽后即分东西两路军南下攻宋。赵佶于年底传位给赵桓,是为宋钦宗,赵佶自称太上皇。靖康元年(1126年)

正月,金军围攻汴梁(今河南开封),被李纲等抗金将领击退。靖康元年十一月初,金军东西两路军第二次围攻汴梁,至当月二十七日攻破汴梁。靖康二年(1127年)三月,金军将宋徽宗、宋钦宗及后妃、亲王、太子、宗室、朝臣等三千余人俘虏北去,汴梁的金银宝物被洗劫一空,这就是历史上所称的"靖康之难"。宋徽宗本人后来死在五国城(今黑龙江依兰)。"君不肖,则国危而民乱"的事例大约也莫过于此了。

### "好色无极,此亡国之征也"的战例

夏、商、西周三代的末代国君都是因"好色无极"而亡国的:夏桀残酷剥削,暴虐荒淫,出兵攻有施氏,有施氏以女妹喜嫁桀,为桀所宠,结果夏桀被商汤放逐,出奔南方而死,夏朝灭亡。殷纣王是商末淫乱之君,出兵进攻有苏氏,有苏氏进女妲己于纣王,极受宠爱,荒淫无度,姜子牙辅佐周武王兴兵伐纣,攻灭殷纣王朝,纣王登鹿台自焚而死,妲己被杀。西周幽王宠褒姒,以烽火戏诸侯,结果幽王兵败,被犬戎所杀,褒姒被掳。可见,"好色无极,此亡国之征也"。

## 第四节 《尉缭子》的军事思想

### 一、《尉缭子》简介

《尉缭子》是中国古代著名兵书,《武经七书》之一。一般认为作者为战国晚期的尉缭,另一种说法是尉缭的曾祖父、祖父、父亲三代均在魏国担任国尉一职,尉缭亦在秦国担任国尉一职,《尉缭子》一书并非尉缭一人所著,而是从尉缭的曾祖父开始,经四代人编纂才完成的。

《汉书·艺文志》"诸子略杂家"收录了《尉缭子》29篇。《隋书·经籍志》著录有"杂家"《尉缭子》5卷。唐朝初年的《群书治要》中节录了《尉缭子》4篇。宋代将《尉缭子》收入《武经七书》。清代朱墉在《武经七书汇解》中说:"七子谈兵,人人挟有识见。而引古谈今,学问博洽,首推尉缭。"

现存《尉缭子》共5卷24篇,卷一包括《天官》《兵谈》《制谈》《战威》4篇,主要论述政治、经济和军事的关系,攻城与作战的原则,主张行事不应依靠鬼神,而应依赖人的智慧;卷二包括《战权》《守议》《十二陵》《武议》《将理》5篇,主要论述战争的性质、作用和守城的原则;卷三包括《原官》《治本》

《战权》《重刑令》《伍制令》《分塞令》6篇,主要讲述用兵的原则、军队的纪律和奖惩制度;卷四包括《束伍令》《经卒令》《勒卒令》《将令》《踵军令》5篇,主要叙述战场法纪、部队的编组、标志和指挥信号,以及行军序列;卷五包括《兵教上》《兵教下》《兵令上》《兵令下》4篇,主要论述军队的训练和取胜之道。《尉缭子》是中国古代的一部重要的兵书,是中国古典军事文化遗产的重要组成部分。

### 二、《尉缭子》的主要思想

（一）战争观

《尉缭子》支持正义战争,认为:"兵者,所以诛暴乱,禁不义也";反对"杀人之父兄,利人之货财,臣妾人之子女"的不义战争。强调战争的目的是为了实现封建统一,"并兼广大以一其制度"。但也指出"兵者凶器也,争者逆德也",即战争是凶残而危险的,是在政治治国不能正常进行时采取的手段。所以既要"慎战",又不能"废兵";既要"备战",又"不得已用之"。《尉缭子》还认为"兵者,以威为植,以文为种,武为表,文为里",认识到政治是根本,军事是枝干,是政治的发展和表现;认为经济是决定战争胜负的基础,因而注重耕战,把发展农业作为治国之本;商业对战争胜负有重大影响,"市者,所以给战守也","夫提天下之节制,而无百货之官,无谓其能战也"。同时,又认为军事上的胜利会促进国内政治和经济的发展,"战胜于外,福产于内"。

（二）治军思想

《尉缭子》认为,法制不但是治国的根本,也是治军的根本。"审法制,明赏罚"是威胜之道;"修号令,明赏罚",是保证士卒冲锋陷阵的必要手段。所以军队必须首先建立严密的制度,"凡兵,制必先定","明制度于前,重威刑于后";强调严明赏罚,"刑上究","赏下流",并制定了诸如联保、军队营区划分、警戒、禁令、战场赏罚规定及将领实施惩罚权限、战斗编组、信号指挥等各种条令。同时,强调法制必须与教化相结合,"先礼信而后爵禄,先廉耻而后刑罚,先亲爱而后律其身",要求"审开塞,守一道",恩威兼施,思想整治与物质手段相结合,用以达到"治"的目的。

《尉缭子》十分重视将帅的选拔,严厉批评当时"世将"制度,主张"举贤用能"、"贵功养劳"。要求将帅必须为人表率,公正廉明,有牺牲精神,"为将忘家,逾垠忘亲,指敌忘身";与士卒关系要融洽,以使其服从命令,"如四肢应心也"。为此,应废除繁文缛节,"乞人之死不索尊,竭人之力不责礼";把"心狂"、"耳聋"、"目盲"视为将帅修养的三大弊端。主张裁减军队,训练精兵;明确提出兵教的目的是"开封疆,守社稷,除患害,成武德";讲究训练方法,要求从伍抓起,自下而上地逐级合练,由各级之长负责,以赏罚为手段,从实战出发,因人施教,严格训练。

(三)作战指导思想

《尉缭子》认为,作战有三种取胜的方式,即"以道胜"、"以威胜"、"以力胜"。也就是说,不战服人为"道胜",威慑屈人为"威胜",战场交锋为"力胜"。不战而屈人之兵的"道胜"是用兵作战取胜的最高境界。因此要重视战争准备,要求在战略决策、选用将领、进攻理论等方面胜过敌人。《尉缭子》较早地提出了先发制人的观点。"权先加人者,敌不力交;武先加人者,敌无威接。故兵贵先,胜于此则胜彼矣,弗胜于此则弗胜彼矣。"抢先对敌使用谋略,敌人就无法施展能力来应战;抢先对敌人使用武力,敌人就失去了与我对抗的军威士气。所以用兵贵在先发制人,善于运用这一原则,就能战胜敌人;不善于运用这一原则,就不能战胜敌人。《尉缭子》还强调高度灵活地利用客观规律,"战权在乎道之所极",运用"有者无之,无者有之"策略、"奇正"手段制敌取胜;提出"正兵贵先,奇兵贵后,或先或后,制敌者也"。根据不同情况采取不同方略,如"地大而城小者,必先收其地;城大而地窄者,必先攻其城;地广而人寡者,则绝其厄"等。

(四)军事辩证法思想

《尉缭子》强调发挥人的主观能动性。认为求神鬼不如重"人事",反对"考孤虚,占咸池,合龟兆,视吉凶,观星辰风云之变"的迷信做法;提出"往世不可及,来世不可待,求己者也"的观点。注重从事物的联系中研究战争;强调认识和运用战争运动的规律;对强弱、攻守、有无、专散、文武等矛盾的对立与转化有较深刻的认识,特别是在对军事与政治、经济等关系的认识上,表现出某些高于前人的朴素的唯物论和辩证法思想。

### 三、《尉缭子》的影响与运用

(一)《尉缭子》的影响

《尉缭子》杂取法、儒、墨、道诸家思想而论兵,在先秦兵书中独具一格,对后世有深远的影响。《尉缭子》所谈的战略战术、军队建设、战争指导等问题,虽然不如《孙子兵法》《吴子兵法》深刻,但在一些问题上也有独到的见解。

首先,《尉缭子》提出了以经济为基础的战争观。《治本篇》提到,治国的根本在于耕织，"非五谷无以充腹，非丝麻无以盖形"。

其次，《尉缭子》提出了一些有价值的战略战术思想。比如主张集中优势兵力，待机而动："专一则胜，离散则败"、"兵以静固，以专胜"。主张在战争中运用权谋："权先加人者，敌不力交。"主张在战争中运用"有者无之，无者有之"的虚虚实实的战法，迷惑敌人。尤其是结合战国攻城战的实践，提出了一整套攻、守城邑的谋略，主张攻城要有必胜把握，"战不必胜，不可言战；攻不必拔，不可以言攻"。

第三，《尉缭子》提出了一套极富时代特色的军中赏罚条令。《尉缭子》作为古代兵书，不但在军事理论上有所发展，而且保存了战国时期许多重要的军事条令，这是其他兵书上少见的。《尉缭子》主张以法治军，"赏禄不厚，则民不劝"，要以田禄、爵秩厚赏有功者，使民"非战无所得爵"，做到"赏功养劳"。《尉缭子》主张重罚，认为人民只有"内畏重刑，则外轻敌"，所以主张将战败、投降、临阵逃脱的将士宣布为"国贼"、"军贼"，不仅处以"身戮家残"之刑，还要削其户籍、挖其祖坟、变卖其家属做奴隶。对于不能按时报到和开小差的士卒，以逃亡罪论处。

其四，《尉缭子》保存了许多重要的军事条令。如《分塞令》是营区划分条令，规定各军分塞防守区域及往来通行原则；《经卒令》是战斗编队条令，规定各军特有的军旗标志、士卒的行列单位及不同的行队单位佩戴不同徽章等；《勒卒令》是统一军中指挥号令金鼓旗铃的条令，规定了金、鼓、旗、铃等指挥工具的作用和用法；《将令》规定将军统兵受命于国君，只对国君负责，将军在军中具有无上权威，统一指挥全军；《踵军令》是后续部队行动条令，规定后续部队作为接应部队，与大军保持的距离、前进的方向、所应完成的任务以及安全、警戒、处置逃兵的原则；《兵教》是军事教练条令，规定了军中"分营居阵"的训练方式及训练中的奖惩制度。《尉缭子》所记载的这些军事条令是我们研究先秦军事制度的宝贵材料。

（二）《尉缭子》的运用

### "运用权谋胜敌"的战例：杨延昭以计抗辽威震三关

杨延昭是北宋名将，是杨业之第六子，人称六郎，并州太原（今山西太原人）。咸平二年（999年），任知保州兼缘边都巡检使。十月，辽军南攻，他率军三千守卫遂城（今河北徐水西）。辽军攻城甚急，他率领军民登城，披甲执械，日夜抗击。时值天寒，气温骤降，他发动众人连夜用水浇城，顿时结冰，滑不可攀，辽军攻城不下，遂撤军南去。他乘势挥军追击，辽军仓皇溃逃，宋军大获全胜。咸平三年（1000年）冬，萧太后不甘心辽军的失败，又派数千轻骑进攻。杨延昭采用诱敌深入、合围聚歼之策，以精锐部队设伏于遂城西50里之羊山，自领少数骑兵从北面向辽军挑战，且战且退，待辽军进入设伏地域后，宋军伏兵突起袭击，大败辽军，他因功升莫州刺史，遂城被时人誉为"铁遂城"，羊山也改为杨山。景德元年（1004年）秋，萧太后和辽帝耶律隆绪趁秋高马肥之时，统30万大军南下攻宋，十一月进抵澶州（今河南濮阳）境内。宋臣有的主张迁都，宰相寇准力排众议，主张坚决抗战。宋真宗即命寇准主持抗辽军事。杨延昭全力支持寇准抗战，反对议和，并上书真宗，建议乘辽军孤军深入、人困兵疲之际，命令各地驻军扼守险要，全力歼敌。建议未获答复，他便率领一万多宋军，直逼辽境，大破辽军。次年五月，任高阳关（今河北高阳东）副都部署，镇守高阳关、瓦桥关（今河北雄县境内）、益津关（今河北霸州市境内）三关达二十余年。杨延昭用兵多谋，骁勇善战，身先士卒，治军有方，号令严明；他能与士卒共甘苦，冬天不戴絮帽，夏天不张伞盖；功劳让给部下，个人绝不自贪；犒赏分给士卒，自己不取分文，深受军民爱戴。近千年来，民间始终把他作为历史上爱国将领的典型来歌颂。

## 第五节 《三略》的军事思想

### 一、《三略》简介

《三略》亦称《黄石公三略》，著名的古代军事著作，《武经七书》之一。相传作者为汉初道家隐士黄石公。最早提及此书的是司马迁，《史记·留侯世家》中记载：张良刺杀秦始皇未成，遭追捕，被迫隐姓埋名藏匿于下邳（今江苏邳州市），在下邳遇见自称谷城山下黄石的老者，授其一部《太公兵法》（也有说是《黄石公三略》），其后此公便不见于史载。张良得书，潜心研究，后帮助刘邦取得天下，建立了西汉政权。但据考证，《黄石公三略》的成书当不早于西汉中期，它是后人在吸收先秦优秀军事思想的基础上，总结秦汉初统治和治军用兵的经验，假托前人名义编纂而成。

《三略》不同于其他兵书，它是一部糅合了诸子各家的思想，专论战略的兵书，侧重于从政治策略上阐明治国用兵的道理。南宋晁公武称其："论用兵机之妙、严明之决，军可以死易生，国可以存易亡。"北宋时期编入《武经七书》，成为当时武学必读书。《三略》分为《上略》《中略》《下略》三个部分，全书约三千八百余字。《上略》是论述全国全军的总体战略,《中略》是论述君主的统治策略,《下略》主要阐明德治思想。

## 二、《三略》的主要思想

《三略》兵学内涵十分丰富,军事思想十分深刻。概括起来讲,主要包括深刻的战争观念、系统的战争指导理论、全面的选将用将原则、精辟的治军思想等部分。

（一）战争观

《三略》强调"不得已而用之"和"以义诛不义"的战争观念。在对待战争的基本态度问题上,《三略》深受道家和儒家的影响,形成了强调慎战与义战的战争观念。《三略》认为,战争具有很强的破坏性,会给社会政治秩序和民众生活带来巨大的灾难,因此对待战争的正确态度,是"不得已而用之",而不能随意发动战争:"王者,制人以道,降心服志,设矩备衰,四海会同,王职不废,虽有甲兵之备,而无斗战之患。""圣王之用兵,非乐之也。"即使是进行战争,也必须以"恬淡"处之,尽量减少战争对人力物力的破坏,将战争的破坏性减至最低,否则就是"失道"。《三略》又认识到战争毕竟是人类社会的客观存在,是不会因为人的好恶而自行消灭的,所以必须正视这一现实,在迫不得已的情况下,运用战争的手段,法天道,兴义师,以"诛暴讨乱","扶天下之危","除天下之忧"。在《三略》看来,这种"以义诛不义"的正义战争,是合乎天道的,因而一定会所向披靡,战无不胜:"夫以义诛不义,若决江河而溉爝火,临不测而挤欲坠,其克必矣。"

《三略》吸收了儒家的民本思想,认为义战必胜的关键,在于义战是能够得到民众支持的,而民心向背是决定战争胜负的关键因素:"与众同好靡不成,与众同恶靡不倾。"因此《三略》强调,要想取得战争的胜利,一定要修明政治,争取民心,为战争创造坚实的政治前提:"信贤如腹心,使民如四肢,则策无遗。所适如支体相随,骨节相救,天道自然,其巧无间。"除了政治因素之外,还要积极在经济上创造战胜的条件,在《三略》看来,只有民富才有国富,只能国富才能取胜,"四民用虚,国乃无储;四民用足,国乃安乐";因此统治者一定要实行恤民、富民政策,"务耕桑,不夺其时;薄赋敛,不匮其财;罕徭役,不使其劳",造就"国富而家娱"的理想局面,在具备雄厚经济实力的基础上从事军事行动,这样才会战无不胜。

（二）战争指导理论

在作战指导思想上,《三略》吸收并发展了孙子的"知彼知己"与老子的

"贵柔"、"守弱"思想,主张用兵要知彼知己、因敌转化、能柔能刚、能弱能强。

第一,知彼知己,因敌转化。《三略》认为,是否采取军事行动,不能单纯考虑己方的有利条件,还必须了解敌人的各种情况,才能制定正确的战略战术。因此,先察明敌情,是用兵之要,切不可盲目兴师。《三略》提出:"用兵之要,必先察敌情。视其仓库,度其粮食,卜其强弱,察其天地,伺其空隙。故国无军旅之难而运粮者,虚也。民菜色者,穷也。千里馈粮,民有饥色。樵苏后爨,师不宿饱。夫运粮千里,无一年之食;二千里,无二年之食;三千里,无三年之食,是谓国虚。国虚则民贫。民贫则上下不亲。"要从敌人的军事、后勤、地域、国力、民情等各个方面去察知、审明敌情,并以此为基础而制定攻伐之策,然后兴师出兵才能具备较大的取胜把握,方可顺利达到自己的战略目标,所谓"敌攻其外,民盗其内,是谓必溃"。

第二,柔弱刚强,兼而制宜。《三略》继承并发展了老子的"贵柔"、"守弱"、"柔弱胜刚强"的思想。一方面,它主张守微、守柔,反对贪强、保刚,"莫不贪强,鲜能守微,若能守微,乃保其生。圣人存亡。动应事机,舒之弥四海,卷之不盈怀,居之不以室宅,守之不以城郭,藏之胸臆,而敌国服。"在对敌作战中,一方面,它主张要守柔、守微,隐藏自己,发展自己,等待时机,以求胜敌;另一方面,它还进一步指出,刚柔、强弱,四者都不可或缺和偏废,它们是对立统一的,是可以相互转化的,四者要相兼而制其宜。它明确指出:"柔能制刚,弱能制强。柔者,德也;刚者,贼也。弱者人之所助,强者怨之所攻。柔有所设,刚有所施,弱有所用,强有所加,兼此四者而制其宜。""能柔能刚,其国弥光;能弱能强,其国弥彰;纯柔纯弱,其国必削;纯刚纯强,其国必亡。"也就是说,既能用柔,又能用刚,国家的前途就充满光明;既能用弱,又能用强,国家的形势就更加昌盛。单纯用柔或单纯用弱,国家就必然遭到削弱;单纯用刚或单纯用强,国家就注定走向灭亡。所以在决策、指挥战争时,既要看到矛盾的普遍性,又要看到矛盾的转化性。"能柔能刚"、"能弱能强","柔能胜刚"、"弱能胜强",以此治国和治军则国强兵胜。如果一味地强调"纯柔纯弱","纯刚纯强",则国亡兵败。

(三)选将用将原则

《三略》也极为重视将帅在国家和军队中的重要地位与作用,尤其是在战争中的重要作用。《三略》说:"夫将者,国之命也。将能制胜,则国家安定。"将帅是国家命运之所在,良将能团结军心,指挥兵力,统御士卒,获得全胜。所以,《三略》对选拔任用将帅提出了具体的条件,并做了明确论述。首先,将帅要具备广博的知识和优秀的道德品质。《三略》中指出:"将能清,能静,能平,能整,能受谏,能听讼,能纳人,能采言,能知国俗,能图山川,能表险难,能制军权。故曰,仁贤之智,圣明之虑,负薪之言,廊庙之语,兴衰之事,将所宜闻。"其次,将帅应当智勇双全、深谋远虑。"将无虑,则谋士去。将无勇,则吏士恐。将妄动,则军不重。将迁怒,则一军惧。"有智、有谋、有勇、有力,智勇双全的将帅,才能有力地指挥军队抗击敌人,不轻举妄动,不畏敌怕死,才能抓住战机,适时出击,战之可胜。此外,将帅应当爱兵如子,与士卒同甘共苦。

(四)治军思想

《三略》非常注重道德、法律对于治军的作用,主张崇礼重禄,严明赏罚。认为礼义道德与爵禄财物并重,方可得到勇敢不怕死的义士。《三略》指出:"夫用兵之要,在崇礼而重禄。礼崇则智士至,禄重则义士轻死。故禄贤不爱财,赏功不逾时,则下力并而敌国削。夫用人之道,尊以爵,赡以财,则士自来。接以礼,励以义,则士死之。"进而论述到"《军谶》曰:军无财,士不来;军无赏,士不往。《军谶》曰:香饵之下,必有悬鱼;重赏之下,必有死夫。故礼者,士之所归;赏者,士之所死。招其所归,示其所死,则所求者至。故礼而后悔者,士不止;赏而后悔者,士不使;礼赏不倦,则士争死。"另外,只靠奖赏不行,还要惩罚,只有赏罚分明,赏信罚必,才能做到令行禁止,威震敌人。所谓"将之所以为威者,号令也;战之所以全胜者,军政也;士之所以轻战者,用命也。故将无还令,赏罚必信,如天如地御人。士卒用命,乃可越境","军以赏为表,以罚为里。赏罚明,则将威行,官人得,卒服。所任贤,则敌国震"。如果能够真正做到"将无还令,赏罚必信",就可以使得一支军队具有无比强大的战斗力,"故其众可望而不可当,可下而不可胜","其兵为天下雄"。总之,重礼义、明赏罚,便可以广招天下勇士、死夫,以此治军,便可威震天下。

## 三、《三略》的影响与运用

(一)《三略》的影响

《三略》是我国古代第一部专讲战略的专著。与《孙子兵法》《孙膑兵法》《六韬》等兵书相比,《三略》有其自己的不同特点。首先,《孙子兵法》等兵书侧重于军事战略的论述,主要从制胜破敌的角度出发,探讨作战的手段,而《三略》则侧重于政治战略的论述,主要从治国强国的角度出发,探讨取胜的政治谋略。正如《中略》所说的那样:"《上略》设礼赏,别奸雄,著成败;《中略》差德行,审权变;《下略》陈道德,察安危,明贼贤之咎。"其次,《孙子兵法》

等兵书多以作者自己的作战经验进行总结，表达对战争和军事问题的认识，具有创造性的价值。《三略》则较多采用古代军事谚语和兵书中的语句，表达作者的思想观点，尤以征引的《军谶》和《军势》中的语句较多。但《三略》的理论观点却有许多精到之处，《三略》从哲学和战略的高度来论政、言兵，显示出了高超的思想智慧，许多论述弥补了其他兵书的不足。另外，"《三略》的兵学理论，带有较强的实用精神"，所谓"人主深晓《上略》，则能任贤擒敌；深晓《中略》，则能御将统众；深晓《下略》，则能明盛衰之源，审治国之纪。人臣深晓《中略》，则能全功保身"，所以它曾备受后人的关注。宋代戴少望在《将鉴论断》中说："兵法传于今世者七家，惟《三略》最通于道，而适于用，可以立功而保身。"《四库全书总目提要》对之评论说："其大旨出于黄老，务在审机观变，先立于不败，以求敌之可胜，操术颇巧，兵家或往往用之。"与《三略》的成书年代相比，虽然当今的战争形态发生了巨大变化，但是用于指导战争的普遍规律并未改变。研究《三略》的兵学思想，对于我们准确把握和灵活应对复杂多变的国际形势，打赢未来信息化战争，为国家发展提供良好的战略环境，仍然具有重要的现实指导意义。

（二）《三略》的运用

### "柔能制刚，弱能制强"的战例

陆逊是三国时吴国的著名将领，他一生多次领兵"以柔制刚，以弱制强"，战胜蜀汉和曹魏军队。陆逊本名议，字伯言，吴郡吴县（今江苏苏州）人，生于东汉光和六年（183年），出身江南士族，历任东西曹会史、海昌（今浙江海宁西南）屯田都尉、定威尉。建安二十四年十二月（220年1月）与吕蒙谋袭江陵（今属湖北），擒杀蜀汉名将关羽，夺得荆州（今湖北、湖南一带），升右护军、镇西将军。蜀章武元年（221年），刘备伐吴，气势汹汹，誓为关羽报仇。陆逊以大都督率兵5万相拒，于次年以火攻大破兵力十倍于己的蜀军于猇亭（今湖北宜都北）。吴黄武七年（228年），魏大司马曹休率军10万攻吴，势在吞吴，志在必得。陆逊率军采取"以柔制刚"之策，大破曹军于石亭（今安徽潜山东北），歼敌万余人。吴嘉禾五年（236年），奉命攻取襄阳（今属湖北），因军机在战前泄漏，又遇汉水骤减，进军失利，便示柔以刚，佯装进攻，暗取安陆（今属湖北）等地，乘魏军犹疑不定时安然还师。后久镇武昌（今湖北鄂州），官至丞相兼上大将军。陆逊治军严明，善待士卒，用兵审慎，变化多端，是三国时期长于谋略的名将。

## 第六节 《李卫公问对》的军事思想

### 一、《李卫公问对》简介

《李卫公问对》，又称《唐太宗李卫公问对》《李靖问对》，或简称《唐李问对》《问对》，相传是唐代著名军事家李靖所撰，是唐太宗李世民与李靖讨论军事问题的言论辑录。一般认为是后人托名之作，是深通兵法韬略，熟悉唐太宗、李靖事迹的隐士根据唐、李论兵言论汇编而成。北宋神宗元丰年间被编为当时武学必读书《武经七书》之一。

《李卫公问对》以《孙子兵法》为线索，结合当时的战争实践，对诸多学术问题进行了探讨，总结了战争规律，开创了史论结合进行兵法研究的先河，并在许多方面发展了孙子的军事思想。

### 二、《李卫公问对》的主要思想

现存《李卫公问对》共分上、中、下三卷，一万余字，记录了唐太宗与李靖问答98条次。全书涉及的军事问题比较广泛，既有对历代战争经验的总结和评述，又有对古代兵法的诠释和发挥；既讲训练，又讲作战；既讨论治军，又讨论用人；既有对古代军制的追述，又有对兵学源流的考辨，但主要内容是讲训练和作战，以及两者之间的关系，中心围绕着"奇正"论述问题。

#### （一）"奇正多变"的战争指导

"奇"与"正"是中国古代军事思想中非常重要的概念。自从《老子》提出"以正治国，以奇用兵"后，《孙子兵法》提出了"凡战者，以正合，以奇胜"，"战势不过奇正，奇正之变，不可胜穷"的观点，其他各兵家都对奇、正问题提出了不同的看法和解释。《李卫公问对》进一步充实了奇、正的内容，认为奇、正包含着丰富的内涵。例如，它认为，对敌进行政治声讨是正，进行军事打击是奇；公开出兵是正，奇袭是奇；主攻方向或主要防御方向是正，助攻方向或次要防御方向是奇；前进为正，后退为奇；等等。此外还提出了"正亦胜，奇亦胜"的思想。对《孙子兵法》提出的"凡战者，以正合，以奇胜"的思想，《李卫公问对》认为："善用兵者，无不正，无不奇，使敌莫测。故正亦胜，奇亦胜。"善于用兵的人，无处不是正，无处不是奇。问题的关键在于怎样运用奇、正，只要运用得巧妙,用正兵也能胜,用奇兵也能胜。这是对《孙子兵法》中"以正合,以奇胜"的思想的新的发展。

(二)"致人而不致于人"的制胜论

所谓"致人而不致于人",就是掌握战场上的主动权,让敌人受制于己方,而不让己方受制于敌方。《李卫公问对》提出的奇正、虚实、攻守等,都是为了实现"致人而不致于人"的目的。也可以说,《李卫公问对》的整套战略战术都是围绕这一中心来设计的。客观地说,这种"致人而不致于人"的思想并非首创,在《孙子兵法》等兵书中都有反映,但都没有《李卫公问对》强调得这么突出。

《李卫公问对》还从"奇正"与"虚实"的关系中,引申出运用"避实击虚"的手段,达到争取掌握战争主动权的目的。《李卫公问对》指出,如果奇正变化运用得当,就可以改变敌人的虚实部署,使我军始终能以己之实,击敌之虚;以己之虚,避敌之实,牢牢掌握战争的主动权,夺取战争的胜利。同样,如果把"治力之术"运用得好,也能争取战争的主动权。即将本来无懈可击的敌军,通过我军将领正确运用"治力之术",即"以诱待来,以静待躁,以重待轻,以严待懈,以治待乱,以守待攻"等手段,使敌人落入圈套,变成急躁冒进、轻举妄动、懈怠松弛、混乱无章、远道来攻的饥饿疲惫之众,处于被动挨打的局面,我军则因此而处于士气旺盛、斗志昂扬的主动状态。这样,就能取得战争的主动权,取得战争的胜利。

《李卫公问对》还认为,在进攻或防御中,也可通过运用"隐真示假"的手段,争取战争的主动权。即"守之法,要在示敌以不足;攻之法,要在示敌以有余",因而使敌人不知其所攻,不知其所守,不该攻的攻了,不该守的守了;应该攻的没有攻,反而去守了;应该守的没有守,反而去攻了。这样我军就能处处避免被动而稳操战争的主动权了。《李卫公问对》在这些方面都发展了前人关于"致人而不致于人"的制胜理论。

(三)"教得其道"的治军论

《李卫公问对》主张从实战的需要出发训练部队,达到在战斗中"斗乱而法不乱","形圆而势不散","绝而不离,却而不散"。它重视训练方法,认为"教得其道,则士乐为用;教不得法,虽朝督暮责,无益于事矣"。训练的方法要由简单到复杂,由单兵训练到小分队训练,再引阵法训练,由浅入深,循序渐进。教育训练还要区分对象,对少数民族士兵要训练弓马骑射之技能,对汉族士兵则要训练强弓劲弩的使用之法。对将领还要进行"奇正"、"虚实"

及其运用等兵学理论的教育。唐太宗甚至还让李靖亲自给诸将教授这些内容。

此外,该书对古代阵法布列、军事制度、兵学源流等一系列问题也进行了探讨。它从理论和实践上考辨八阵,认为八阵是古代的一种阵法,由五阵推演而成。其队形又可根据战场的地形分布列为方、圆、曲、直、锐五种基本形态。这种考辨也是很有价值的。

(四)朴素辩证法思想

《李卫公问对》认为战争的胜负是由多种因素促成的,不可只归结为单纯的一个原因,"兵家胜败,情状万殊,不可以一事推也"。它还认为事物都是在发展变化的,强弱、优势、主客都处在变化之中,"'因粮于敌',是变客为主也;'饱能饥之,佚能劳之',是变主为客也。"它注重人事、反对迷信,指出"后世庸将泥于术数,是以多败","及其成功,在人事而已"。但是,它又不主张废弃阴阳术数,认为这是"使贪使愚"的诡道之术。

### 三、《李卫公问对》的影响与运用

(一)《李卫公问对》的影响

《李卫公问对》是一部内容丰富、立论新颖、影响较大的古代兵学名著,在中国古代军事学术史上占有重要地位。《李卫公问对》进一步对《孙子兵法》的很多观点进行了阐发和演绎,丰富和发展了《孙子兵法》的思想。它在中国历史上产生了比较大的影响,在宋代被列入《武经七书》中,成为武科必读之书。宋代戴少望在其《将鉴论断》中称道它:"兴废得失,事宜情实,兵家术法,灿然毕举,皆可垂范将来。"郑瑗在《井观琐言》中也断言:"《问对》之书虽伪,然必出于有学识谋略者之手。"清朝俞正燮《癸巳存稿》也认为:"《卫公问答》,语极审详,真大将言也。"清朝纪昀编《四库全书总目提要》称:"其书分别奇正,指画攻守,变易主客,于兵家微意时有所得。"这的确均是合乎实际情况的评价,其书多有创见,乃是目前研究我国古代军事思想颇有参考价值的文献资料。《李卫公问对》还流传到日本和西方国家,对弘扬中国古代军事文化起了重要作用,产生了深远的影响。

(二)《李卫公问对》的运用

**运用奇正多变的战例:霍邑之战**

在《李卫公问对》卷中,唐太宗和李靖都认为"霍邑之战"是运用奇正多变获得成功的战例。此战发生在隋大业十三年(617年)。是年,李渊、李世民父子在太原起兵反隋。八月,与宋老生所率隋军战于霍邑(今山西霍县)。李渊派李建成、李世民各率数十骑抵城下辱骂宋老生,以激其出战;并将所从士卒分成十余队,自城东南向西南佯动,示作安营攻城之势;同时令后军急进。宋老生有勇无谋,以为李军兵少,被激之下便率军三万自东、南两门出击。李建成领左军于城东,李世民领右军于城南。李渊与李建成初战不利,向后退却,李建成落马(后被救起)。宋老生前出至离城一里多处列阵进攻。李世民乘机率军攻击宋老生军的后尾暴露之处,李渊、李建成乘势反击,宋老生军腹背受敌。宋老生兵败被擒后为唐军所杀。

　　李靖针对唐太宗的问话而评论此战时说,陛下以正义之师击败宋老生的不义之师,是以正击奇;李建成坠马,却是为奇兵;宋老生军被诱后恃勇急进而暴露了尾部,是其将正兵变为奇兵;陛下挥军击其后是以正兵击奇兵。如果不是陛下把正兵变为奇兵,把奇兵变为正兵,怎么能取胜呢?所以霍邑之战的取胜,是陛下善于运用奇正变化已经达到神奇顶级境界的结果。

# 第六章　探究"军事学的百科全书"

## ——《武备志》军事思想

## 第一节　茅元仪与《武备志》

### 一、学者将军茅元仪

茅元仪(1594—1640年),字止生,号石民,又号东海波臣、梦阁主人、半石址山公等,浙江归安(今浙江吴兴)人,明末杰出的军事家和文学家。

明朝万历二十二年八月四日(1594年9月17日),茅元仪出生于一个书香门第之家。祖父茅坤是著名的文学家,父亲茅国缙官至工部郎中。在家庭的熏陶下,茅元仪自幼勤奋好学,博览群书,尤其"喜读兵农之道"。茅元仪10岁时,家乡吴兴遭受了异常大灾,太守召集官吏富户议论救灾,竟然没有人响应。心地善良、富有同情心的茅元仪,请求父亲将家里储藏的数万石粮食全部发放给灾民。14岁时其父茅国缙去世,家道开始中落,参加四次科举皆不第。虽然科场失利,但茅元仪博览群书,熟悉古今用兵方略,心怀报国之志。

此时,东北建州女真族崛起,首领努尔哈赤建立后金政权,兴师攻明,辽东战火纷飞,战乱屡起。明朝政府阉党弄权,国运衰落,军队战斗力低下,战败的消息纷纷传来,举国为之震惊。茅元仪于焦急忧愤之时,发奋著书立说,刻苦钻研历代兵法理论,探讨"治国平天下"的方略。他寓居南京,潜心研究历代兵法韬略和当时周边形势,倾注15年心血,编纂成了《武备志》,并于明天启元年(1621年)刻印成书。自此以后,茅元仪声名大振,以"知兵"之名被任为赞画,随大学士孙承宗督师辽东,与同僚鹿善继、袁崇焕、孙元化等人一起,在山海关内外考察地形,研究敌情,协助孙承宗作战,抵御后金的进攻,并到江南筹集战舰,加强辽东水师,提高明军的战斗力。在孙承宗指挥下,明军在辽东收复九城四十五堡,茅元仪也因功被荐为翰林院待诏。

由于阉党魏忠贤专权,孙承宗被排挤去职,茅元仪也随之被削籍,于天启六年(1626年)告病南归。明崇祯即帝位后,杀魏忠贤,阉党势力大落,茅元仪赶赴京城,向崇祯皇帝进呈《武备志》,"且上言东西夷情,闽粤疆事及兵食富强大计,先帝命待诏翰林"。但却被权臣王在晋等所中伤,以傲上之罪,被放逐到定兴(今属河北)江村。崇祯二年(1629年)冬,后金骑兵进逼京师,孙承宗再度受命督师。茅元仪和二十四骑护卫孙承宗,从东便门突围至通州(今北京通县),击退了后金军的进攻,解了京师之危。茅元仪因功升副总兵,督理觉华岛(今辽宁兴城菊花岛)水师。不久又被权臣梁廷栋所忌而解职,复受辽东兵哗之累,充军漳浦(今属福建)。之后,辽东军情又告紧急,他请求效死勤王,遭到权臣阻挠,于崇祯十二年(1639年)悲愤纵酒而亡。

茅元仪文武双全,时人称赞:"年少西吴出,名成北阙闻。下帷称学者,上马即将军。"茅元仪一生著述宏富,有《武备志》《督师纪略》《复辽砭语》《石民四十集》《石民未出集》《暇老斋杂记》《野航史话》《石民赏心集》《谕水集》《江村集》《横塘集》等六十多种,数百万言。但因屡遭禁毁,散佚较多,其对后世影响最为深远者,当首推《武备志》。

## 二、《武备志》简介

《武备志》是一部大型综合性辑评体兵书。共240卷,约200万字,配有图片738幅。全书由《兵诀评》《战略考》《阵练制》《军资乘》《占度载》五个部分组成。其下分类编排资料,每类前有序言,中有眉批、旁批、夹注等。每部分若干篇,全书共有184篇,所讨论的问题,涉及兵学的各个领域,内容翔实,体例完备。

1.《兵诀评》

《兵诀评》18卷,是茅元仪对选取的中国古代的九部兵书进行的评点。前六部兵书是《孙子兵法》《吴子》《司马法》《三略》《六韬》《尉缭子》,后三部兵书是《李卫公问对》《太白阴经》和《虎钤经》,其中部分选摘了《太白阴经》8卷之中3卷、《虎钤经》20卷之中5卷,以保证所辑内容皆是兵法理论。茅元仪认为"兵诀无过于六家,为疏其滞,而又删旧注之烦,标其要,而又明旧解之误",九部兵书中后三部《李卫公问对》《太白阴经》《虎钤经》皆注疏前六家,所以文中注释集中在前六部兵书。茅元仪对这些兵书的要点都做了精彩的点评,并借以阐述自己的兵学观点。茅元仪对《孙子兵法》做了很高的评价,认为"自古谈兵者,必首推孙武子",又说:"先秦之言兵者六家,前孙子者,孙子不遗;后孙子者,不能遗孙子,谓五家为孙子注疏可也。"所以,《兵诀评》重在对兵诀的评点和批注,此部分作为全书理论篇,置于首位,表现了茅元仪对军事理论的重视。

2.《战略考》

《战略考》33卷,顾名思义,是对历代战略的考述。茅元仪按照时间顺序,选录了从春秋、战国时起一直到元代这16个朝代有参考价值的战争实例六百多条。《战略考》对历代战例的汇辑,以正史稗编为依据,兼采各家言论,从春秋战国至元,以时代为序。其中春秋战略大多选摘自《左传》,其余朝代内容多由《史记》《资治通鉴》《续资治通鉴》等删减而成。书中对历代战略的收录相当精简,不标年月,仅在各时段末尾注以国君年号。虽然无关史事尽皆被删减,但文中所保留内容经整合各自成篇而不失完整,精当地汇总了古代用兵战例。

按照茅元仪的标准,所选战例"非略弗取",注重奇谋,以期达到"益人意志"目的。例如,吴越争霸,勾践的卧薪尝胆、乘虚捣隙;马陵之战,孙膑的减灶示弱,诱敌入伏;赤壁之战,孙刘的联合破曹,巧用火攻;淝水之战,苻坚的分兵冒进,谢玄的以战为守;虎牢之战,李世民的据险扼要,疲敌制胜;蔡州之战,李愬的乘虚奇袭等战法。又如诸葛亮的据荆益、和诸戎、结孙权、向宛洛、出秦川的隆中决策;岳飞的行营田、连河朔、捣中原、以复故土的计划;成吉思汗的避潼关、假宋道、下唐邓、捣大梁的谋略;等等。其所录战例大多是以奇谋伟略取胜的,在紧要之处均有所评点。茅元仪试图通过这些战例让当时的士大夫了解战争的谋略,为时所用。他认为:"良工不能离规矩,哲士不能离往法。古今之事,异形而同情,情同则法可通;古今之人,异情而同事,事同则意可租。故我列著之,以为今之资。"

3.《阵练制》

《阵练制》41卷,由"阵"和"练"两大部分组成,其中"阵"为阵图、阵法,"练"为练兵之术。茅元仪认为"阵"和"练"合乎天人之道,"阵"如同天体之定位、运行秩序,"练"则是传授古今练兵之术。

讲"阵"的共有16卷,记载西周至明代各种阵法,配以319幅阵图,所收较《续武经总要》为多,以诸葛亮的八阵、李靖的六花阵、戚继光的鸳鸯阵为详。茅元仪认为,古代阵法失传,后人便胡编乱造。他把这些图绘制下来,目的就是要正本清源,以正视听。阵有说记,有辩证。"记"载"圣王贤将"所立之阵,予以广扬;"辩"言唐宋伪托附会之阵,予以廓清。对古阵图,"举而合之"又"陈异同之说",其中"有最卑浅而无当者,然废之适足以惑世",此亦"鲜所删铲,陈所掊击,以广学者之目"。

讲"练"的共有25卷,又分选士、编伍、悬令、教旗、教艺5个部分,详细记载了士卒的选练方法,其中包括士卒的选拔淘汰,车、步、骑、北兵的编伍,赏罚赏律例,教兵方法,兵器训练等。内容多采自《太白阴经》《虎钤经》《行军需知》《纪效新书》《练兵实纪》等兵书。茅元仪认为"士不选,则不可练","士不练,则不可以阵,不可以攻,不可以守,不可以营,不可以战",所以"练为最要"。

4.《军资乘》

《军资乘》55卷,为行军作战之军备保障,分为营、战、攻、守、水、火、饷、马8类,"于兹八者,核其详,辨其制,足为军资乘"。类下有子目,子目下又分细目,内容广泛而全面。《军资乘》所记载的内容,包括军队所需各种物资的筹集、制作、使用等各个方面,从攻守器械、火药、火器、战车、战马、战船,到粮草、米盐,几乎无所不包,堪称古代军用物资、后勤给养大全。尤其在军事技术方面收录的资料更加丰富,共收录各类武器装备六百余种,其中火器就有一百八十多种,集合了宋以后的先进军事器械,是中国古典军事技术集大成的兵学巨著。比如,卷119至134讲"火",涉及火器制作、使用方法和上百种火器图式解说,是茅元仪搜集百家之说综合而成,较为全面地呈现了当时明代最新的火器成果。饷是作战用兵之本,是茅元仪颇为重视的内容,卷135至145讲"饷",首以屯田之制、屯田水利,叙述了茅元仪的屯田思想,次以运输,包括河漕、海运、车运、骑运、人运五种运输方式,然后是米盐、宴犒、矿砂,终之以医药。该部分附图众多,有营制图、旌旗图、器械图、城制图、水利设施图、火器图、河漕图等,便于后人参考。

5.《占度载》

《占度载》93卷,分为"占"和"度"两部分,记述历代的军事占候、明代的军事地理,以及周边少数民族状况。在茅元仪看来,作为一名将帅,必须上知天文,下知地理,中知人事,《兵诀评》《战略考》《阵练制》《军资乘》等部分,都是叙述人事,所以"作占度载,以尽天地之事"。可知,这部分的编纂,是对前四部分的补充。

茅元仪还认为"占之言甚杂",便选择简明扼要、一语中的之论,"度之事烦",便挑取较为重要的条目,由此简析条著,"尽阴阳之变"、"料四海之形",变通运用,则妙处无穷。在具体内容上,"占"指占验,大致包括占候、阴阳五行、太乙、奇门、六壬、军中杂占、选择和厌禳,载录了天官占术书之言兵者及与兵事相关的风雨水旱疾疫火灾之类。这部分内容是把自然与人事联系在一起，认为某种天象往往就是某种人事即将发生的征兆。如"天色惨白，风声凄切，大兵起"。"度"指度地，包括方舆、镇戍、海防、江防、四夷和航海等内容，图文并茂地叙述了明代地理形势、关塞险要、海陆敌情、卫所部署、督抚监司、将领兵额、兵源财赋等内容。茅元仪认为，在战争指导方面，能否识别天候特点，熟悉天下大势，了解天下户口、兵马的状况，影响到战争的胜败。

《武备志》内容丰富，体系庞大，条理清晰，体例统一，是一部体例完善的大型综合性辑评体兵书，被誉为"古代军事百科全书"。它的编纂刊行，对改变明朝末年重文轻武、武备废弛的状况具有一定的积极意义。该书是中国古代最大的一部军事类书，在军事史上占有重要地位，为后世所推崇。

## 第二节 《武备志》的军事思想

《武备志》虽系辑录历代兵学成果之作，其主要内容也侧重于展示历代兵家的成果，并非系统阐述茅元仪的军事思想，但从全书的框架结构、编纂的主旨，以及书前的自序、各门类的分序、旁批和点评中，也可以看出茅元仪军事思想的主要方面。

### 一、文武并举思想

在国家安全方面，茅元仪主张文武并重，倡导学习兵法。茅元仪针对当时重文轻武的现象，提出了文武并重的主张。他以史为例，认为："有文事者必有武备，此三代之所以为有道之长也。自武备弛，而文事遂不可保。"茅元仪所说的文事指的是政治，武事指的是军队和国防建设。当时明朝宦官专权，终日纵情享乐，陷害忠良，打击抗敌保国之士，视武备为儿戏；一遇战事，只能一筹莫展，驱无律之师，挥不训之军，徒遭丧师辱国之祸。为此，茅元仪建议朝廷整军经武，训练军队，从各方面做好御敌作战的准备。

茅元仪认为，武备之事甚多，而将帅学习军事和研究兵法则是第一要务。因此，他在编纂《武备志》时，把《兵诀评》和《战略考》两大门类排列在前，意在倡导兵法研究，让统兵将领钻研《孙子》《吴子》等兵学经典，熟谙兵法理论，提高军事才能。他要求统兵将领要能"上顺天时，下得地利，中应人和"，能"知彼知己，以仁为心法，以义为军声，以明为赏罚，以信为纪律，因时而制宜，设奇而料敌"。他认为"器贵利而不贵重，兵贵精而不贵多，将贵谋而不贵勇"，以智谋之将，统精练之兵，操锐利之器，则可以无敌于天下。

## 二、以阵练兵思想

在军队建设方面，茅元仪强调军事训练，讲究研习阵法。茅元仪认为，"言武备者，练为最要"，"兵之有练，圣人之六艺也。阵而不练，则土偶之须眉耳"。他指出，"士不练，则不可以阵，不可以攻，不可以守，不可营，不可战，不可以专水火之利；有马而不可驰，有饷而徒以饱；天时地利，不能以先人；为略为法，不可以强施。然则言武备者，练为最要矣"。要使训练能收到预期的效果，必须要以良好的兵员素质为基础，没有经过严格挑选的士兵，便不能训练成劲旅。因此，茅元仪说"选即所以练也"。兵员的选拔条件要视需要而定，车、步、骑、轻重兵和水兵的要求不同，其选拔条件也要有相应的差异，不可一概而论。不同兵种的士兵，要"分材而授之器"，以便进行有针对性的训练。训练时要注重实战的需要，不要采用华而不实的"花法"。茅元仪关于强调军事训练和注重兵员选拔的思想，实际上是对戚继光关于练兵、选卒、教战、用器思想的继承和发展，对于纠正当时轻视军队训练和不注重兵员选拔的种种弊端，起到了重要的作用。

茅元仪在《阵练制》中揭示了阵法的本质，提倡以阵练兵。茅元仪认为阵法是兵民合一的产物。阵法发端于井田制度，与农业生产密切相关，因为土地有不同的形状，军队的组编和训练，就有方、网、曲、直、锐诸种阵法，也就是"量地制阵，而方、圆、曲、直、锐之形别焉"。同时，茅元仪把唐宋以来的阵法逐一加以编辑，说明各种阵法要领，以增长学习者的见识。同时，他还提出："考数百年之兵战，用阵法而胜者多，不用阵法而胜者少。凡不用阵法而胜者，皆出于彼此浪战，均无法制。其间有以勇而遇弱者，以众而遇寡者，以治而遇乱者，以和睦而遇怨离者耳。乌可执一而废百，指其幸者，以为常哉，由兵事者盖深思之。"强调数百年来作战依靠阵法胜利者多，不能因为偶尔在混战中取胜就习以为常，忽略阵法的重要性。茅元仪也特别收录了明代著名将领戚继光的鸳鸯阵，俞大猷、赵本学的相关阵法理论，以及曾统《拟逐套房》的八套阵型图，这些都是在实战基础上总结出来的阵型、阵法理论和阵图，有很高的实用价值。

## 三、战略防御思想

在军事战略方面，茅元仪注重边海江防，关注战略防御。明代后期，西北边防、东南海防和江防都受到了严重的威胁，而这些地方的守备设施又因多年失修而罅漏百出。为此,茅元仪在《武备志》中多处阐述了加强国防建设的建议,主张实行边、海、江防并重的国家防御战略。他认为,国防建设的重点有三:"曰边、曰海、曰江。"边防的重点在广袤曲折的西北,绵延数千里,应当"选将练兵,时谨备之",要随地建堡,坚壁清野,人自为守,以保护边民生命财产的安全。海防的重点在东南沿海,对日本窥伺我国的野心要严加防范,预先做好充分准备,务必要将入侵之敌"拒之于海"。与此同时,他还针对当时忽视江防,认为江防可缓作防备的思想,特别强调了加强江防的重要性。他指出:"迫海而亘中区,外溃则为门户,内讧则为腹心,故江之要与边海均。"并引用唐顺之、郑若曾、王鸣鹤等人《江防论》的观点,将江防分为三重门户,"门户既固,堂奥自安"。这些有针对性的边防观点在当时是十分可贵的。

茅元仪还有很强的战略忧患意识。在《占度载》中专门列出"四夷"部分,旨在让中华之人详细了解当时边疆各国的军事、风俗、地理等相关情况,以防止有朝一日面临的边境威胁。其在《占度载·度·四夷一》中说:"今天下承平,大患在于夷狄。夷狄之必难久怀,虽圣人复起,不能改也。故我考四夷,而谆谆焉。患先虑其大,故首以北虏。"茅元仪所说之四夷,涉及女真、朵颜三卫、日本、朝鲜等,他认为"臣叛亦何常,盛衰亦易改"。昔日的强者有可能变为弱者,成为明朝的属臣;现在的弱者也可能有朝一日成为强敌,威胁边境安全。"最强者北虏,而今冠带而朝者五十载。女真一小夷耳,授官制贡,奴而使之,今颉颃一隅,骚动天下,此事之已著者也。日本虽屡肆启疆,然志在通市,得其道,可颐指使之。朝鲜世为礼仪之邦,然积弱易降,不可相倚。北虏封贡已久,势难复保。女真奴酋,非渊、勒之流,一将得人,指顾歼夷,此事之未著者。"其在《日本考》中亦有"今我之御倭者綦密矣,然似密而实疏。兵减于伍,将玩于法,器毁于敝,然犹可言也……今防汛者,以捕鱼为业,而舟楫帆樯,敝者莫葺,缺者莫补,自失其险,寡将安弭,至于绝贡市,杜私贩,固万年长策哉。然亦未尽然也"。明确指出当时东南沿海地区对日本的防御过于疏漏,兵员不足,器械废弃,民众也没有必要的防御意识。虽然朝廷禁绝贡市,禁止民间商贸,但亦非长远之策,不能从根本上解决问题。琉球"亦协于倭,不以时至"。虽然表面上臣服中华,但是暗地里"礼义修于外,观望存于中,我恃其服,彼恣其慢,异日隐忧",随时有可能联合异族攻击明王朝,不可不戒。所以,当朝者应该充分了解边疆各国之详细情况,制订合理的战略防御计划,以防万一。

## 四、攻守作战思想

在作战指挥方面,《武备志》注重实际作战,强调攻守方法。茅元仪在《军资乘》中列有"战"、"攻"、"守"三篇,主要讨论实战的要领,叙述攻城、守城作战应采取的措施,以及所使用的武器装备。茅元仪特别强调"战",整本《武备志》都是讲战争相关事宜,之所以在《军资乘》部分单独列出一类,就是因为前面所言都是为实战做准备,而此处的"战"主要强调具体的两军交战事宜。整个《军资乘·战》涉及范围非常之广,包括了军行、渡险、赍粮、寻水、候探、烽火、乡导、审时、布战、料敌、应战、涉险、入伐、受降、符契、旌旗、器械、祭祃18个小类。具体来说,战前准备工作做足之后,进入两军交战状态,首先就是行军,故而以其为首。渡险、赍粮、寻水,都是行军所必须具备的常识和先期准备工作,所以仅次其后。行军途中,交战之前,要充分了解敌方的情况,刺探军情,传递消息,找好向导,这是将战之事。以上工作都准备好后,要观天时,察人事,料敌布战。如果战前没有充分的部署,敌人来攻,不能应对,则必会陷于败境。一切战略都策划好后,还要为敌人设置障碍,毕竟战争是不能完全预料的事情,有险可恃才能增加胜敌的可能性。以上内容是临敌作战之事。如果前期准备工作充分,那么战胜指日可待。一旦战胜敌人,则军队要进入他国领土,故次之以入伐。战胜入城后,要受降,这需要将帅了解相关的仪式,所以添加相关受降的内容。至于符契、旌旗、器械、祭祃都是古代战争所必备的物资,故而列于整部《军资乘》之后。

"战"之后为"攻"、"守"二篇。茅元仪强调实战,这两篇主要讨论实战要领,叙述攻城、守城作战应采取的措施,以及相关的武器装备。古人认为"攻者难而守者易",相对于攻城而言,守城相对容易一些。茅元仪不同意此说,他认为攻城、守城都很不容易。"攻者绰然于进退,守者尺寸之难施。"作为守城者,四面被围,即便是力战数十次,仍然无法突围,这样一来,则守方士气必然低落,加之粮草难以为继,符契、书信等难以传达,更增加了守城的难度。如此旷日持久,士卒疲惫,夜间守备必然松懈,更增加了攻方胜利的概率。故而,非天下"至精"、"至变"、"至神"者,难以取胜。要想守城,关键是先将城池建设完备,合乎防御需求。务必常备各种守城装备、后勤物资,战时激励士卒,约束部队,同心协力,才能使我方立于不败之地。

## 五、利器强兵思想

在武器研制方面,《武备志》坚持创新革故,遵循因情而变。为了提升明军的装备,改善国家的边海防设施,提高明军的战斗力,以达到在东南沿海防御日本的侵略,在北方边境抵御后金挑战的战略目的,茅元仪在当时倡导兵器制造的发展,强调制器械,备火器。他认为:"器械者,所以御侮也。器械备,则国家便有所倚恃。有所恃则神全,有所倚则力张。神全力张,稚子可以驱虎豹。"在各类武器装备中,又以火器的威力最大,"五材并用,火德最灵……剑锋利镞,力尚有穷,而火焰之精,无坚不溃"。可见,茅元仪把火器列为发展军事技术的首位。

茅元仪对兵器的制式,坚持创新革故,合于时用。他要求制弓的匠人不要沿袭《武经总要》所列弓的制式,而要创新。与此同时,他还要求工匠在制造兵器时必须精益求精。他以制枪为例指出,枪杆要以稠木为上,要细心劈开而不要锯开,锯开的枪杆纹斜易折。北方枪杆不可用竹,东南方则竹、木均可用。枪杆后部要粗细适中,过细不便把握。枪杆腰部不可过硬或过软,过硬不可拿,过软则无力。杆过粗而腰过硬,则应作为废枪抛弃,绝不可使用。

为了充分发挥火器的作用,达到御敌保国、克敌制胜的目的,茅元仪对使用火器的基本原则、技术和战术,都进行了深入的论述,并要求官兵在作战训练中,熟悉各种火器的性能,并善于因情而变,即要善于因时、因地、因敌、因器、因战的不同而使用不同的火器。所谓因时而用,是指统兵将领要善于根据风候、天象等天时情况,指挥部队处于上风,选用火箭、火球、喷筒,因风纵火,杀伤处于下风的敌军人马,焚毁敌军的战具和城防设施,夺取作战的胜利。所谓因地而用,是指统兵将领要善于利用地利,使用火器战胜敌人。在旷野平川,要用射远的火器射击敌军;在丛林隘道,要用火器夹击敌军;在居高临下之城上、山上,要用重型火炮击敌;在城下山下仰攻高处,要用火铳与喷筒射弹、喷火,实施仰攻;在水上作战,要占据上风有利阵位,以火器攻敌。所谓因敌而用,是指统兵将领要善于因敌情的不同而使用不同的火器。在守城时,则用火器轰击攻城之敌的坚实之处,坚处一破则其围自解;在攻城时,则用火器轰击守城之敌的瑕隙之处,瑕隙一破则乘机攻入城内;在同使用火器的敌人突然遭遇时,则乘其立足未稳、阵形未固之时,用重炮轰击,乘乱而胜之;在敌人已扎营时,则乘风高月黑之夜,于要道埋伏重兵,并派侦探混入敌营作为内应,而后四面吹号,并以火器四下轰击,劫其粮草辎重,敌必溃败;在驻营时,则于四周布设多道火器守备阵地,以防敌人前来劫营。所谓因器而用,是指统兵将领要善于因性能与用途的不同而使用不同的火器。战器(指单兵使用的鸟铳等火器)比较轻便,易于携带,可装备重兵使用;攻器(指便于机动的中小型火炮)利于机动,可随军进行机动作战和进攻城堡;守器

（指重型守城炮）利于远击齐飞，火长而气毒，则用于坚守城郭；埋器（指地雷）利于爆击，则用于封锁要隘通道，炸杀来犯之敌。所谓因战而用，是指统兵将领要善于因不同的作战样式而让士兵使用不同的火器。在陆战时，要火器与冷兵器并用，轻重型火器并用，燃烧与爆炸性火器并用，长柄与短柄冷兵器并用，射远的弓弩与近战兵器并用；水战时，要用大发熕与佛郎机等舰首炮迎头直轰敌船，用神枪与火铳从侧翼夹射敌船，用火箭与火弩焚烧其桅帆篷索，殿后则以火炮、火弩、火箭射敌。

总之而言，《武备志》是一部以资料价值为主、理论价值为辅的大型资料性著作，它既保存了古代大量的军事资料，对中国古代军事思想史以及科技史等的研究具有较高的参考价值；同时又通过茅元仪的自序、分序、旁批和点评，体现出具有时代价值的军事理论与观点，给后世以启迪。

## 第三节　《武备志》的影响与运用

茅元仪编纂的《武备志》是对历代军事科学进行的系统归纳总结，它发展了《武经总要》等前代兵书的编纂形式，汇编了众多军事书籍，对历朝兵事武备进行了整合和分类，并在编纂中简明阐发了自己的观点，可以说是对中国古代兵学思想的总结和延伸，是我国古代兵书的集大成之作，在我国兵书发展历程中占有重要的地位。

### 一、《武备志》的编纂特点

《武备志》是一部内容和形式都给后世以深远影响的古典军事百科全书，在编纂和内容上《武备志》都有自己的特点。

1. 材料丰富而又取舍精当

茅元仪的父亲茅坤是明代著名文学家和藏书家，家中藏书本来就很丰富，再加上他四方搜寻，到处传借，因此，《武备志》采录的图书达二千余种，将他之前的主要兵书可以说是差不多全部网罗了。对于这些兵书，茅元仪并不是有闻必录，有见必采，而是下了取舍的功夫的。他选录的大多是可靠的资料，而对道听途说的一些稗官野史宁可弃而不用。不仅如此，茅元仪在选取材料时，紧紧围绕武备问题来进行，"于武备稍远者，听之舆图方史可矣"。名胜古迹主要供游览、吊古之用，与行军作战没有太大关系，就弃而不录。同时，茅元仪还注意选录最新的资料。全书对明代军事记载最详，不仅选录了茅元仪的先辈戚继光、俞大猷等人的治军、练兵、作战等方面的言行,也选录了与他同时代人的军事资料,如王鸣鹤的"号令说"等。

2. 编排合理,有一定的逻辑秩序

《武备志》全书共五大部分,从理论到实践,井然有序,又不可分割。郎文焕在给此书作序时,以医药比喻此书编排:"首兵诀者,如医之探腑脏,论脉理也。次战略者,如医之举旧案,宗往法也。次阵练者,如医之辨药性,讲炮制也。次军资者,如医之分寒温,定丸散也。终占候者,如医之考壮弱,断死生也。"全书逻辑严密,结构合理,条理清晰,层次分明,按古典兵学的内涵,分门别类地排纂史料。每类之前冠以小序,考证源流,说明史料之藏存;概括要义,阐述内容之主旨。每个门类之下有分类,分类之下视需要设立要目和细目。文中有夹注,解释难懂的字、词和典故。文上有眉批,写出编纂者褒贬得宜的评论,并分别用圈、点、线等不同符号,标示出内容的奥妙和紧要之处,具有给后人引路和导读的作用。在论述每一门类的内容时,茅元仪采取由大要至细端、由表及里、由浅入深的方法,按事物发展的层次和顺序,次第落笔,逐层深入,如剥笋壳,直至膝里。如茅元仪在说明《军资乘》营、战、攻、守、水、火、饷、马这8个子目的排列顺序时说:"三军既聚,必先安其身,身安而后气可养,身安而后患可防,故首以营。营具而可以战矣,故次之战。地有异形,时有异势,不可徒恃其野战,故次之以攻。可以攻人,人亦可攻我,故次之以守。五兵之用有时穷,则必济之水火,水火之资生者大,故其为杀也亦暴。督伯曰,吾知水之可以亡人国也,故次之水。水待于地,火时于天,地有定而天常移,是以火之效居多,故次之火。明乎六者而思过半矣,然民以食为天,故次之饷。士以马为命,故次之马。于兹八者,核其详,辨其制,是为军资乘。"从这段阐述中可见编者的逻辑思维是井然有序、有条不紊的,是后世编纂兵书的垂范之作。

3. 图文并茂,并辑录了珍贵资料

全书图文并茂,除《兵诀评》和《战略考》,其他三个门类共配有738幅附图,这些附图虽说古朴,但却生动形象地反映了古代军事技术、阵法、操法、军事地理等方面的发展概貌,便于读者理解书中的文字说明。更为可贵的是,书中收录了极为罕见的图绘,诸如"郑和航海图"、"过洋牵星图"、"神火飞鸦"、"火龙出水",以及各种兵器、战车、战船、军事筑城图等,为后人留下了珍贵的资料。其中"郑和航海图"对印证宝船厂的厂址所在有一定的作用。《武备志》在中国乃至世界军事学史上都占有重要的地位,它所集纳的丰厚资料,对科技史、交通史、军事地理的研究,也都有重要的参考价值。

## 二、《武备志》的兵学价值

《武备志》辑录了众多兵学书籍,融中国历代兵书精华与兵学成就于一书,具有重要的兵学价值。

1. 《武备志》囊括了中国古代兵学的诸方面,是对以往兵学成就的汇总

清代学者李颙指出,《武备志》"凡八十册,古今战陈、机关,备萃此书。视《登坛必究》加详,而《孙子》《吴子》暨《纪効新书》练兵事实,尤为兵学之要"。《武备志》辑录有先秦至明代的阵法阵图、古今器械形制、孙武吴起及戚继光之练兵方法、郑若曾之江防海防论、郑晓、叶向高之《四夷考》,另有《大明一统志》《九边图说》等,反映了明代兵学的发展概貌,集古典兵学之大成。

《武备志》不仅重视兵学类目的丰富,还力求将单个类目资料汇辑完整,以确保各类兵学知识的全面性。如《武备志》将"火器"类分为制火器法、用火器法、火器图说,用以囊括当时火器之学。茅元仪认为"《武经》载火砲法,有黄硝之用,然其法不盛行。其他所言砲者,固皆礮也。本朝之得天下也,藉于火为多",而明代火器"历三百年而其制愈广,其法愈精,然得此失彼,患在不全"。因此,他搜辑百家,将火器制具、用法、分类图式尽数收入《武备志》,详细总结了各类火器的特征。

2. 《武备志》注意探讨兵器的古今演变,重视分析器械的当世用途,发展了兵学用器思想

茅元仪注意探讨器械的今古之制,以使《武备志》内容"与时相宜"。在《武备志》"弓"类,他考察了各类弓形,辨别古弓之流,陈言今弓之利:"《武经总要》所载黄桦弓、黑漆弓、白桦弓、麻背弓,其名虽异,其实则同。今开元弓,其制强大耐久,九边将士多用之,最称利器。"在"战车"类目,他指出多种战车与古车不同:"辎重车,亦与古略异。若《武经》之虎车、巷战车、象车、枪车,皆非古车兵之车也。近有屏风车、冲虏藏轮车、火柜攻敌车、塞门架器车、盛油车,亦与古异。"

《武备志》在对兵器综合性认识的基础上,重视器械的当世之用。如《器械·车》对飞轮车的介绍:"飞轮,予所置也,有车之用,而无其滞;有神牌之利,而广其意;有拒木马之益,而可以架火器。使得如车营之制,四面为垒,可以出塞万里,逐虏幕南,百战百胜。"指出飞轮之全能性,既可为车、为神牌,又可拒木马、架火器,若加以四面堡垒,则可无往不胜,是一器多用的体现。茅元仪还论曰:"昔强虏以下马拔木,终于败北,其左验矣。今边帅每开濠立营,

而不置拒马,劳而无功,其在斯乎。"强调当时边防战争设置拒马木的重要性,提倡将拒马木用于边防作战。

3.《武备志》吸收了西方兵学知识,受到了晚明西学东渐的影响,体现了中西兵学的交流和融合

明嘉靖时期,佛朗机铳传入中国,经仿造出现了多种不同的形制,后又进一步改良以用于炮车和战船。《武备志》在《火器图说·砲》中收录了"佛朗机式"和"架佛朗机式"图样,并记载了佛朗机的来源与形制,论曰:"中国之人更运巧思而变化之:扩而大之,以为发矿。发矿者乃大佛朗机也。约而精之,以为铅锡铳。铅锡铳者,乃小佛朗机也。其制虽若不同,实由此以生生之耳。"另在《火器图说·铳》中记述了佛郎机铳"万胜佛朗机"形制:"用五寸围竹一根,长一丈五尺,离稍一尺五寸,安枪尖如人手五股,倒须长四寸,稍安木翎,三面缚,大竹筒三节,径二寸,长一尺,装火枪药,入铁铅弹,拴在木翎上,药线总合,随火势又增力也。"其中"佛朗机"在几十种火砲中被列为第三,仅次于炮祖"宋火炮"和铜发熕,体现了《武备志》对西洋火器的重视。

茅元仪曾多次向徐光启请教西学。万历四十年(1612年),徐光启与意大利传教士熊三拔合作翻译了西方水利学著作《泰西水法》。茅元仪对此书非常推崇,认为"其论水器浚井之法甚详且笃",在《武备志》中将"《泰西水法》其可资于屯田者尽采之",列入《屯田水利篇》。此篇首以《异域水法》(即《泰西水法》),选录《用江河之水》《用井泉之水》《用雨雪之水》《水法附余》4卷,详细介绍了西方水利技术,而在篇尾录有旧之"水磨"和"桔槔图",体现了西洋水利科学与中国古水法的结合。

### 三、《武备志》的具体运用

#### 明朝的作战火器简介

茅元仪在《武备志·军资乘》中收录的明朝的作战器械达六百余种,其中火器有一百八十多种,现选取代表性火器进行简介。

(一)五管枪

《军资乘》记载的五排枪系由5支手铳以手柄为中轴做对称排列的五管枪,单铳长4尺,重20斤左右,可依次连射5弹或5弹齐射。《军资乘》还记载有"七星铳"、管枪"八斗铳"、十管枪"子母百弹铳"、三十七管枪"车轮铳"等。

## （二）火炮

百子连珠炮，是一种安于架上发射的轻型火炮。炮管用精铜熔铸，长约4尺，炮膛内装填1.5升发射火药。炮管前部开有一口，口上插一个长1尺多的装弹筒，筒内装填百余枚小铅丸。弹筒与炮管接口处密封而不泄气。炮管后部开有火门，有火信从火门通出。炮管尾部安有燕尾形旋转杆，操作旋转杆可转动炮身，进行旋转发射。作战时，由射手点燃火信，将弹筒内的上百枚弹丸依次射出，并转动燕尾杆，进行转动扫射，其左右射界最大170度，是一种构造新颖、设计巧妙的轻型火炮。类似的架射式轻型火炮还有飞云霹雳炮、轰天霹雳猛火炮、毒雾神烟炮、九矢钻心毒火雷炮等。

## （三）车载式火炮

车载式火炮主要分为攻戎炮和叶公神铳车炮两种。

攻戎炮，炮身安装在一辆双轮炮车上，炮车盘上安置一个用榆槐木挖成的车厢，厢高2.5尺，炮身嵌在车厢内，加铁箍5道。车厢两侧各有2个铁锚，发射时，将铁锚放在地上，用土压实，以消减后坐力。攻戎炮可用骡马拖拽，随军攻城略地，进行机动作战。

叶公神铳车炮，炮身用"铁打造，天、地、玄三号，名曰公引孙。天字号神炮每位重二百八十斤，长三尺五寸"，"地字号神炮重二百斤，长三尺二寸；玄字号神炮重一百五六十斤，长三尺一寸，每位用车一辆"。这种炮车除前面安有直径为2.5尺的两轮外，后面还有直径为1.3尺的轮，形成前高后低，使炮口稍成昂扬之势，便于发射。炮车的大小，随三种炮身的大小而定。这种火炮可装填火药1.5斤至2斤，并装填大铅弹1个、小铅弹半升。发射后，大铅弹可直冲3里至4里，能透壁凿屋，具有较强的杀伤和摧毁威力。

## （四）有翼式火箭

有翼式火箭分为飞空击贼震天雷与神火飞鸦两种。

飞空击贼震天雷，是一种运载爆炸性火器的有翼式火箭。其制法是先用竹篾编成直径为3.5寸的震天雷体，上安双翅，以维持飞行平衡。内装爆药与几支涂有毒药的菱角，中间安置一个长2寸的纸制喷射火药筒，用药线与雷体内的爆药相连；外表用十几层纸糊固，涂上颜色。这种火箭多用于攻城战。攻城时，由射手顺风点火，火药喷筒喷射出火药燃气，将震天雷推送至城上爆炸，顿时烟飞雾障，迷目钻空，涂有毒药的菱角扎人，守城士兵难以抵御，是一种攻城利器。

神火飞鸦，是一种多火药筒并联的鸦形火箭。鸦身用竹篾或苇草编成，形似竹篓,内装火药,背上钻孔,从中通出 4 根各 1 尺多长的药线,并使之与鸦腹下斜插的 4 支起飞火箭的药线相连,而后用棉纸将鸦身糊固,安上鸦头、鸦尾和两翅如飞行姿势。使用时,先点燃 4 支起飞火箭,驱动鸦身飞行百余丈,到达目标时,起飞火箭的药线恰好将鸦腹内火药筒内药线点燃,使火药燃烧,焚毁攻击目标。

这两种火箭,已将单级喷气火箭运载冷兵器进行个体杀伤,发展为运载装药火器,进行群体杀伤与破阵攻城,扩展了火箭的作战用途,增强了战斗威力。

(五)地雷

地雷是明朝镇守陕西的将领曾铣在嘉靖二十五至二十八年(1546—1549 年)镇守边关时,创制的一种埋于地下爆炸的火器,到了明万历年间,各种地雷相继问世。《军资乘》记载了自犯炮、万弹地雷炮等十多种地雷。雷壳有石壳、木壳、铁壳、泥壳、陶瓷壳等。其引爆方式有绊发、火绳点火、定时爆炸,以及用机械式装置"钢轮发火"引爆等。

自犯炮,是一种机械式引爆的连环地雷。单雷可用铁、石、瓷、瓦等材料制作,雷内装填火药,有火信从中通出,通过机槽与钢轮发火装置相连。布雷时,选择敌军必经之路段,将多颗地雷与多具钢轮发火装置,首尾依次间隔连环相串联,并将最后一个"钢轮发火"的引线横过地面的通道,当敌军人马踩绊引线时,不但末端的地雷被引爆,而且在其牵动下,其他地雷也依次被引爆,整个布雷区群雷轰炸,使敌军人马陷入灭顶之灾。

万弹地雷炮,是一种机械式引爆的坛形地雷。内装炸药,坛口用土填紧,中留一个小孔,从中通出火信。使用前,将雷体埋设于敌军必经之路,同时埋设一具钢轮发火机械式装置,并使之与坛口引出的火信相连,上用泥土与鹅卵石盖平,地面上安设一根同钢轮发火机相连的绊索。当敌军人马触动绊索时,牵动钢轮发火装置,将地雷引爆,泥土与鹅卵石乱飞,可大量杀伤敌军人马。

# 第七章　战争中的胆略与智慧
## ——克劳塞维茨的军事思想

## 第一节　克劳塞维茨与《战争论》

### 一、西方兵圣克劳塞维茨

卡尔·冯·克劳塞维茨（Carl Von Clausewitz）出生于1780年，是德国著名的军事理论家、军事历史学家，也是近代军事战略学的奠基人，被誉为"西方兵圣"。他的军事名著《战争论》自1832年问世以来，再版二十多次，各种译本在世界各国广为流传，被推崇为西方资产阶级军事理论的"圣经"。

克劳塞维茨出生于普鲁士马德堡布尔格镇的一个税务官家庭，他12岁时投身军旅，加入了普鲁士军队，成为波茨坦一个步兵师的士官生，并于1795年晋升为少尉。1801年，克劳塞维茨进入柏林军官学校学习。在校期间，他不仅学业优异，而且对战略学、战术学和军事历史学兴趣浓厚，阅读了大量相关著作。1803年克劳塞维茨毕业，被校长沙恩霍斯特推荐为奥古斯特亲王的副官，由此结识宫廷及上流社会人士与各种学者。他还积极参加军事协会的活动，并发表了一些军事政治论文。1806年，在第四次反法联盟对法战争中，克劳塞维茨随亲王参加了奥尔施泰特会战，一度成为法军俘虏。被俘期间，克劳塞维茨潜心学习法语，阅读了大量法国文学作品，利用参观博物馆等机会考察法国风俗文化，还认真研究分析普法战争中普鲁士军队失败的原因。1807年获释回国后，克劳塞维茨撰写了一份名为《关于普鲁士未来反法战争行动》的备忘录，对未来的战争进行了预测与探讨。1808年克劳塞维茨任普鲁士军事改革委员会主席办公室主任，协助沙恩霍斯特将军主持的军事改革工作，在管理制度、征兵体制、训练方法、装备改进等方面进行了一系列大刀阔斧的改革。1809年调任普鲁士军队总参谋部,在实战演习中获得了丰富的指挥经验。

1810年,克劳塞维茨晋升为少校,并任柏林军官学校教官,主讲战略学和战术学,曾为王太子讲授军事课。在此期间,克劳塞维茨对自己积累的关于战争的知识和经验从理论上加以概括,撰写了大量讲授提纲,为他日后建立举世瞩目的战争学说奠定了基础。1812年,克劳塞维茨主张联俄抗法,因不满普鲁士国王威廉三世与拿破仑一世结盟而辞职,转投俄军,在骑兵军和步兵军司令部任职。拿破仑进攻俄国期间,克劳塞维茨参加过奥斯特洛夫诺、斯摩棱斯克、博罗迪诺等会战。并获得沙皇金质佩剑奖。1813年克劳塞维茨任俄普联合军团参谋长,参加了莱比锡大会战。一年之后他回归普鲁士军队,1815年任布吕歇尔军团第三军参谋长,参加了利尼会战和进军巴黎,同年担任莱茵军团参谋长,并开始战争理论的研究,对拿破仑战争的经验进行总结。

1818年克劳塞维茨被任命为柏林军官学校校长,同年晋升少将。在任柏林军官学校校长期间,他潜心战争史与军事理论的研究和著述,阅读了大量哲学、历史、军事著作,研究了大量战例,系统总结了战争经验。克劳塞维茨一生参加了四次著名的战役:莱茵战役、奥斯塔德会战、法俄战争和滑铁卢战役,有着丰富的实战经验与军事阅历,他的理论是建立在自己的实战经历之上的。克劳塞维茨在有生之年就决心著书立说,写"一部不是两三年后就会被人遗忘,而是对此有兴趣的人经常翻阅的书",这便是《战争论》。

## 二、《战争论》简介

1831年11月克劳塞维茨在德国布雷斯劳(今波兰城市弗罗茨瓦夫)因患霍乱突然去世,他所著的《战争论》已有3000多页待修改的手稿,但尚未结集出版。克劳塞维茨的妻子玛丽陆续将这些手稿整理出来,并于1832—1837年间出版了《卡尔·冯·克劳塞维茨将军遗著》10卷,其中1—3卷即为《战争论》。4—10卷主要是对战史的研究与评论。

《战争论》是克劳塞维茨在总结以往战争特别是拿破仑战争的基础上写成的。克劳塞维茨深受黑格尔哲学的影响,他创造性地将哲学的系统思维模式引入西方军事理论研究之中,力图通过概括规律的间接性认识来反映战争的本质。克劳塞维茨提出了"绝对战争"的概念,并以此作为他的战争学说的逻辑起点。

《战争论》全书共 3 卷 8 篇 124 章;另有说明、作者自序,及作者在 1810 年至 1812 年为普鲁士王太子讲授军事课的材料、关于军队的有机区分、战术或战术学讲授计划和提纲等附录,约七十余万字。各篇主要内容归纳如下:

第一篇《论战争的性质》围绕战争的本质问题,对什么是战争、战争的目的和手段、军事天才具备的特点,战争中的危险、战争中的劳累、战争中的情报及战争中的阻力等展开了抽丝剥茧般的细致分析。

第二篇《论战争理论》对军事科学进行定位,就战争理论的范围、任务和建立理论的主要方法进行了阐述,肯定了战史、战例研究的价值,重视战争理论及对于精神因素的考察。

第三篇《战略概论》主要论述了战略及其构成要素,从战争中的精神要素、主要精神力量、军队的武德、胆量、坚忍,以及兵力数量上的优势、兵力在时间空间节点上的合理使用等方面展开论述。

第四篇《战斗》对战斗的性质、目的、意义以及战斗的持续时间、决定战斗胜负的关键点、主力会战的原则等进行了讨论。

第五篇《军队》从战斗的必要条件入手,对军队的配置要求、军队行动的方法、交通给养的保障、地形地貌的影响等加以论述。

第六篇《防御》以进攻与防御为主题,对两者进行了战略、战术范围的比较,并总结归纳了各自的特点、形式、手段、影响与相互作用。

第七篇《进攻》(草稿)首先从进攻与防御的关系看进攻,然后对战略进攻的特点、目标、不同的进攻方式等展开探讨。

第八篇《战争计划》(草稿)着重从战争与政治的关系出发,总结了战略最本质的部分,如战争的目的、目标与手段等。

## 第二节 《战争论》的军事思想

### 一、战争观与战争理论

《战争论》首篇名为《论战争的性质》,集中体现了克劳塞维茨对战争的基本看法与思考。这一篇章不仅关注了抽象的战争概念,而且对战争的目的、手段,战争中的危险、劳累、情报、阻力等因素进行了探讨,从基础理论上集中论述了对战争问题的理解与归纳。

（一）战争的定义与分类

什么是战争？克劳塞维茨在《战争论》开篇《论战争的性质》中就开门见山地指出："战争是迫使敌人服从我们意志的一种暴力行为。"他认为，交战双方都会在战争中使用暴力，并且这种暴力的使用是没有限度的。战争行为的残酷性、破坏性是由交战国本身的社会状态和国家间的关系所决定。战争绝不是孤立的行为，敌对双方的任何一方对另一方来说都不是抽象的；战争也不是短促一击的决战行为，而是一系列连续行动的结果。战争的结局也不是绝对的，战败国往往把失败看成是在将来的政治关系中可以得到补救的暂时的不幸，因而大大缓和了战争的激烈程度。

克劳塞维茨从理论上归纳出两种战争形态，绝对战争和现实战争。一种是为了彻底打垮敌人，必须将战争进行到对方精疲力竭无力抵抗为止；另一种是仅仅以占领帝国边境的一些地区为目的的战争，存在某些促使作战紧张程度趋缓的客观因素。前一种战争充满暴烈性，或是力图在政治上消灭敌人，或者是使敌人无力抵抗，被迫签订条约；后一种战争是为了占领特定的区域，或者将这些区域作为签订合约时的交换手段。战争从来不是一种孤立的行为，是一系列军事行动构成的，其结局也是具有多面性的。现实战争从孕育到终结始终存在一种背离绝对战争形态的倾向。

（二）战争的本质、目的与手段

克劳塞维茨认为，战争绝对不是孤立的社会现象，它犹如一条变色龙，每一次战争都有其自身的特色，千变万化，各不相同。然而，无论战争具有什么样的形态，以何种面目表现出来，归根到底是一种政治行为。战争的目标正如战争的政治目的和战争的具体条件一样，也是多变的。在克劳塞维茨看来，战争的目的包括消灭敌人的军队、占领敌人的国土、征服敌人的意志。这三个要素中，军队是用来保卫国土的，因此按照自然的顺序应该是先消灭敌人的军队，然后占领敌人的国土，最终使敌人媾和。

就战争的手段而言，克劳塞维茨曾尖锐地指出："战争无非是国家政治通过另一种手段的继续。"从这个意义上而言，一切战争都可看作政治行为。"战争不仅是一种政治行为，而且是一种真正的政治工具，是政治交往的继续，是政治交往通过另一种手段的实现。如果说战争有特殊的地方，那只是它的手段特殊而已。"更确切地来说，政治意图是目的，战争是手段，没有目的的手段永远是不可想象的。作为战争最初动机的政治目的，既成为衡量战争行为应达到何种目标的尺度，又成为衡量应使用多少力量的尺度。战争无论就其客观性质还是主观性质来看,都近似赌博。

（三）战争理论

克劳塞维茨认为,具有相应的知识是考察战争的必要前提,因此指挥官不仅要从研究与思考中获取关于战争的知识,更要积极地从战争实践中吸取知识、总结经验、形成战争的理论。在《论战争理论》一章中,克劳塞维茨集中关注了战争的诸多方面,包括军事艺术、战术、作战方法、作战的理论、战争准备等,具有十分宽广的研究视野。他对于当时关于战争理论的研究持批判的态度,认为"这些理论只考察物质因素,但整个军事行动却始终离不开精神力量及其作用。这些理论只考察单方面的活动,但战争是双方经常发生相互作用的过程",并进一步指出理论应该是一种考察,而不是死板的规定,要消除理论和实践之间的矛盾。

1. 军事艺术

狭义的军事艺术是在斗争中运用现成手段的艺术,可以称为作战方法;而广义的军事艺术还应包括一切为战争而存在的活动,包括建立军队的全部工作,如征募兵员、装备军队、训练军队。克劳塞维茨认为,作战方法就是部署和实施斗争,而斗争是由若干本身完整的单个行动所组成的,这既包括战斗本身的部署与实施,也包括为了达到战争目的对这些战斗的运用。前者是战术,后者是战略。用克劳塞维茨的话来说:"战术是在战斗中使用军队的学问,战略是为了战争目的运用战斗的学问。"无论是行军、野营,还是舍营,这些军队的状态都是展现战斗艺术的地方,处处体现着军事的智慧。克劳塞维茨还指出,在野营和舍营时为了维持军队而进行的不属于使用军队的活动,则既不属于战略,也不属于战术;防御工事位置的选定和安排组织则属于战术问题。此外,克劳塞维茨对军队的给养、伤病员的救护、武器装备的补充等,也进行了讨论。

克劳塞维茨认为战争是一种人类交往的行为,他还将战争同技术和艺术在作用对象上进行了对比与区分。战争是敌我双方精神力量和物质力量通过物质力量进行的一种较量。其中,尤其是精神力量发挥着重要的作用,对军事力量具有决定性的影响,不容忽视。

2. 方法主义

克劳塞维茨认为,为了明晰在战争中起着巨大作用的方法和方法主义的概念,必须在逻辑层次上有清楚的认识。他对法则、原则、规则、细则和守则、方法和方法主义对于军事活动的价值与影响一一进行探讨,并举例说明。他指出:"战争,从它的最高角度来看,不是由大同小异的、处理得好坏取决于方法好坏的无数细小事件构成的,而是需要分别处理的、具有决定意义的各个重大事件构成的。"要反对像机器制造东西那样,总是按照同一方法决定战争计划和战局计划。

克劳塞维茨认为:"战争的手段只有一个,就是斗争。"不管斗争的形式多么繁多,战争中产生的一切效果都必然来源于斗争。在极为错综复杂的现实中也永远如此。当然,"战争中的斗争不是个人对个人的斗争,而是一个由许多部分组成的整体",一切军事活动都必然直接地或间接地同战斗有关。军事活动的一切线索都落在战斗上,因此确定了战斗的部署,也就掌握了军事活动的一切线索。战斗手段的用法是多种多样的。在所有的战斗手段中,克劳塞维茨指出:"消灭敌人的军队始终是一种比其他一切手段更为优越、更为有效的手段。"

3. 批判与史例

在研究战争时,克劳塞维茨主张要用批判的方法,把理论应用于实际事件,从而使理论更加接近现实。通过考证历史上可疑的事实、从原因推断结果、对使用的手段进行检验,共同组成批判活动。他同时还指出,有用的理论是批判的重要基础,并把这一认识运用到对拿破仑战争的研究中,通过历史上的战例来说明问题、认识事物、证明观点、吸取教训。

克劳塞维茨认为好的战例就是好的老师,他不仅注重从自己的作战经验中获得新的知识与理论,也非常重视他人的作战经验。在他看来,正确地运用战争史例直接关系到是否能正确说明和理解相关的战争。克劳塞维茨指出:运用史例既可以很好地说明某种思想及其运用,也能够借此证明自己的论点,还能通过对历史上的战例的叙述和列举汲取某些教训。为此,他还进一步提出了运用历史战例的两条原则:一是必须详细举例,尽可能确切而详尽地阐述历史战例;二是尽量选择年代最近的历史战例,新鲜的历史战例一方面众人皆知且对其研究较多,另一方面对现实的启发意义和借鉴价值更高。

二、战略思想

战略是为了达到战争目的而对战斗的运用。克劳塞维茨基于这一论点,提出"战略必须为整个军事行动规定一个适应战争目的的目标",即制订战争计划,并据此拟制各个战役的方案和部署其中的战斗。在他看来,战略不是宏大的空中楼阁,而是脚踏实地的战争指导。从这个意义上来看,战略的选择与制定需要非凡的洞察力和卓越的远见。

（一）战略要素

战略是一个综合性的整体。克劳塞维茨把决定战斗的运用的战略要素归纳为精神要素、物质要素、数学要素、地理要素和统计要素五大类。其中，精神要素的价值和作用惊人，统帅的才能、军队的武德、军队的民族精神、作战区的民心等都值得关注与重视。除了精神要素，军队的数量和编成、各兵种的比例等物质要素，作战线构成的角度和向心运动等数学要素，山川河流森林等地理要素，一切补给手段等统计要素，在军事行动中错综复杂而又紧密地结合在一起。研究这些战略要素，必须摆脱抽象思维，而要从整体的战争现实着手。

（二）兵力问题

围绕战略规定进行战斗的时间、地点和兵力三个要素，克劳塞维茨重点研究了兵力数量上的优势、空间上的兵力集中、时间上的兵力集中，以及兵力的合理使用等问题。克劳塞维茨认为，"数量上的优势不论在战术上还是在战略上都是最普遍的制胜因素"。他注重战争中的实力，强调作战计划和指挥的坚定性，"把计划贯彻到底，不因一千个原因动摇一千次"。他极为重视兵力的集中问题，以丰富的战争经验归纳出：无论是把尽量多的兵力投入战场，造成绝对优势，还是在一定的空间和时间上集中兵力，形成相对优势，都对战争的胜负起着至关重要的影响。从欧洲各国当时的军事实际情况出发，克劳塞维茨认为像马拉松那样以少胜多的战例已经少之又少，因而保持兵力的数量优势尤其重要。此外，用兵的出敌不意和诡诈也是取得优势、弥补劣势的手段。《战争论》提出"最好的战略是首先在总兵力方面，然后在决定性的地点上始终保持十分强大的力量"，强调空间上的兵力集中；与此同时，还根据过往的战争实践推演出时间上兵力集中的准则："一切用于某一战略目的的现有兵力应该同时使用，而且越是把一切兵力集中用于一次行动和一个时刻就越好。"

### 三、战斗理论

战斗本身的部署属于战术范畴。当战术出现变化，战略必然会受到影响。由于不同战斗的直接目的不同，决定了其不同的形式。从战术角度考察现代会战的特点，有利于对战略的准确把握。

## (一) 现代会战

克劳塞维茨描述了当时大会战进行的一般过程:首先配置军队,然后展开小规模的火力战,不时地穿插多次小规模冲锋、白刃格斗和骑兵攻击,形成拉锯状态。黑夜来临时,暂停战斗,评估己方与敌方的兵力状况及阵地形势,制订下一步作战计划,是进攻还是防御。他指出,现代会战之所以能沿着其自然方向发展,前提是敌对双方在军事组织和军事艺术方面的水平大体相当,而且由于现代会战由重大民族利益引起,因而战争要素得以突破各种束缚。

## (二) 战斗概论

每一个战略行动都可以归结到"战斗"这个概念上,因为战斗是运用军队的基础。作为真正军事活动的战斗,是战场一切活动的中心,有必要研究其性质。对于战斗的基本概念,《战争论》将其概括为"战斗就是斗争,斗争的目的是消灭或制服敌人,而敌人就是在具体战斗中和我们对峙的军队。"消灭敌人是战斗的目的。克劳塞维茨精辟地概括了战斗的特点——"任何战斗都是双方物质力量和精神力量以流血的方式与破坏的方式进行的较量",双方物质的、精神的损失决定着战斗继续与否,并指出在这个过程中起决定作用的是精神力量,因此敌军的精神也应成为重点打击、削弱的对象。

对于胜利的概念的考察,克劳塞维茨解析出三大要素:一是敌人的物质力量的损失大于我方;二是敌人的精神力量的损失大于我方;三是敌人放弃自己的意图,公开承认以上两点。在此,他还特别申明了失败与退却的区别,指出在很多情况下退出战场并不等于放弃意图。不过,这么做的确会带来不利的精神影响。失败的一方往往首先是遭遇到失利的战斗,继而出现精神上的瓦解,导致丧失抵抗能力,造成所有行动全部呈现退却的状态,即逃跑,而不再是暂时的退却。可见,克劳塞维茨对失败与退却的战争现象有着细致的观察和深入的思考。对战斗的持续时间、决定战斗胜负的时刻以及战斗是否需经双方同意等问题,克劳塞维茨也结合战例进行了精准的描述与把握。

## (三) 主力会战

作为双方主力之间的斗争,主力会战是为了争取一场真正的胜利而进行的全力以赴的斗争,是战争的真正的中心,其独立性比任何其他战斗都大。因此克劳塞维茨把主力会战作为专门研究的对象之一。正因为主力会战具有独立性,所以克劳塞维茨认为只要有胜利的可能性,就应该不遗余力地在主力会战中寻求胜利。作为一种规模宏大的军事行动,主力会战成为进攻的手段和解决问题最残酷的方法,胜利的大小主要取决于四个基本条件:会战采取的战术形式、地形的性质、各兵种的比例及兵力的对比。那么主力会战取胜会带来什么样的影响呢？克劳塞维茨指出:一是对战争工具本身,即对统帅及其军队的影响;二是对参战国的影响;三是上述两种影响在以后的战争过程中所起到的真正作用,他还对这些影响一一做了说明。

### 四、军队建设思想

#### （一）军事天才

以克劳塞维茨看来,军事天才是各种精神力量和谐的结合。他认为,军事天才的高低取决于一个民族智力发展的总的水平。在战争这个充满危险、充满劳累、充满不确定和偶然性的领域,军人需要具备多种品质:首要的是勇气,同时也需要有一定的体力和精神力量。当然,具备了这些品质以后,还需要有健全的智力引导,具有迅速而准确地定下决心的果断、机智,以及荣誉感和意志力。只有这样,才能成为一名符合要求的军人。

#### （二）军队建设

军队是战斗的必要条件,而军队建设是一项系统工程。克劳塞维茨深刻地认识到当时各国军队在武器、装备及训练方面都很接近,处于均势,因此兵力的较量更多地体现在军队的实战能力上。这在相当程度上取决于军队的建设。从当时的普遍军情出发,克劳塞维茨认为,合理地对步兵、骑兵和炮兵这三个主要的兵种进行配比与组织,能够发挥它们各自的性能优势而投入战斗,从而影响战局。对于军队的战斗队形,他从战略观点出发去研究区分,主张各兵种的联合和配置。

#### （三）军队部署

克劳塞维茨专门研究了舍营、行军和野营这三种军队在战争中所处的战斗外状态,列举了欧洲战场的战例进行说明,并指出这三者既属于战术,又属于战略。同时,他还对前卫与前哨这两个既是战术又是战略的问题进行了探讨,对先遣部队侦察敌情和迟滞敌人的行动方法展开了详尽的论述。对于军队的给养方式、作战基地的选择与建设、交通线的设计与维护、地形和制高点的使用对军队的影响等,克劳塞维茨均展开了细致的研究。

### 五、进攻与防御思想

从目的而言,进攻具有占领的积极的目的,而防御则是具有消极目的的据守。防御是对进攻的抵御,是在等待下一轮的进攻。进攻与防御这两个概念构成了逻辑上的对立,互为补充,并高度关联。为此,《战争论》辟出专门章节,用较大篇幅对两者展开了论述。

(一) 防御理论

克劳塞维茨认为防御的目的是据守,比夺取容易。他指出,"防御这种作战形式就其本身来说比进攻这种作战形式强","即使是最喜欢静的统帅,也仍然认为防御是较强的作战形式",并通过对进攻和防御在战术范围的比较,得出"防御者比进攻者更能通过各种猛烈程度和各种样式的袭击出敌不意"的结论。在将进攻和防御放在战略范围内进行比较时,克劳塞维茨从地利、出敌不意、多面攻击、战区的有利作用、民众的支持和对精神力量的利用这六个方面逐一剖析。

关于防御的手段,除了后备军、要塞之外,还应包括民众、民众武装和同盟者。克劳塞维茨犀利地指出:等待是防御的主要特征和主要优点,但战争中的等待不是绝对的,不只是单纯的忍受,而是由等待和行动这两个性质不同的部分组成的。在防御会战中也含有从战术上来看属于进攻的会战。要塞是防御的首要和最大的支柱,其设置很有讲究,要有作为安全保障的仓库;用以保障富庶的大城市的安全;作为真正起作用的封锁堡;作为战术上的依托点;作为兵站;作为弱小的部队或败退的部队的避难地;作为抵挡敌军进攻的真正的盾牌;用以掩护广大将士的舍营地;用以掩护没有军队防守的地区;作为民众武装的中心;用来防御江河和山地等功能。坚固的阵地和营垒是天然条件与人工加强相结合的产物,筑垒防线需要强大的火力进行掩护和配合;筑垒阵地需要借助地形障碍使营垒无法接近或难以接近;要塞附近的营垒与要塞是不可分割的整体,起着坚固阵地的作用。对侧面防御、山地防御、江河防御、湿地防御、森林防御、单线式防御等重要的防御手段,克劳塞维茨结合丰富的战例细致说明了其基本条件和实战运用。

(二) 进攻理论

一种进攻手段是随着一种防御手段的出现自然而然地出现的。从进攻与防御的关系看进攻,是克劳塞维茨解读进攻的重要方法,这也是《战争论》之所以先论防御,后论进攻的原因。

克劳塞维茨认为,进攻不是单一的整体,而是不断同防御交错着的。因为进攻行动不可能连续不断地一直进行到底,中间必然有需要防御的缓冲阶段;再者,进攻的军队行进中也需进行自我的防护。从这个意义上来看,战争中的进攻行动,特别是战略上的进攻,是进攻和防御互相交替和结合的过程。战略进攻的目标一旦达成,进攻停止便转为防御。在进攻会战中,追击是整个行动不可或缺的部分。克劳塞维茨详尽论述了渡河、对防御阵地的进攻、对营垒的进攻、山地进攻、对单线式防线的进攻、对湿地和森林的进攻、对要塞的进攻、对运输队的进攻、对舍营的进攻等的具体策略和方法,并点明了入侵战争的根本的性质就是进攻。

(三)战争计划

克劳塞维茨深受德国古典哲学及西方哲学传统的影响,提出了绝对战争和现实战争这两个概念。他特别指出:"战争的形态不仅仅是战争的纯概念决定的,而且还是包含和掺杂在战争中的其他一切,即各个部分的一切自然惰性和阻力、人的不彻底性、认识不完善和怯懦决定的。战争与战争所具有的形态是从当时起主导作用的思想、感情和各种关系中产生的,我们必须抱这种看法。如果我们不想脱离现实,那么我们就必须承认,甚至具有绝对形态的战争,即拿破仑所进行的战争也是这样。"在战争的绝对形态中,一切都是由必然的原因引起的,一切都取决于最后的结果。

从概念来看,战争目标就是打垮敌人。如果不具备实现这一目标的条件,军事行动的目标只能有两种:一是夺取别国的一部分国土,二是保卫本国的国土。战争只不过是政治交往的一部分,而非独立的东西。克劳塞维茨甚至十分明了地说,"我们首先应该根据由政治因素与政治关系产生的战争的特点和主要轮廓的盖然性来认识每次战争",政治目的对战争目标具有天然的影响。以打垮敌人为目标的战争计划需要贯彻两个主要原则,第一是把敌人的力量尽可能归拢,并集中重点打击;第二是速战,不停顿,不走弯路。

## 第三节 《战争论》的影响与运用

### 一、《战争论》的影响

克劳塞维茨的《战争论》是西方军事思想史上的一部巅峰之作。然而最初的时候,这部书并未引起足够的重视。自《战争论》在1832年问世以后,它的销售量并不令人乐观。第一版共计1500册,用了足足20多年时间才销售完毕。直至19世纪末德国著名军事家毛奇晚年接受访谈时特别提到《战争论》深刻地影响了19世纪后半期的欧洲战争，以及这部书对他的军事生涯的重大影响，《战争论》这部书才逐渐引起重视，真正进入了人们的视野。此后，《战争论》开始在欧洲和全世界迅速传播，并不断再版，引起了巨大的轰动与反响，被誉为西方近代军事理论的经典作品，对近代西方军事思想的形成和发展起了重大作用。

克劳塞维茨在书中阐发的众多关于战争的观点与论断十分深刻。他揭示了战争从属于政治的本质，指出了人的因素尤其是精神力量的作用，阐述了战争性质向民众战争转变的历史趋势，探讨了战略和战术、进攻和防御、战争目的和手段之间的辩证关系，提出了集中优势兵力歼敌等理论，这些理论直到今天依然具有很强的生命力和参考价值。《战争论》这部著作也是在军事思想史上自觉运用辩证法系统总结战争经验的战争理论经典。克劳塞维茨用哲学的思维总结当时战争发展新的经验，充分反映了资产阶级初期在军事上的进步倾向和革新精神。

美国人将克劳塞维茨称为第一位伟大的战略学家，现代战略学研究的鼻祖，将《战争论》喻为战略学的"圣经"。欧美众多军事历史研究者、军事思想家一致认为，《战争论》的著述深度和创造性把战争研究引向了一个全新的阶段，对于研究战争的学者来说，克劳塞维茨的理论是无法取代的，其大部分内容都可成功地应用于解决现代问题。美国著名军校都把《战争论》列为必读书目。英国军事历史学家迈克尔·霍华德指出，克劳塞维茨的这部作品可能在许多年里都将成为一切认真从事战争与和平问题研究的人的基本典籍，他的著述把战争研究引向了一个全新的天地，成为日后战争新理论的生长基础。《战争论》在日本也备受推崇，被视为最重要的古典军事著作。德国军事思想家们也视克劳塞维茨的理论为经典，并认为正是这部作品造就了一批优秀的德国指挥官。德国总参谋长施利芬说："克劳塞维茨播下的种子，在1866年以及1870—1871年的战场，已经结出累累硕果。从根本上说，我们的指挥在那里所表现出来的优势，完全渊源于《战争论》这部作品，通过它造就了整整一代杰出的军人。"德国战史大师罗辛斯基认为，《战争论》是迄今为止最深入、最渊博、最系统的战争研究，而且极具现实意义。

《战争论》不仅为西方军事学、战略学奠定了基础，成为人类历史上公认的体系完整的军事战略学著作，而且也是马克思主义军事科学的重要理论来源。马克思认为，克劳塞维茨具有近乎机智的健全推断能力。恩格斯称克劳塞维茨是普鲁士军事学术界的第一流人物，"在军事方面同若米尼一样，是全世界公认的权威人士"。列宁曾高度评价克劳塞维茨关于"战争无非是政治通过另一种手段的继续"的论断。

1910年《战争论》由日本传入中国，1911年《战争论》中译本在中国保定陆军学堂问世。毛泽东在指导中国革命战争的过程中，也曾多次研读克劳塞维茨的这部著作，他的军事作品中就批判地吸收了《战争论》中的"战争无非是政治通过另一种手段的继续"、"消灭敌人军队和保存自己军队"等观点与理论。早在1938年，毛泽东就曾在延安组织过一个"克劳塞维茨《战争论》研究会"，在延安学术界掀起过学习和讨论克劳塞维茨军事思想的热潮。1960年，毛泽东在接见到访的英国二战名将蒙哥马利时曾专门提到自己学过克劳塞维茨的理论。

## 二、《战争论》的运用

### 第一次世界大战

（一）战争背景

19世纪末20年代初，帝国主义国家围绕着争夺世界霸权和殖民地展开了激烈的斗争，欧洲列强之间的矛盾不断激化：普法战争中战败的法国不甘心失去欧洲大陆的霸主地位，德国则为提防法国着力扩军，俄国与奥匈帝国在巴尔干半岛的争夺上日趋尖锐，英德矛盾也因殖民地问题而加剧。1879年，在俾斯麦的推动下，德奥签署了具有明显的反俄性质"同盟条约"，意大利也加入这一阵营，1882年三国签署了"同盟条约"，德国成为同盟的核心。1892年，为对付"三国同盟"，法俄也达成军事协议形成同盟，协议规定一旦法国遭到德国或德国支持的意大利的进攻，俄国将全力进攻德国；反之，一旦俄国遭到德国或德国支持的奥匈帝国的进攻，法国也以全力进攻德国。自此，欧洲出现了两大军事集团对峙的局面。此后，随着英德矛盾的激化，英国于在1904年和1907年分别与法、俄签署英法协约和英俄协约。欧洲两大军事集团最终形成。

（二）战争概况

1914年6月28日，塞尔维亚国庆日，奥匈帝国皇储费迪南大公夫妇在萨拉热窝视察时，被塞尔维亚青年加夫里若·普林西普枪杀。这一事件成为第一次世界大战的导火线。一个月后，奥匈帝国在德国的支持下，以此刺杀事件为借口，向塞尔维亚正式宣战。随后，德国、俄国、法国、英国相继投入战争。交战的一方为同盟国的德国和奥匈帝国，以及他们的支持者奥斯曼帝国、保加利亚；另一方为协约国的英国、法国和俄国以及它们的支持者塞尔维亚、比利时、意大利、日本等国。原属同盟国的意大利，考虑到利害的关系，加入到了协约国方面的作战中。日本为了在东亚扩张势力和侵略中国，以1902年缔结的"英日同盟"为借口，在1914年对德国宣战，并迅速占领德国在中国山东的势力范围。

第一次世界大战爆发后，战争主要在欧洲战场上进行。英、法、比等国军队同德军对抗的西线，俄国军队同奥匈帝国、德国军队对抗的东线，是主要战线。其中，西线的战线具有决定性作用。这次战争可以分为三个阶段：1914年是战争的第一阶段。德军根据战前制订的施里芬计划，在西线首先发动大规模进攻，由于马恩河等战役中法、英、比军队的奋力抵抗和俄国在东线的进攻，使德军的速战计划破产。西线作战的双方修筑战壕，长期对峙，转入阵地战。1915年到1916年为战争的第二阶段。西线的"凡尔登战役"、"索姆河战役"和东线俄军的夏季攻势三次大型的陆地战役都发生在1916年。日德兰海战后，英国仍然牢牢控制着制海权。大战的战略主动权转移到了协约国一方。1917年到1918年为战争的第三阶段。1917年，美国参加对德作战，中国等国也相继投入战争，协约国的阵营增加到27个国家。此后，俄国爆发"二月革命"和"十月革命"，退出了战争。1918年11月，德国宣布投降，第一次世界大战以同盟国的失败而告终。

（三）策略点评

1. 消灭敌人是战争的真正目的

在波澜壮阔的第一次世界大战中，克劳塞维茨的众多战争观点都得到了现实的印证。一次次惊心动魄的会战与战役完美地诠释了克劳塞维茨所推崇的战争理论——"在战争中手段只有一种，那就是战斗。""用流血方式解决危机，即消灭敌人军队，这一企图是战争的长子。""只有在大规模的会战中才能决定重大的胜负。""关于那些不经流血而获得胜利的统帅的一切，是我们不想听的。"克劳塞维茨把战斗看成是用来达到战争目的的手段，"战争才是结束战争的唯一手段"、"一切军事活动都必然直接地或间接地同战斗有关"。

克劳塞维茨认为，"……在其他一切条件都相同的前提下，我们越想要消灭敌人军队，自己军队的消耗也必然会越大。"采取这一手段的危险在于：正是因为我们企图取得较大的效果，所以在做不到的情况下，反过来我们也会遭到较大的不利。在这里，克劳塞维茨自己说出了他的预言，在第一次世界大战中一次次得到了验证。

克劳塞维茨始终强调着"数量"优势的决定性作用,"一切行动都是或多或少以出敌不意为基础的,因为没有它,要在决定性的地点上取得优势简直是不可想象的"。克劳塞维茨在开始阐述自己的学说时指出,"战争无非是政治通过另一种手段的继续"。他认为,如果给战争哲学中引进一种限制与缓和的因素,那是大错而特错了,因为"战争是一种暴力行为,而暴力的使用是没有限度的"。如果战争是政治的继续,那么在进行战争的时候,也就必须考虑到战后的利益。一个国家如果真的把自己的力量消耗干净,那么它本身的政治也就会随之而破产。

克劳塞维茨本人对于他那条"无限制地使用兵力"的原则,反倒是有所限制的。他承认这样一个事实:作为战争最初动机的政治目的,在给武装力量确定目标和用兵分量时,都应该有一个标准。由于无限战争理论被普遍采用,竟使文明世界受到了严重的破坏。人们对他的理论缺乏深刻了解,致使第一次世界大战的起因和特点,受他理论的影响非常之大。从逻辑发展的角度来说,在第二次世界大战中仍然可以看到这一理论的后果。

2. 精神力量的运用

克劳塞维茨对战争理论的最大贡献,是他特别强调了心理因素的作用。他大声疾呼,反对那个时代中最时髦的几何学派战略。他明确指出,人类的精神要比那些作战线和作战角的观念重要得多。他分析了战争中"危险"和"劳累"对于军事行动的影响,"勇敢"和"决断"的价值。这些足以表明,他对此是有深刻认识的。克劳塞维认为:"战争的目的并不始终都是为了消灭参加战斗的军队,不必经过实际的战斗,只要部署了战斗并通过由此形成的态势,就往往可以达到战斗的目的。"

在为军事目标下定义的时候,克劳塞维茨曾使自己的战略趋向于纯粹的形式逻辑。他认为,"使敌人无力抵抗是战争行为的目标","至少在理论上必须这样"。他接着说:"要敌人服从我们的意志,就必须使敌人的处境比按我们的要求做出牺牲更为不利,这种不利至少从表面上看应该不是暂时的,否则,敌人就会等待较有利的时机而不屈服了。因此,继续进行的军事活动所引起的处境上的任何变化,都必须对敌人更加不利,至少在理论上必须这样。作战一方可能陷入的最不利的处境是完全无力抵抗。因此,如果要以战争行为迫使敌人服从我们的意志,那么就必须使敌人或者真正无力抵抗,或者陷入势将无力抵抗的地步。由此可以得出结论:解除敌人武装或打垮敌人,不论说法如何,必然始终是战争行为的目标。"

第一次世界大战前夕,协约国与同盟国的政治家和军事家已经从以往的战争经验中直观地感到,为了动摇敌方的军心和士气,应当在军事会战的同时进行必要的心理宣传。20世纪初,以内燃机为动力的飞机、印刷机等现代交通和传播工具的发明与应用,恰好为实施传单心理战提供了强有力的物质手段。伴着战场硝烟的升腾,协约国与同盟国之间一场以打垮对方精神因素和士气为主要目标的攻心战也你来我往地展开。

3. 进攻与防御的问题

克劳塞维茨认为,进攻与防御是一个有机的整体。没有防御的进攻,就失去了缓冲与自我防护。进攻的目标一旦达成,便应转入防御。第一次世界大战期间的尼韦勒战役是一个能很好说明克劳塞维茨进攻防御理论的战例注脚。1917年四五月间,英法联军为彻底扭转西线战场的局势,计划由联军择强攻击,通过突击突破德军防御。英、法军队重兵集结、着力推进,法军第5、第6集团军(为第一梯队),第10、第1集团军在兰斯和苏丹瓦松之间(正面宽40千米)向伊尔松方向实施主要突击;英军第3集团军、第1和第5集团军各一部由阿拉斯地域(地段宽20千米)向瓦朗谢讷实施辅助突击;法军第4和第3集团军负责战役保障;俄军2个旅(1916年赴法)在主要方向参加第一梯队作战。主帅尼韦勒自信握有优势兵力(步兵师100余个、火炮1.1万门、坦克约300辆、飞机近1500架)并实施突然进攻,所以对战役胜利确信无疑。在主要突击方向上,法军投入进攻的兵力为59个步兵师和7个骑兵师,5000余门火炮,1000架飞机,约200辆坦克。法军当面为德军第1、第3(4月中旬前)和第7集团军,共有步兵师27个、火炮2431门、飞机640架。英法联军在辅助方向上的兵力兵器也比德军多1倍。英法联军预定突破敌人"齐格菲防线"的坚固防御,于4月9日在辅助方向、4月12日在保障方向转入进攻,在取得有限战果后战斗即陷入相持状态。4月16日,主要方向上的战役开始。德军指挥部获悉对方战役计划后,当即调动预备队加强第一线军队。法军步兵在徐进弹幕射击支援下,最初攻占第一阵地和部分第二阵地,尔后遭到有组织的火炮和机枪射击,伤亡很大,被迫后撤。第一梯队的128辆坦克中有57辆被击毁。英法军虽于4月17日及尔后数日(直至5月5日前)多次试图突破敌人防御,但均未达到目的。法军损失18万人,英军损失16万人,俄军士兵(2万)阵亡5183人。德军在兰斯附近损失16.3万人,在阿拉斯附近损失7.5万人。

克劳塞维茨的防御理论认为防御是一种较强的作战形式,进攻和防御是相互配合与转换的,他还特别强调要注重防御中的出敌不意。在第一次世界大战的索姆河战役中,协约国军队使用"单点突破,逐步攻击"的方法攻克敌方防御阵地。然而,密集的散兵群进攻战术在由混凝土、铁丝网、交通壕和交叉火力点组成的德国三层纵深梯次防御体系面前遭受重创,而为保持部队进攻顺序而不惜牺牲进攻速度的做法,使得德国方面从容调集部队到突破地段封闭缺口。在同盟国方面,由于缺乏快速机动手段及后勤保障困难,德军未能实现向敌纵深扩张,突破分割和歼灭协约国军主力的战役目的并未达成。之后,随着坦克在战场上大量运用,步坦协同进攻战术出现。在1917年的康布雷战役中,英军第3集团军在12千米长的突破地段上集中了1000门火炮,324辆坦克和一些飞机,在飞机噪音的掩护下,坦克开进至步兵进攻线,短暂猛烈的炮火准备后,单行步兵纵队跟随坦克发起冲击,10个小时就成功实现战术突破,深入敌纵深10千米。

# 第八章　用艺术的眼光审视战争

## ——若米尼的军事思想

## 第一节　若米尼与《战争艺术概论》

### 一、戎马一生的若米尼

安托万·亨利·若米尼（Antoine-Henri Jomini，1779—1869年），著名的军事理论家，曾在瑞士军队服役，法国拿破仑时期的将军，俄国的上将。

1779年3月6日，若米尼出生于瑞士帕耶讷市的中等官员家庭，从小受到良好的家庭教育。1779年10月，法国爆发了一场影响遍及欧洲的大革命。若米尼的少年时代就是在这样的战争年代度过的。他从小就对军事怀有极其浓厚的兴趣。少年时代他最喜爱的游戏就是率领小伙伴们在狭窄街巷里"打仗"、"战斗"，结束时，总要来一场由若米尼充任阅兵军官的"隆重的"阅兵式。1793年，14周岁的若米尼被父母送到巴塞尔学习银行业务，父亲希望他能在毕业后谋取一份既能赚钱又体面的工作。

1796年若米尼来到法国巴黎，先后在几家商业公司工作，后来成了一名股票经纪人。他在法国担任股票经纪人期间，正值拿破仑崭露头角，在欧洲所向披靡。整个法国都弥漫着对这位英雄的景仰崇拜之情。身处法国的若米尼，也常常为拿破仑辉煌成就而激动，立志做一个拿破仑式的英雄，在工作之余全身心地学习军事理论。不久后，若米尼毅然辞去待遇丰厚的股票经纪人工作，于1798年加入拿破仑的军队中，开始了军旅生涯。若米尼通过自学军事，潜心研究战史，1801年写出了其处女作《论大战术》。1803年，若米尼完成了另一部著作《大战术理论和应用教程》第1卷。其间，他曾先到法国求职，试图找个适合自己的工作，未能如愿。之后，他又带着《论大战术》的手稿,试图到俄军求职,结果又碰壁。

1804年,25岁的若米尼加入法属瑞士军团,先为后勤军官,后改任一般参谋。在拿破仑军中,他多次参加实战,表现异常勇敢,并显示出异乎寻常的军事指挥才能。1805年,他被任命为米歇尔·内伊元帅的副官。1806年,他被内伊元帅派去向拿破仑汇报作战情况,他那颇有见地的战况分析深得拿破仑的赏识,同时若米尼将自己的著作《论大战术》呈献给拿破仑,让这位法军统帅欣喜不已。当拿破仑读了若米尼《论大战术》书稿后,拍案而起:"年轻的瑞士人把我的全套战法都写出来告诉我们的敌人了!军政部为什么批准出版这本书?"过了一会,拿破仑平静了下来,又说:"我实在不必这么自扰。敌人的那些老将们根本不读书,而肯读书的青年人又不够资格有指挥权。不过,今后再出版这种书,必须由我亲自批准。"不久,若米尼被提升为上校,当了内伊的参谋长。在跟随拿破仑远征俄国时,若米尼担任斯摩棱斯克总督。他在此地建成了规模宏大的供给基地,还仔细地研究了斯摩棱斯克附近的地形,特别是江河渡口的特点。当法军撤出俄国时,若米尼帮助拿破仑选择撤军路线。他建议拿破仑选择别列津纳渡口撤退,一则可以使法军撤军途中可以得到补给,二则可以出敌不意,减少损失。这一建议被拿破仑接受,在后来的法军撤退中证明了若米尼的远见,法军的实力得以保存。

若米尼参加的最著名的一次战役是包岑战役。包岑位于史普里河右岸,普俄联军10万人集结于此,阻挡法军前进。法军首先向俄军发起进攻,夺取了包岑城,将联军驱出了第一道防线。这时内伊元帅的军队担任迂回包围的作战任务,但他有两个军团在柏林方向来不及赶回包抄,手下只有两个军团。内伊命令将军队提前运动指定地点,却停止攻击以等待总攻击命令,而法军正面正与联军作战。这时担任内伊军队参谋长的若米尼指挥第3军团在敌右翼侧后发起强攻,击溃俄军,并使普军陷于腹背受敌的境地。法军主力在拿破仑指挥下发起总攻,突破了敌中央防线,终于迫使联军全线撤退。法军虽然获得胜利,但由于内伊的耽搁,未能全歼联军以取得更大胜利。而法军胜利又是由于若米尼及时率军采取主动行动才促成的。若米尼在此战中的功劳最大。内伊十分高兴,建议拿破仑晋升若米尼为少将。这一建议遭到了拿破仑的参谋长贝蒂埃的反对。贝蒂埃对若米尼的军事才能十分嫉恨,生怕若米尼的提升会危及自己的地位。他借口若米尼的行动有疏忽之处,不仅拒绝提升他,反而宣布对他进行申斥。若米尼气愤至极,于1813年8月14日离开法军,来到设在布拉格的联军总司令部,投奔了俄国沙皇亚历山大一世。

亚历山大一世久慕若米尼的英名与才干。早在若米尼离开法军前几年,他就几次通过不同途径表示欢迎若米尼来俄军任职。若米尼的突然到来,使沙皇大喜过望,当即任命若米尼为侍从副官长,授中将军衔。为报答沙皇的知遇之恩,若米尼将自己的后半生都贡献给了沙皇俄国。但需要强调的是,若米尼从未把法军的作战秘密告诉亚历山大一世。他曾担任过沙皇及王子们的军事教官。除此之外,每当战争爆发时,他又担任沙皇的军事顾问。特别是在1828—1829年的俄土战争期间,若米尼任俄军总参谋长,参加了俄军作战计划的制订并亲自指挥俄军的行动。根据作战计划,俄军分两路向土耳其发动进攻。一路从巴尔干地区发动攻势。俄军主力15万人首先进攻摩尔多瓦和萨拉儿亚,计划攻占这两个公国后再以最短线路向土耳其首都君士坦丁堡推进。另一路从高加索地区发动进攻。战争开始后,高加索方向俄军进展顺利,攻占了卡尔斯,并在阿哈尔齐赫会战中打败土军。1829年又攻占埃里温。而在巴尔干战场,俄军主攻方向进展并不顺利。在围攻瓦尔纳时,遭遇土军顽抗,久攻不下。若米尼亲自同沙皇到前线督战,经3个月围攻,损失了大约三分之一的兵力后,终于攻占了巴尔干这个战略要地。1829年初,若米尼指挥俄军加强攻势,任命伊万·伊万诺维奇·季比奇为巴尔干方面军的统帅。6月发动第二次多瑙河战役,攻下重镇锡利斯特拉,大破土耳其军队,乘胜翻越巴尔干山脉,向君士坦丁堡进军。西方列强出面干涉,最后俄土双方签订和约,俄军获得重大胜利,空前地巩固了它在巴尔干和高加索地区的地位。俄国之所以获胜,若米尼功不可没。

战争结束之后,若米尼主要从事军事教育和著述工作。由于长期征战,若米尼的身体受到很大损害。1848年他退休去比利时,想颐养天年。1853年,克里米亚战争爆发,他又应沙皇之邀,回到俄国任军事顾问。他亲自参加了军事计划的讨论和制订,为战争初期俄军打败土耳其军立下了汗马功劳。克里米亚战争后期由于英法等国的军事介入,力量对比悬殊,俄军最后战败。若米尼于1855年离开了俄国,回到了法国,把自己的后半生全部投入了著述和写作,1869年3月22日若米尼在法国去世。

## 二、《战争艺术概论》简介

若米尼在其戎马生涯中,一直笔耕不辍,著作等身。从1801年写出其第一部著作《论大战术》起,到1856年完成著作《战争艺术概论·续编(二)》为止,其著述的历史长达55年之久,数量之多也难以准确计量(有说约30部,也有说约60部)。其主要著述包括《论大规模军事行动》,15卷的《法国大革命战争军事批判史》,4卷本的《拿破仑的政治和军事生涯》,《1815年战局的政治和军事概论》以及《战略战术综合研究入门》等。

尽管若米尼著述颇多,但其享誉世界的代表作是《战争艺术概论》(又译《兵法概论》)。该书第 1 卷写于 1803 年,原名为《大战术理论和应用教程》。之后写出该书第 2 卷,并于 1805 年将其改名为《论大规模军事行动》在巴黎出版。该书第 3、第 4 卷成书于若米尼在提尔西特和约签订后滞留柏林期间。该书第 5、第 6、第 7、第 8 卷成书于 1816 年。在若米尼任尼古拉一世军事顾问期间,尼古拉一世认为该书很有价值,于 1813 年请若米尼将其翻译成俄文,以作为俄国军事院校的教材之用。于是,若米尼便着手对该书进行修订补充,除对原有章节进行调整外,还就信念战争、民族战争、最高作战指挥、军队士气、作战区、作战线、战略预备队等问题,增设了一些新的章节。1837 年书稿完成后,根据书商的意见,又将该书更名为《战争艺术概论》,于当年出版了法文版,1838 年出版了该书英文版,1839 年出版了该书俄文版。

1849 年,若米尼又为《战争艺术概论》撰写了《结论》,并将《战略概述》、《良好战略眼力的养成方法概述》编入该书《续编(一)》。1856 年,又撰写了《续编(二)》。可见,从若米尼最初撰写《大战术理论和应用教程》起,到 1856 年最终完成《战争艺术概论》,该书的写作时间跨度长达 53 年,足以显现若米尼为这部传世之作所花费的大量心血。

《战争艺术概论》全书约 38 万字,主要包括战争政策、战争哲学、战略、大战术与交战、战略战术性混合作战、战争勤务和三个兵种的单独或联合使用等 7 章 47 节,另有 1 个结论,1 个补遗、2 个续篇及 7 幅附图。《战争艺术概论》通过总结法国大革命尤其是拿破仑战争的经验,创立了 18 世纪末期和 19 世纪初期的战争艺术理论,其中提出了一系列至今犹有指导意义的军事理论观点,诸如:在所有兵法的理论中,唯一合理的理论,就是以研究战史为基础的理论。罗马人有一条著名的古训:千万不要同时进行两场大规模的战争。在一个长期的和平阶段中,保持军队的战斗力特别重要,因为军队的战斗力在和平时期最容易退化。在这方面最重要的是保持军队的士气,举行大规模演习训练军队。不论国家实行什么制度,作为一个英明的政府,其一贯的宗旨应该是:提高军职的地位,以培养居民的光荣感和英勇精神。否则,这个政府就可能受到子孙后代的谴责,就可能使国家遭到拜占庭帝国的命运……若米尼在《战争艺术概论》中所提出的上述观点,是对当时建立在封建君主制度基础上的原有军事思想及作战原则的否定,也是对法国革命群众和军队所创造的新的军事体系和作战原则的科学概括。因此,《战争艺术概论》出版之后,很多国家竞相翻译出版,并作为军官必修教材,对西方军事思想产生了极为深远的影响。各国军事家、军事理论家把《战争艺术概论》同克劳塞维茨的《战争论》相提并论,《战争艺术概论》被奉为西方兵学经典,若米尼也被称为兵学巨匠。

## 第二节　若米尼的军事思想

若米尼在其军事理论著作中,对战争的规律、性质、战略战术、军队建设等方面进行了论述,创立了较完善的军事理论体系。结合《战争艺术概论》,我们可以从战争的哲学和战争的艺术两个方面对若米尼的军事思想进行解读。

### 一、战争的哲学

（一）战争规律可循

19世纪初叶,军事理论家们对战争有无规律仍持有怀疑的态度。法国元帅莫里斯(萨克森伯爵)在其著作《幻影》一书中写道:"战争是一种充满阴影的科学,在这种阴影下,一个人在行动时是很难有把握的……所有的科学都有原理,唯有战争的科学独无。"英国军事理论家亨利·劳埃德虽然承认有军事科学的存在,但也认为,军事科学研究的只是军队准备战争问题,作战问题则不成其为科学,它只是统帅天才的专长。至于军事学术,既没有任何规则可言,也谈不上规律性。

若米尼在《战争艺术概论》一书中,不同意对战争规律的"不可知论"和"怀疑论"态度。他承认,以往那些曾就战争著书立说的伟大统帅和文人们并没有给后人提供任何原理。"这些书中过去所写的,只是作者想象的一些片断,其内容通常是战术中的一些最次要的细节,而战术则为战争中唯一无一定规律可循的部分"。然而战争作为人类的一种社会活动形式,"的确有几条为数不多的基本原理,若是违反了它们,就一定会发生危险;若是能好好地运用它们,则差不多总是可以成功的"。在通过对从罗马名将恺撒到法军统帅拿破仑等人所进行的著名战例研究之后,他更加坚定地相信:"战争艺术是永远存在着的,尤其是战略,不论是在恺撒时代,还是在拿破仑时代,都是一样的。"只是可惜这种存在于古今名将头脑里的东西,还只是些个人的战争经验,尚未被以往的军事理论家充分总结出来。若米尼认为,自己是第一个对一般战争原则的存在及这些原则在战略上对战争区各种局势的应用进行论证的人。诚然,关于战争的理论,不能像精确的数学计算那样,来教会每一个人在所有各种可能的情形中,应该如何行动。但战争的规律可以告诉人们,哪些错误是必须加以避免的。"这类规律若被一位指挥着一支英勇部队的将领所掌握,那么它们就能成为夺取胜利的可靠保证"。

那么,若米尼所认定的战争规律的主要内容是什么呢?从《战争艺术概论》所强调的内容看,它主要包括:全部战争的锁钥在于集中主力,攻击敌军一翼或一点;进攻是一种最积极的战斗类型,而防御则是为在适当时机转入进攻所采取的临时待机行动;克敌制胜的唯一方法是交战;为了取胜,必须坚决把主力投到决定点上,力求对敌翼侧采取迂回包围,同时对正面进行突击;在无法对敌翼侧迂回包围时,则坚决从正面突破,将敌分割成几个部分然后各个击破;初战获胜后,应适时转入坚决连续的追击,力求全歼或彻底打垮敌人;等等。

若米尼强调战争有规律可循,重视掌握战争法则对夺取胜利的重要指导意义,但他并没有因此走向另一个极端——将战争理论绝对化。他特别反对普鲁士军事理论家比洛的所谓"战争体系"观念。因为这种体系就像烹饪家的菜谱一样包罗万象,对一切军事问题都有严格的硬性规定。在他看来,"战争远非是一门精确的科学,而是一出令人恐怖、充满激情的戏剧,虽然这出戏剧只能遵循三四条共同原则,但其结果却取决于大量错综复杂的精神因素和物质因素。"所以,成熟的战争理论不能带有学究气,不能下绝对化的公式,从而给最伟大统帅的天才套上枷锁。它应当是一门艺术,应当只是言简意赅地指出某些基本原理,使一个最伟大的天才在对于战争的一般指导中,能有最大的自由,而不受一些固执规则的束缚。它甚至能促进天才的发挥,提高天才对自己灵感思想的信心。

在军事理论的发展上,若米尼一方面认为战略是服从于实证科学公理的教条式规律,具有相对的稳定性。军事技术上的新发明,使军队已有可能在组织、武器,甚至战术上进行一场大革命。唯一不变的东西只有战略,从西庇阿和恺撒,直至腓特烈、彼得大帝和拿破仑时代,战略原则都是一样的,因为它们不受自然条件、武器性质和军队编制的影响。但另一方面,他更强调战争艺术并没有达到一步也不需要再向前发展的程度。在太阳底下,尽善尽美的东西是没有的!若米尼认为,就是组成一个由卡尔大公或惠灵顿领导的委员会,让这个世纪的所有在战略战术方面的名流,以及最高明的工兵和炮兵将军都参加这个委员会,也不能使这个委员会创造出一套对所有军事领域,尤其对战术是完美、绝对和不变的理论。这种有些相互矛盾的理论认识,反映出若米尼仍然难以完全摆脱旧思想的束缚,也反映了他在军事理论上勇于破旧立新的基本态度。

(二) 培养尚武精神

若米尼在探索战争规律的同时,也认识到尚武精神在战争中会起到重要的作用。因此,如何培养人们的勇敢精神,同样是值得重视的问题。

若米尼指出:"如果政府不采取措施培养人民的尚武精神,那么它为建设军队而采取的一切最好的措施也都将是徒劳的。"他举例说,罗马人应把国家的强盛归功于人民的勇敢精神和尚武精神;可惜后来他们丧失了这种美德,不再以服兵役为光荣义务,而把服兵役的义务交给外籍雇佣兵,于是罗马帝国的衰亡也就不可避免了。若米尼特别指出:"假使在一个国家里,那些牺牲生命、健康和财产去保卫祖国的勇士们,还不如那些包税者和交易所的生意人受到尊重,那么这个国家就是非常可悲的!"为此,一个英明的政府应当采取以下措施来培养人民的尚武精神:一是使军队受到普遍的尊重和关怀。政府应当在平时就时刻关注军队的建设,健全预备兵制度;发展武器装备,储备作战物资;按高标准搞好军队的教育训练;尊重和扶持军事方面的人才等。二是保证那些曾为国家服役的人,具有优越的职业保障。若米尼列举了埃及中世纪的近卫兵和土耳其帝国的精兵,他们都树立了终身服役的思想;俄国、英国都规定军人的服役期限不得少于25年;古罗马法律规定,必须在军团服役满10年者,才有权转任文职。这都是保持旺盛士气的一种较好的方法。军人即使离开军队,政策也应当保证他们有优先候补官员空缺的权利。总之,"不论国家实行什么制度,作为一个英明的政府,其一贯的宗旨应该是:提高军职的地位,以培养居民的光荣感和英勇精神。否则,这个政府就可能受到子孙后代的谴责,就可能使国家遭到拜占庭帝国的命运"。

若米尼还认为,仅在民众中提倡尚武精神是不够的,必须在军队中鼓励尚武精神。如果军队本身缺乏这种精神,那么即使公民尊重军人,即使提高作为公民义务的服兵役者地位,也不可能在实际中带来好处,倒很可能致使国家的军队成为一支人数众多,但却没有价值的警察部队。

那么,如何在军队中鼓励尚武精神呢?若米尼提出:其一,军人要具有自我牺牲、英勇精神和责任感。必须使军人坚信,自我牺牲精神、英勇精神和责任感都是美德。如果没有这种美德,任何军队都不会受到尊重,都不可能得到荣誉。必须使人人都懂得,在失败时坚定不移,比在胜利时精神振奋更可贵。因为在强大敌人的攻击之下,需要有英雄主义精神,才能完成艰难的退却,并给敌人以顽强的抵抗,而不至于造成混乱。

其二,军队要养成吃苦耐劳的习惯。平时就应当使军队受到艰苦的锻炼,使军队永远具有并保持压倒敌人的优势,提高军队对伟大功勋的荣誉感。若米尼举例认为罗马军团衰亡的主要原因就是娇生惯养。早年罗马士兵在非洲的烈日下作战,都不觉得穿戴甲胄疲劳,所以令人生畏。可是后来罗马士兵在日耳曼和高卢的凉爽气候下都觉得甲胄太重,于是罗马帝国的末日也就来临了。

其三,要严明军队的纪律。必须在平时就养成维持秩序的良好习惯,严格执行纪律条令,以避免战时的惊慌失措和恐惧。即使出现这种现象时,也能迅速恢复秩序。如果没有纪律和秩序作保证,在恶劣的环境下,士兵就会各自逃生,自保性命而忘记团体,结果只能是溃不成军。若米尼指出:"一致可以产生力量,秩序可以保证一致,而纪律又是秩序的先导。如果没有纪律和秩序,是绝不可能取胜的。"

其四,对敌人的力量绝不可以过分轻视。如果不了解敌情我情,盲目自大,一遇到敌人顽强抵抗,己方军队的士气就可能动摇。

(三) 将帅成才之道

若米尼撰写并翻译《战争艺术概论》的初衷之一是将其作为俄国皇太子的军事教材,因此书中专辟有"军队统帅和高级作战领率机关"一节,对将帅在战争中的作用及其培养选拔问题进行了深入探讨。

若米尼在论述影响战争胜败的其他因素时认为:"与人民攸关的战争起因,和具有常胜威名的统帅,这是鼓励军队士气,并促使军队取胜的强大武器。"并认为,作战双方军队司令官的积极性和无畏精神,也是战争胜败的重要因素。他指出:"一支精锐的军队,在才能平庸的司令官指挥之下,能够创造出奇迹。而一支并非精良的军队,在一位伟大的统帅指挥之下,也能创造出同样的奇迹。但是如果总司令官的超人才能还能再加上精兵,就一定能创造出更大的奇迹。"他还认为:"一个统帅高超的指挥艺术,无疑是胜利的最可靠的保证之一,尤其是在交战双方的其他条件都完全相等时,更是如此。"

若米尼特别强调将帅选拔对作战的极端重要性,指出:"假使统帅的机智是取得胜利的最主要因素之一,那么就不难理解,对统帅的选择,是国家管理科学中最复杂的问题之一,也是国家军事政策中最重要的部分之一。"在若米尼看来,统帅的才能包括两个方面:一方面是善于审时度势和计划行动,另一方面是善于亲自使行动计划付诸实施,直到成功。但他又强调,选用高级统帅,最主要的还是看个人的素质和品性。他认为,军队总司令最主要的素质及条件应是:

其一,顽强的性格。军队总司令必须具有顽强的性格和勇敢的精神,能够做出伟大的决定,遇事冷静沉着,或具有体魄上的勇气,不惧怕任何危险。

其二,良好的品性。军队总司令应是一个勇敢、正义、坚定和公正的人,能够尊重而不忌妒别人的功绩,并能利用这些功绩来增加自己的光彩。

其三,精通战争理论并具有实际指挥能力。他认为,学问素养对军队统帅的指挥艺术发挥着重要的作用。而这里所说的"学问素养"主要是指与统帅的职业和任务有关的知识。在其他条件完全相等的情况下,一个出身于参谋、炮兵或工兵,并指挥过师、军的将军,确实比一个仅熟悉一个兵种或专业的人更适合于担任军队统帅。但也不应该一谈学问,就认为应该博学。事实上知道得少而精,特别是深刻而透彻地掌握军事指导原则更为重要。

若米尼认为,一位优秀的战略家是有资格做一个良好的参谋长的,但是一个总司令却需要有更严格的条件。他必须有高尚的人格、无比的精力和经得起考验的品性。当找不到一个屡经考验的确富有天才的伟大统帅时,最好是找一个在战争实践中确经考验的勇敢沉着的将军担任军队的指挥,并指派一个具有高度能力和坦率诚恳性格并善于协作的人担任参谋长,组织军队的统帅部。尽管这种双重指挥不能同弗里德里希一世、拿破仑或苏沃洛夫的指挥相提并论,但在没人能具备伟大统帅全部军事天才的情况下,这可能是最好的解决办法。

若米尼还认为,如果将帅是一个军事天才,那么即使他们部下和僚属的能力都不算太好,他仍然还有获得决定性胜利的希望。然而,真正伟大的将帅又不可能是很多的,加之选拔将帅的困难,因而有必要组织一个良好的参谋班子,来弥补将帅在某些方面的缺欠,并辅助将帅履行职责。他指出,幕僚就是主将的辅佐,所以他们对于作战也具有重要的影响。一个受过良好教育的幕僚组织,是一种最有用的军事组织。

## 二、战争的艺术

(一) 战略是进行战争的艺术

若米尼的《战争艺术概论》不是一部对战争问题进行全面阐述的著作,其理论分析的重点是战略战术问题。他借助于对历史上许多重大战例的深刻研究，特别是从拿破仑战争中所体现出的高超战争艺术，大胆、鲜明地提出了许多至今仍为人们所奉行的战略战术原则。1862年美国西点军校翻译《战争艺术概论》，译者就曾建议那些首次看到这本书的作者，可以从第3章《战略》读起，一直读完《补编（二）》，然后再回头读第1章和第2章。这样可以更深入地了解若米尼的在《战争艺术概论》中提出的战略战术。

若米尼认为，战略是在地图上进行战争的艺术，是研究整个战争区的艺术，是为入侵别国或保卫本国而在战场上指挥大军的艺术，是把一支军队的最大部分兵力集中到战争区或作战地区的决定点上的艺术。一句话，战略是进行战争的艺术。各国军队统帅在制订战略计划时，应当考虑到作战地区的决定点与目标点、作战正面与战略正面、补给与作战、要塞与战略、野战筑城与战略等各方面的关系，尤其要遵循以下几项基本原则。

一是采取各种措施集中兵力去攻击敌人。若米尼通过对腓特烈大帝和拿破仑等名将作战经历的研究，发现一个他们大获全胜的秘密，"这个秘密实在很简单，就是集中他的主力去攻击敌人的一翼而已"。为此，在进攻行动中，要强调运用战略计谋逐次将军队主力投入战争区的要点，并尽可能投向敌人的交通线；实施机动，使主力部队仅投入对敌军部分部队的作战；交战时，应以同样方法，利用战术机动，把主力用于战场的决定点上，或用于攻占敌军战线上的要点；在战斗行动中，应使主力不仅都用于决定点上，而且能在决定点上顽强一致地投入战斗，从而达到同时奋战取得胜利的目的。在防御作战中，集中兵力的原则同样不可忽视。若米尼主张在任何战略防线上都应确定作战点，以便在敌军越过我方战略正面时，集中优势兵力予以抵抗。而对次要的点，要敢于使用少量辅助部队"凭险，即依托坚固工事或江河进行防守，直至决战已经过去，或敌军主力已被击败为止"。如果敌军分散他们的兵力，企图切断守军的退路时，守军就应集中兵力，以众击寡，将敌军各个击破。

二是为了达到集中兵力的目的，应当正确选择作战战线的方向。若米尼认为，一般说来，每一条战线都可以分成左、右两个极端和一个中央，"在这三个方向当中，总有一个方向是对我方到达既定重要目标最为有利的，有一个方向是次有利的，而另一个方向则是最不利的"。"在明确了这一目标与敌人阵地之间以及这一目标与地理上各点之间的关系之后，有关战略机动和战术机动的每个问题都可以归结为一个问题，就是决定向右、向左或是向正前方机动"。对作战线方向的选择，不仅取决于当地的地理形势，也取决于敌人的兵力配置状况。人们对此所应当奉行的基本原则是，作战线的方向通常只能指向敌军中央或两翼之一。除非在兵力上占绝对的优势，才可以同时对敌军的正面和两翼采取行动。否则,在任何情况下,假使对敌军正面和翼侧同时采取行动,那就是犯了极大的错误。具体说来,假使敌军兵力分散,防御正面较宽,那么作战线的最好方向是指向敌军中央;在其他情况下,作战线方向就应该指向敌人的一翼,进而指向敌人的背后。因为对敌翼侧冲击只需要与部分敌军交战,还会给敌军造成背后被攻破的威胁,获取较为辉煌的战果。而攻击敌军中央,往往会被增援的敌军两翼所夹击。为了防止敌人事先可能会预料到我军必将攻击它的某一翼,除了加强保密以外,还可采取向一翼佯攻,同时向中央或另一翼实施真正进攻,以奇袭来获得胜利的办法。

三是适时进行攻防转换。若米尼认为,在作战的基本形式中,进攻和防御都是必不可少的。尽管进攻的有利方面是主要的,但将领也不可能为之刻意保持攻势。采取进攻和防御取决于当时的形势条件,如果说以进攻开始的战局不会转入防御,那是令人绝对不可置信的。战争艺术的实质在于把主力用到决定点上,而运用这一原理的首要手段就是适时采取进攻或防御行动,夺取主动权。很明显,"一个将领的最大才智,就是善于交替运用这两种作战体系,特别是善于在防御交战最激烈的时刻重新夺取主动权"。

(二)战术是指挥交战的艺术

若米尼认为,战术分大战术和交战两个层次。"大战术是巧妙组织和指挥交战的一种艺术"。大战术的基本原则同战略的基本原则一样,就是善于把握有利时机,把自己的主力用到战场上能决定胜利的要点上,并指挥步兵、骑兵、炮兵这三个兵种同时为促成胜利协调一致地行动。举凡战斗中选择阵地和防线,战斗中采取攻势防御,决定攻击敌人防线时的战斗队形和机动样式,两军遭遇交战和不预期交战,对配置在野外的敌军的突然袭击,指挥投入战斗的号令,对阵地和营垒的攻击等,都是大战术应当研究的内容。

若米尼还指出,战术是具体指挥战斗的艺术,是指挥师或独立支队独立作战的艺术,是在决定性的时机对决定点使用主力投入战斗的艺术,是在作战现场根据实际情况配置和使用兵力的艺术。然而,由于战斗中各种各样的因素都对其具有影响作用,战斗进程呈现出极富戏剧化的色彩,使战术的原则较为难于总结并善于变化。

依据具体情况具体分析的原则,若米尼分别对钳制攻击、渡河、退却和追击、登陆作战等情形下的军事行动,提出了一系列不可忽视的注意事项,还对步兵、骑兵、炮兵等不同兵种的运用原则及其相互之间的配合使用表达了自己的看法。

1. 积极进攻和防御的战术

若米尼对进攻和防御各自的类型、利弊等问题做了较为有益的探讨。他认为,一旦决定要进行战争,首先必须确定的问题就是,采取进攻行动还是采取防御行动。

若米尼首先探讨了进攻,认为进攻可分为三种类型:进攻敌国的全部领土或大部分领土的入侵战争;只进攻敌国一个省或一个有限防线的普通进攻;只进攻敌军某个阵地、只限于一次作战的主动行动。继而若米尼又结合这三种类型分别从政治和军事两个方面分析了进攻的利弊。他认为,从政治上看,进攻总是有利的,因为它可把战祸带到敌国领土,使本国免遭战争破坏,减少敌方的资源和增加自己的资源,提高己方的士气并打击敌军的士气。但进攻有时也会激起敌人的抵抗怒火,尤其是维系对方国家命运时更是如此。从军事上看,进攻则有利又有弊。在战略方面,如果进攻达到入侵战争的程度,使己方作战线伸入敌方领土则总是危险的。在敌国境内的山、河、隘路和要塞等一切障碍,总是有利于防御而不利于进攻的;当地居民及其国家当局也不会任入侵者摆布而当驯服工具的。不过,假使进攻获得成功,就能直接打击敌人的心脏,剥夺其军事资源,从而促使战争早日结束。

如果所采取的是为争取主权而实施的进攻,则进攻总是有利的。实际上,战争艺术就在于把主力用到决定点上,从而夺得主动权。显然,谁夺得主动权,谁就能明确了解自己的行动和目标,谁就能率主力到达应实施突击的地方;反之,谁只等待进攻,谁就会被动。因为敌人可能将其各个击破,而它则不知敌人将从哪里进攻,也找不到合适的防御方法。在战术方面,进攻虽然也比较有利,但又不及战略方面。因为作战的地域不会很大,所以即使夺得主动权,也不能完全隐蔽自己的行动,而敌方则可迅速发现我方行动,并立即使用强大的预备队预防危险。此外,攻方为达到敌人防线,总要越过当地许多不利的地形障碍,这就致使攻防的利弊几乎完全相当。

无论在政治和军事战略方面进攻如何有利,但不可能在整个战争过程中一直保持攻势。于是,若米尼又由此转入了对防御的探讨,并侧重论述了积极防御和消极防御的问题。

防御也是既有利又有弊。一般说来,守方总是处于不利的地位。它往往难以判断敌人究竟采取什么样的攻势行动,会从哪些方向进攻,自己相应采用什么样的应敌之策等,因而难免备多力分,常常被敌人所击败。但是,防御战争,如果经周密计划,不走极端,那么也有其有利的一面。若米尼指出:"防御通常可分为两种:一种是惰性防御,或称消极防御;另一种是积极防御,即同时也要实施突然进攻的防御。消极防御总是极为有害的,而积极防御则能取得巨大成功。"在他看来,一支军队只有在遭到失败,或敌人在兵力上占过大优势时,才可采取消极防御。但在这种防御中,应在地形掩护下,利用天然和人工障碍,尽量设法恢复均势,并加强一切能抵抗敌人的障碍。而被迫采取防御的指挥官则必须明确,绝不能采取单纯的消极防御,绝不能在固定的点上停留不动,静待敌方的打击。反之,它应使自己的作战行动加倍活跃,并争取主动,利用一切机会攻击敌人的弱点。若米尼还从实施战略战术防御和进攻的可能性上分析,从战略上看,谁把主力用于决定胜负的关键点上,对敌实施突击,谁就能夺取主动权,处于极大的优势。反之,谁在阵地上等待敌人进攻,谁就往往遭到出其不意的攻击,受到敌人行动的左右,处处陷于被动。

从战术上看,进攻不如防守有利,攻防的利弊几乎是均衡的。因为此时的作战地域没有那么大,主动进攻者无法隐蔽自己的行动,而守方军队却能及时发现攻方军队的行动,并用精锐的预备队立即进行调整补充。此外,还由于进攻者必须克服一些地形障碍,方能到达守方阵地,也将大大增加攻方进攻的阻力。

若米尼由此阐述说,许多最重大的历史事件都证明了一条更重要的真理:"任何一支军队,假使它只在阵地上不动,专等敌人进攻,那么久而久之它终究会被敌人击溃;反之,假使它能充分利用防御的长处,把攻方的优势变为它的优势,那么它就有希望取得最大的胜利。"一位将军假使像个木头人,专等敌人进攻,只在阵地上英勇抵抗,别无任何主见,他就终将被敌人击败。而另一位将军,则在等待敌人进攻时,采取大胆机动,并靠进攻行动将主力用于最重要的点上,就能取得精神上的优势。

总之,"一个将领的最大才智,就是善于交替运用这两种作战体系,特别是善于在防御交战最激烈的时刻重新夺取主动权"。"一个将领在交战中,不论采取进攻还是防御,都可能同样获得成功。但是,为了取得成功,他必须……不限于消极防御,而善于及时转守为攻"。

2. 兵种的单独和联合使用

步兵、骑兵和炮兵在战斗中分别有自己的运用原则。从原则上说,最好的进攻部署应当具有机动性、坚忍性和攻击力;而最好的防御部署也要求具有坚忍性,同时还要有最大可能的火力。

步兵是主要兵种,这一点毋庸置疑。步兵必须得到骑兵和炮兵的强有力支援才能取胜。没有它们的协助,步兵常常会陷入非常危险的境地,即使取得胜利,也只能是一半的胜利。骑兵的主要优点在于它的快速性、机动性和迅猛性,它的主要使命是准备或夺取胜利,扩展战果,迅速支援受威胁的地点,去击溃陷入混乱的敌人步兵,以及掩护步兵和炮兵退却,也可以发动对敌人骑兵的总攻击,把它们赶出战场,而后返回,以便更加自如地对敌人的步兵实施突击。骑兵可以攻击敌军两翼和后方,使其主将丧失果断的判断力,可以收到民众起义所能产生的几乎一切良好效果。炮兵是一个可怕的进攻兵种,同时也是一个可怕的防御兵种。作为进攻手段,一支强大的、运用巧妙的炮兵部队能够摧毁并动摇敌军战线,进而有助于攻击部队的突破。作为防御的一方,炮兵部队能使阵地的实力成倍增长,这不仅因为它能从远处对敌人造成伤亡,从远处给敌人冲击部队以精神上的震撼,而且还因为在以阵地为中心的局部防御中,或在霰弹射程的范围内,它都能发挥重大的作用。炮兵在攻击和防守要塞与筑垒兵营时同样具有相当重要的意义,因为炮兵是近代防御工事的灵魂。一支由上述三个兵种组成的军队,其指挥官应"根据地形条件,我方目标,以及假想的敌方目标配置各个兵种,并根据每个兵种的特点协调其同时行动,务必使其相互支援和配合,这就是战争艺术所能提出的建议。一个高级军官,只有通过对历次战争进行研究,尤其是通过作战实践,才能真正懂得上述概念,也才能具有适时地使用三个兵种的敏锐眼力"。

若米尼还着重指出,战术方面最主要的问题就是如何选择最适合于达成既定目标的战斗队形。此后,当大部分兵力在现地采取局部行动时,其行动方法可能表现为:骑兵的适时冲击;强大的炮兵部队能最适时的配置并展开(解除伪装);实施神速进攻的步兵纵队或成展开队形的师坚定沉着地以致命火力杀伤敌人;从翼侧和后方威胁敌人的战术运动,以及以任何其他的机动而动摇敌人的军心。尽管上述一切行动在不同的情况下都可以促成胜利的到来,但要确定什么时候应当侧重采取哪种行动,仍将是十分困难的事。

(三)战争勤务是军队移动的艺术

战争勤务实际上是关于战争准备的科学,是保障战略和战术使用的,也可以说是军队移动的应用艺术。战争勤务包括所有关于军队运动以及与之有关的一切事项。它主要由司令部来承担,包括一切有利于完成初期作战计划的措施;拟订行军和攻击的部署;保证军队完成集结后,能准确地、全建制地实施运动,同时采取侦察和隐蔽的各种常见措施;在军队行进时,采取措施防止道路堵塞;随着军队的前进或远离基地,根据良好的战争勤务准则组织作战线和兵站线。

此外,对敌方地形、道路等情况和敌军行动的侦察,指挥信号通过各种手段的传递,也是战争勤务必不可少的组成部分。战争中实施机动的最重要的条件之一,无疑是在下达命令之前,必须切实掌握敌人行动的情报。有五种可判断敌军行动的方法:第一种方法是建立一个完善的花费巨大的间谍网;第二种方法是由精干的军官和轻装部队进行侦察;第三种方法是通过审讯战俘获取情报;第四种方法是根据两个不同的基地进行最大可能的推测;第五种方法,就是信号法,虽然这种方法主要用来发现敌人,而不是为了弄清他们的意图,但仍然可以将之列入上述方法的范畴。而真要详细掌握敌军的内部情报,最可靠的方法莫过于间谍活动。

战争的哲学和战争的艺术是若米尼军事思想的核心观点。今天,若米尼军事理论的大量具体内容早已过时,但有一句名言是永远闪光的。他说:"今天绝不可说战争艺术已经发展到尽善尽美,不会再有进步,要知道,在太阳光下没有一样东西是完美无缺的。"

## 第三节  若米尼军事思想的影响与运用

### 一、若米尼军事思想的影响

若米尼与克劳塞维茨被称为19世纪上半叶资产阶级军事思想的两大代表。尽管若米尼的思想不可避免地带有时代的烙印和诸多自相矛盾的缺点,但《战争艺术概论》的出版,对欧洲军事理论界的影响非常巨大。假如说克劳塞维茨的《战争论》是一本很难读的"天书"——出版20年后,1500本都还没有卖完,那么若米尼的《战争艺术概论》就算得上是一本相当轻松的作品,出版之后到处畅销。英国当代战史大师霍华德称其为"19世纪最伟大的军事教科书"绝非溢美之词,而若米尼本人则宣称:"我深信这本书对于国王和政治家都是极适当的教材。"正是基于若米尼在当时欧洲军事理论界的声望,他在俄国期间,先后被邀请担任俄国沙皇亚历山大一世、尼古拉一世的军事顾问,为他们提供了许多有影响的军事建议。在法国,军队仍采用他的《战争艺术概论》作为军校教材。1859年,法国皇帝拿破仑三世准备向奥地利进行军事冒险时,也没有忘记专门征询若米尼的意见。无产阶级革命导师恩格斯对若米尼也是充分肯定的,说他是描写拿破仑战争"最好的著作家",在军事理论方面同克劳塞维茨一样,是军事领域"全世界公认的权威人士"。

若米尼在近代西方资产阶级军事思想形成的过程中,第一个将拿破仑的军事学说整理出来供世人研究,并明确提出战争确有规律可循,要集中主要兵力用于战场的决定点上,要善于适时进行攻防转换,要培养民族的尚武精神,要认真选择军队统帅和参谋长,妥善处理国家元首与军队领导之间的关系等一系列观点,这对西方资产阶级军事思想的形成和发展起到了较大的推动作用,为近代军事科学的建立奠定了基础。

在《战争艺术概论》中,若米尼认为,一般来说,战争艺术分为五个纯属军事问题的组成部分——战略、大战术、战争勤务、工程艺术和基础战术。他提出的"大战术"理论,为战役学的建立提出了一个较为完整的体系。"大战术"理论是近代西方军事思想史上较早明确而又系统提出的战役理论,它以对近代战争特别是拿破仑战争的交战(会战)战例的研究为基础,将思维的触角伸向了军事理论的一个重要领域——战役学,从而使若米尼的有关见识远远走在时代的前面。若米尼认为,战争是有规律可循的。战争理论虽然不能像数学那样精确计算,不能教会人们在各种情况下如何行动,但是战争规律可以告诉人们哪些错误是必须避免的。他也并没有将战争理论绝对化,他认为成熟的战争理论不能带有学究气,不能定下绝对化的公式而给军事统帅套上枷锁。相反战争理论应当是一门艺术,应当只是言简意赅地提出基本原理,使一个伟大的天才在指挥战争时有最大的自由。他承认战争规律具有相对的稳定性,同时又强调战争艺术是向前发展的。若米尼提出了许多有价值的战略计谋理论,提出了进行战争应当遵循的基本原则,提出了积极防御的军事行动,对战术原则、尚武精神、将帅培养等问题也提出了非常有价值的观点。《战争艺术概论》一书的真知灼见,奠定了其军事理论名著的历史地位。

《战争艺术概论》出版之后,许多国家竞相翻译出版,并将之定为军官必修教材,对后世产生了极为深远的影响,西方军事教育至今仍将其奉为圭臬。在美国南北战争中,作战双方军队的每一位将军的背囊里,都少不了这部著作。就连中国早期出使欧洲的大臣郭嵩焘,在与欧洲军界接触时,西方将帅所推荐的军事理论权威同样是若米尼的《战争艺术概论》。据说,现代"海权论"鼻祖马汉在撰写《海权对历史的影响(1660—1783)》时,从若米尼的《法国大革命战争军事批判史》《战争艺术概论》两部书中获益很多。他所阐述的海上战略线和战略要点的理论,十分明显是从若米尼那里移植过来的。对此马汉本人并不否认。1897年,日本海军军官秋山真之奉命赴美深造,一踏上美国领土,他便去拜访慕名已久的马汉,想要从他那里讨教海战战略的真谛。谁知,马汉首先劝他阅读《战争艺术概论》一书。秋山真之后来才了解到,"海权论"的创立,与马汉从《战争艺术概论》中学习战争原理,并创造性地将之应用于海军是分不开的。他终于明白了马汉将一本讲陆战的理论书作为海军战略入门书的真正原因。

若米尼和《战争艺术概论》不可避免地反映出某些形而上学与机械论的色彩,如认为战略是永恒不变的,拿破仑的统帅艺术是不可动摇的典范,夸大将帅在决战中的作用,低估政治、经济因素对整个战争的影响等。但这并不影响该书的不朽地位。《战争艺术概论》问世至今,虽然已经过去了一个多世纪,但仍具有强大的生命力和广泛深远的影响,世界各国的军事思想界仍将其作为军事理论的经典著作之一。

## 二、若米尼军事思想的运用

### 马其诺防线

马其诺防线,第二次世界大战之前位于法国东方所设的防御工事,由钢筋混凝土建造而成,十分坚固。从1929年起开始建造,1940年才基本建成,造价50亿法郎,其名称来自当时法国的陆军部长马其诺的姓氏。由于造价昂贵,所以仅防御法德边境,至于荷兰则由英法联军做后援。防线主体有数百千米,主要部分在法国东部的蒂永维尔。防线内部拥有各式大炮、壕沟、堡垒、厨房、发电站、医院、工厂等,通道四通八达,较大的工事中还有有轨电车通道。

由于法比边界的阿登高地地形崎岖,不易运动作战,且比利时反对在法比边界修建防线,所以法军没有多加防备,但万万没有想到德军会由此突破。1940年5月德军诱使英法联军支援荷兰,再偷袭阿登高地,联合在荷兰的德军将英法联军围困在敦刻尔克。而马其诺防线也因为德军袭击其背部而失去作用。

若米尼军事思想的运用:若米尼认为:"任何一支军队,假使它只在阵地不动,专等敌人进攻,那么久而久之它终究会被敌人击溃;反之,假使它能充分利用防御的长处,把攻方的优势变为己方的优势,那么它就有希望取得最大的胜利。"

# 第九章　瞄向大洋的深邃目光

## ——马汉的海权论思想

## 第一节　马汉与海权论

### 一、海权论鼻祖马汉

阿尔弗雷德·赛耶·马汉（Alfred Thayer Mahan）出生于1840年，是美国著名的海军理论家。19世纪80年代马汉提出的海权论对世界各国海军的建设和发展产生了重要影响。马汉于1890年出版的《海权对历史的影响（1660—1783）》成为其海权论的奠基之作。这部作品一经出版便风靡世界，译本众多，再版达30余次，成为各国军政界人物的必读之作。

马汉家学深厚，父亲曾是当时西点军校最年轻的教授。马汉自幼酷爱读书，尤其对战争回忆录有着浓厚的兴趣。1854年，马汉进入纽约的哥伦比亚学院。1856年，马汉经过反复思考，毅然转入位于马里兰州的安纳波利斯海军学校学习。1859年，马汉以优异成绩毕业并进入联邦海军服役，成为护卫舰"国会号"上的一员。不久，马汉经历了南北战争的历练，1865年晋升为海军少校。战后，他曾先后在多艘护卫舰、巡洋舰上担任过舰长。1875年，马汉加入"美国海军研究协会"。1885年他告别了海上生涯，成为美国海军学院的教授。执教期间，马汉不仅讲授海军战史、海军战略，也开始了他的写作生涯。这一时期，马汉阅读了大量军事书籍并进行了深入的分析，从而在此基础上对海权问题进行了逐渐深入的关注与思考。在这个军事工业快速发展和变革的时期，海军迅速进入大炮巨舰的时代。马汉在1886年到1893年间两度出任海军学院院长，期间构建起舰队战术体系，并亲自授课、制作模型，对美国现代海军的发展产生了广泛而持久的影响，被誉为"海军中的若米尼"。

1896年马汉退而不休,继续研究写作相关海权论著。1898年担任美西战争的指挥官。1899年第一次海牙和平会议上,马汉以美国代表团顾问身份及美国海军作战委员会委员出席,坚决反对裁军。1902至1903年马汉当选为美国历史学会的主席,并成为罗斯福总统发展世界海军强国的重要智囊。1906年美国国会通过法案,把所有曾在内战时服役的海军上校皆升为少将。马汉虽接受了这份荣誉,但在著作上,仍保留其上校军衔。1908年,马汉出任美国海军事务委员会主席。

作为美国历史上最著名、最有影响的海军战略理论家和历史学家,马汉的军事思想深受古希腊雅典海军统帅地米斯托克利及政治家伯里克利的影响。他一生笔耕不辍,出版过20多部专著,著述颇丰。其中,《海权对历史的影响(1660—1783)》《海权对法国革命及帝国的影响》《海权的影响与1812年战争的关系》这三部作品被称为"海权论三部曲"。1911年出版的《海军战略》是马汉的最后一部重要的军事理论著作。

### 二、海权论简介

海洋以其丰富的资源、广袤的面积、无限的潜力,自古以来就成为人类活动的重要区域,海上的摩擦与争斗在人类战争历史的演绎中扮演着重要角色。随着工业革命、技术革命的勃兴,强国之间海上的争夺日益频繁。

在马汉眼中,海洋利益对于一个国家的强大至关重要,海权与国家兴衰关系密切。马汉指出:"海权的历史,虽然不全是,但主要是记述国家与国家之间的斗争,国家间的竞争和最后常常会导致战争的暴力行为。"他认为,海权的历史,主要是一部军事史,并明确提出:制海权对一国力量最为重要,一个国家要控制海洋必须永远进攻。

1890年马汉"海权论"系列的第一部作品《海权对历史的影响(1660—1783)》在美国波士顿发行。这部军事作品第一次系统论述了海权的性质、地位和意义,强调了海洋在人类生活中的重大作用,总结研究了有史以来众多经典的海上战争及其影响,进而明确提出了制海权对一个国家国运兴衰的决定性作用。这标志"海权论"的正式创立,也确立了马汉在世界海军史和海军战略理论界的权威地位。从此,马汉被视为"海权论"鼻祖。

《海权对历史的影响(1660—1783)》一书是马汉海权理论的奠基之作,全书共14章,约42万字。书中第一章论述了海权的众多要素,其余各章分别探讨了包括英荷战争、比奇角海战、拉乌格海战、西班牙王位继承战争、马拉加海战、英西战争、七年战争等在内的,从1660年到1783年间西方世界与争夺海权相关的历次战争。通过对历史上的海战与战例的分析,该书以开创性的视角概括阐释了较为系统的海军战略理论。

马汉提出的海权思想引起全世界的关注,流传甚广,影响深远,他的思想不仅对海权的历史进行了很好的总结,也充分反映了世界主要军事大国对海洋战略地位重要性的认识。进入20世纪以后的两次世界大战以及世界战略格局的变化,也充分验证了他的观点。其海权论对日后各国政府的政策影响甚大,英、法、德等世界军事强国纷纷将其作为制定国家发展战略的重要参考与指导。

## 第二节　马汉的海权论思想

海权,即海上权利的简称,顾名思义就是拥有或享有对海洋或大海的控制权和利用权,是"国家主权"概念的自然延伸。海权的范围涉及军事、政治、经济等多个领域。海权不仅仅是简单的控制问题,更重要的是用海洋来开拓一个新的舞台,一个新的时代。海洋对濒海国家的生存与发展有决定性的意义,而要拥有海权,就必须发展强大的海军,海权意味着凭借海洋或者通过海洋使一个民族强大。

### 一、海权认识论

在马汉看来,"海权的历史,从其广义来说,涉及了有益于使一个民族依靠海洋或者利用海洋强大起来的所有事情。但是海权的历史主要是一部军事史"。尽管海军武器由于科技的进步发生了很大的变化,但研究过去的海战史,可以使人们从中学到一些正确的学说和普遍适用的原则。马汉特别指出:"在包括整个战场的这些大规模作战中,和可能涉及地球大部分的海上竞争中,历史的教训具有比较明显和比较经久的作用,因为许多条件在较长时期内是不变的。战区的大小可能不同,其困难可能明显或不明显,敌对两军可能强弱不一,必要调动的难易可能各异,但是所有这些只是规模和程度的不同,不是本质上的不同。随着野蛮被现代文明取代,随着通信手段倍增,道路畅通,河流上架起了桥梁和食物来源不断增加,作战活动也随之变得更容易、迅速、广泛,但是作战活动所必须遵循的原则仍然没有变。"

马汉认为濒海国家的历史不是由政府的精明和深谋远虑决定的,他将影响各国海权的主要条件概括为地理位置、自然结构、领土范围、人口、民族特点和政府的性质六个方面,这就是著名的海权"六要素"论。

从地理位置来看,对于一个国家而言,最理想的地理位置是居中央位置的岛屿,并靠近主要的贸易通道,有良好的港口和海军基地。这样的位置,进可攻退可守,足以获得对抗外敌入侵的相当安全的保障,同时又便于打击敌人。马汉举英法两国为例,英国以英吉利海峡和欧洲大陆相隔,不仅有水为屏障,而且距欧洲大陆近,因此不须维持大陆军,可集中国力发展海权,以优势的海军来封锁欧洲大陆港口、控制出入欧洲北部的航线。法国则由于地理原因,不仅要维持大陆军,其海军也必须分驶大西洋与地中海,因此在海权竞争中,法国相对于英国而言便居于劣势。

一个国家领土的自然结构是影响海权发展的第二个因素。海岸线长度和港湾的优劣状况决定着国家向海洋发展的难易程度和先天潜力的大小,陆上土地的肥沃程度则影响着对海洋加以利用的意愿和需求。如土地贫瘠、海岸无险可守的荷兰被迫走向海洋,荷兰人的探险精神从此以后也写就了一段辉煌的海上历史。岛国及半岛国家受限于地形方面的因素,若欲发奋图强,则必须重视海权的发展。

领土范围在海权发展中是一个重要因素,它包括国家的总面积、海岸线的长度和港口的特点。马汉认为,一定面积的领土是国家发展海上力量的基础,同时还要有与之相匹配的人口、资源等。美国领土面积虽然不如俄国大,但美国拥有面向大西洋和太平洋的漫长海岸线和众多良港,从领土结构来看明显优于俄国。拥有广大又富饶的海外殖民地及优良海港,有利于舰队补给、维修,对延伸海军战斗能力有很大帮助。18世纪英国在地中海南岸拥有众多海外基地,因此得以封锁法国海岸,拥有地中海制海权。

海权国家的人口数量,"并非仅仅指全国人口总数,而是指从事于海洋事业的人口数量,或者至少能够迅速为航海业所使用且从事海洋物质生产的人口数量",这些无疑为储备海军后备力量提供了基础条件。海权国家不仅应有相当数量的从事航海事业的人口,而其中直接参加海洋生活的人数更应占相当高的比例。从某种程度而言,一国包括航运、贸易等在内的航海业也决定着其海军在战争中的持久力。在这方面,英国便是一个典型的例子。

海权国家的民族特点很鲜明。马汉认为:"发展海权所必需的最重要的民族特点是喜欢贸易,包括必须生产某些用来交换的产品"。作为国家持久力的海权不仅是一种军事建制,而且应是建立在民族特点和追求之上的。如果国内民众以向海洋寻求财富为荣,重视商业与海外贸易,该国的航海事业自然发达。葡萄牙和西班牙的海权建立在对海外财富的掠夺之上,而非以海外贸易为支撑,因此当面临荷兰与英国强大的海上贸易竞争时,便处于弱势。海洋商业与海军的结合,再加上殖民地的开拓,终使英国成为海权霸主。

海权国家的政府特征是指政府的特点和采取的政策对海权影响的价值取向。一个具有战略眼光的国家会明智地把发展海权作为关系国家兴衰的大事来看待,并颁行政策发展各项海洋事业,支持本国海上军事力量的建设与壮大。英国在颁布了著名的《航海条例》后,国家政策即一直以追求海外殖民地、海上贸易和海军优势为目的,其海军得到了前所未有的发展机遇,为此后的海外扩张奠定了现实基础。

**二、海军建设思想**

在海权的六个要素基础上,马汉对海军建设也进行了研究。

马汉认为,"海军从严格意义上说,其需要起源于和平时期的航运的存在;有了和平的贸易和航行,海军才能自然地、健康地成长,才有牢靠的基础。"由于殖民地之间的海外贸易总是跟着最为便捷的航路走,在辽阔大洋的某些海域自然而然地形成了一些流量巨大的固定商业航线,激烈的竞争不可避免,竞争日益激化最终的解决就是向诉诸武力的方向发展。于是,作为海上常备的武装力量的海军舰队就应运而生了。

他指出,海军是取得制海权的力量,是国家历史的决定因素,对战争胜负起重要作用。海军是攻势作战中的主要力量,一个强盛的国家需要一支强盛的海军。在战争中要取得胜利,必须拥有一支能够争夺制海权的海军。马汉引证英国在拿破仑时代的战争中获得海上霸权的事实,来证明欲发展海权必须以强大的海军控制海洋,以掌握制海权。海权的发展属外线作战,以攻击为主要任务,陆权则以防御为主。唯具有优势的海军、优良的海外基地和海港,才能与敌人抗衡,发挥海权的力量。

在海军建设中,必须拥有一支强大的舰队。马汉指出:"我们大可以为海军战略定下一条金科玉律,那便是,在海战中,舰队本身乃是一切关键的所在。""凡欲确保国权于国外的海区,唯一的主要条件在于一支强于任何可能敌国的舰队。"马汉尤其看重海军的装备建设,并以1812年第二次美英战争的史例说明,凭借当时美国海军的实力是无法制止英国发动战争的决心的。此外,在马汉看来,"海军战略的目的是平时与战时都要创建、支援和发展一个国家的海上力量"。因此,用于战场上的海军战略固然十分重要,但平时的海军建设同样不容忽视。和平时期的海军建设,最重要的一点就是不断将本国的海军渗透到各海洋中去。遍布各大洋的海军不仅能保证本国海外贸易线路、海上交通线的通畅与安全,而且能对任何可能涉及本国海上利益的潜在危险形成有效的威慑和实质性打击能力。

马汉的舰队决战思想是20世纪初的海军战略原则。马汉认为海军的目的在于决战,而最终的目的则为取得制海权以控制海洋,因此舰队所需要的不是速度,而是强力的攻击火力。拥有优势的海军,才能控制海洋。马汉充分吸收了诺米尼的陆上战略思想,并运用于海军战略的创建。马汉认为英国之所以成就为空前海洋强权,除了具备上述基本条件的优势外,在海权运作方面,英国充分发挥海军的作用,以在海上歼灭敌国舰队或对敌港口建立封锁为一贯指导是重要因素。只有通过决战歼灭敌人的舰队,才能保证交通的通畅,最终获得制海权。

### 三、海上作战理论

在海上作战方面,马汉吸取、借鉴了前人的理论,全面总结了历次著名海上作战的经验,提出了海军作战的四大原则。

一是集中使用海军兵力。马汉认为,与陆战相比,海战更要遵循集中原则。通常海面上一望无际,没有地形、地物可供参照利用,因此只有通过舰队主力的集中才能形成优势,并取得海上的控制权。首先,在作战目标上要实现集中。除非拥有绝对优势的兵力,否则要尽可能避免在同一时间在多条战线上与多个敌人进行交锋,遵循一次集中力量只对付一个对手的原则,杜绝兵力分散。其次,在心理和信念上坚持集中原则,不为复杂的情况所迷惑和动摇。最后,还要恰如其分地利用中央位置和内线优势,在最短的时间和以最多的军队人数到达决定性的地点,速战速决,各个击破敌人。

二是努力取得中央位置和内线。马汉吸取了拿破仑、诺米尼等人的军事思想,把海战看作一种处理海洋战区位置的艺术。他对海上作战的位置进行了细致的分析。他认为,位于战场中间地带、介于两个或几个敌人之间的区域的战略价值非常高。占有了中央位置的一方能够充分利用内线作战的优势,取得控制两边或两边以上敌人的有利态势。马汉还运用欧洲战史中的例子证明占据中央位置的一方通常都能获得战略主动权,并最终赢得战争的胜利。

三是确保海上交通线的安全。交通线对海战意义重大。海战是为了控制海洋的关键区域。在马汉看来,海上交通线支配着战争。一旦交通线被切断,舰队很快就会丧失战斗力、失去迅速撤离的通道和得到后方增援的可能性。古往今来的海战历来都是围绕着交通线的争夺而展开的。因此,千方百计确保海上交通线的安全是取得海战胜利的前提。

四是实施攻势作战。马汉认为海战与陆战原则相似，只有集中主力部队，在决定性的地点上，与敌方进行战略性的决战，才能彻底打败对方。根据这一原则，马汉力主海军建设必须大力发展以战列舰为核心的主力舰队，整体上实施攻势作战，以满足海上决战的现实需求。

## 第三节　马汉海权论思想的影响与运用

### 一、马汉海权论思想的影响

马汉在19世纪末提出了"海权"的概念，将控制海洋提高到国家兴衰的最高战略层面，具有划时代的意义，他被美国史学界称为"海权论的思想家"、"带领美国海军进入20世纪的有先见之明的天才"。

事实上，马汉的海权理论不仅使人们从理论上深刻地认识到一个国家的海上力量及其对海洋的控制能力对于国家命运和世界历史的巨大作用与影响，而且也成为以西方国家为代表的世界各国在制定国策、军事战略尤其是海军发展政策时的重要参考与理论基石。马汉主张大力发展海军、建立强大的远洋舰队、发展商船队、发展海洋贸易、建设海军基地和商港，主张美国应控制加勒比海、中美洲地峡附近的水域，然后控制其他海洋，与列强共同利用东南亚与中国的海洋利益。美国总统西奥多·罗斯福控制中美洲的"巨棒政策"、冷战结束后美国的全球部署都受到马汉海权理论的重大影响。可以说，从某种意义上而言，马汉为19世纪末国力迅速膨胀的美国指出了发展道路。正是在他的海权思想的指引下，美国1898年发动美西战争，击败西班牙，牢牢控制了家门口的加勒比海，夺取菲律宾，夺占了关岛，吞并夏威夷等战略要地……美国一步一步地通过对海洋的有效控制，获得全球霸权，走向了世界之巅。

曾任英国海军大臣的丘吉尔评价说："英国对于海军理论尚无重要贡献，世界上最标准的海军理论创始于美国的马汉少将。"在马汉海权论的巨大影响下，英国的海军扩建计划得到了坚定的推进。德皇威廉二世对马汉的海权思想推崇备至，德国迅速走上了扩建海军之路，建成了仅次于英国的海军舰队。马汉的海权作品在俄国被奉为经典，沙皇据此迅速重振俄国海军。在马汉海权论的直接影响下，日本形成了大力发展海上力量的举国意志，其海上作战能力在短时间内迅速提升,一跃成为太平洋地区的海洋强国。遗憾的是,因为种种原因,马汉的海权论并未能够对当时的中国形成启蒙作用并发挥影响。

## 二、马汉海论权思想的运用

### 太平洋战争

太平洋战争是第二次世界大战中,以日本帝国为主的轴心国和以英美等国为首的同盟国于1941年12月7日至1945年9月2日期间所进行的战争,范围遍及太平洋、印度洋和东亚地区。太平洋战争以日本偷袭珍珠港为起点,以日本投降为终结,参战国家多达37个,涉及人口超过15亿,交战双方动员兵力在6000万以上,历时3年零8个月,伤亡和损失难以统计。

(一) 战争背景

日俄战争之后,日本海军的发展一直将美国作为假想敌。第一次世界大战之后,日本占领了德国在太平洋地区的殖民地——加罗林群岛一线,与美国在太平洋地区的防御圈相邻。在对华态度上,日本一直梦想独占中国,而美国则要求利益均沾。1931年日本发动九一八事变,侵占中国东北地区,再次尝到了扩张的好处。1937年日本发动全面侵华战争,并逐步扩大规模,严重威胁西方各国在中国的利益,特别是以美国为代表的西方国家利益。1937年与中国的全面战争爆发后,日本发现国力持续消耗却完全无法实现"3个月灭亡中国的目标",同时与欧美国家关系恶化,受到经济制裁,于是日本铤而走险计划夺取亚洲的欧美殖民地。

(二) 作战经过

1941年1月日本开始计划袭击珍珠港以取得战略优势,经过一些海军内部的讨论和争执后,日本海军便开始为这次行动进行严格的训练。1941年10月18日,主战派东条英机内阁成立。11月26日,日本海军一支由六艘航空母舰为主力的舰队在海军中将南云忠一的指挥下离开日本开往珍珠港。途中舰队保持彻底的无线电静默。除这六艘航空母舰外日本舰队还包括两艘战列舰、3艘巡洋舰、9艘驱逐舰和3艘潜艇。此外还有8艘油轮和两艘驱逐舰只开到北太平洋等候。12月1日御前会议决定向美、英、荷开战。12月7日凌晨,日军在联合舰队司令山本五十六的指挥下,偷袭美国在太平洋最大的海空军基地夏威夷群岛的珍珠港。该舰队的飞机轰炸了欧胡岛上所有的美军机场和许多在珍珠港内停泊的美军舰艇,包括那里的战列舰。美军地面上几乎所有的飞机都被摧毁,只有少数飞机得以起飞和还击。12 艘战列舰和其他舰船被击沉或损坏。188 架飞机被摧毁,155 架飞机被破坏,2403 名美国人死亡。珍珠港的惨败促使美国举国一致投身于第二次世界大战之中,英荷等 20 多个国家也对日宣战。

此后,日美两国的大型海上战斗进入白热化阶段。中途岛战役是第二次世界大战中的重要战役,也是美国海军以少胜多的著名战役。中途岛距美国旧金山和日本横滨均相距 2800 海里,处于亚洲和北美之间的太平洋航线的中途,故名中途岛。岛的面积虽不大,仅 4.7 平方千米,但其特殊的地理位置决定了它战略地位的重要性,而且它距珍珠港 1135 海里,是美国在中太平洋地区的重要军事基地和交通枢纽,也是美军在夏威夷的门户和前哨阵地。中途岛一旦失守,美太平洋舰队的大本营珍珠港也将唇亡齿寒。

日本在 1942 年 5 月的珊瑚海海战之后仅仅一个月就把中途岛拟定为下一个攻击目标。这不仅能报美国空军空袭东京的一箭之仇(当时日本高级将领中有认为空袭东京的飞机是从中途岛起飞的),还能打开夏威夷群岛的大门,防止美军从夏威夷方面出动并攻击日本。日本海军想借此机会将美国太平洋舰队残余的军舰引到中途岛一举歼灭。为达到该目的,日本海军几乎倾巢而出,投入大半兵力,舰队规模甚至超越后来史上最大海战莱特湾海战时的联合舰队。进攻中途岛是日本海军在第二次世界大战中最大的战略进攻。中途岛战役开始于 1942 年 6 月 4 日。此役美军只损失一艘航空母舰、1 艘驱逐舰和 147 架飞机,阵亡 307 人;而日本却损失了 4 艘大型航空母舰、1 艘巡洋舰、332 架飞机,还有几百名经验丰富的飞行员和 3700 名舰员。美国海军在此战役中成功击退日本海军对中途岛环礁的攻击,日军在海战中大败,美军得到了太平洋战区的主动权,所以这场战役可以说是太平洋战争的转折点。

(三) 策略运用

太平洋战争除爆发了日美两国大型海上战斗外,同时也导致位于欧洲轴心国集团的灭亡、日后的冷战局势、原子弹的使用、反殖民浪潮和日本与中国战局的变化,对亚洲与太平洋周边国家未来发展影响甚巨。从策略运用来看,太平洋战场上日美在实战中的表现各有长短。

偷袭珍珠港,从日本的海军战略而言就是以突袭手段力求在开战初期就一举全歼或重创美国太平洋舰队,从而确立起日本的军事优势,并不断对美国实施主动进攻,使其无法积蓄起足够与日本对抗的力量,最终赢得战争的胜利。而这一战略的风险系数极高,就像一场赌博一样,必须环环相扣,才能制胜,只要中间有一步出现纰漏,必将引发一系列问题,以致影响到战争大局。虽然从表面来看,在珍珠港日军完成了一场成功的突袭。对珍珠港的袭击从短期和中期的角度来看是一次辉煌的胜利,它的结果远远超过了它的计划者最初的设想。在整个战争史上,这样的成果也是很罕见的。在此后的6个月中,美国海军在太平洋战场上无足轻重。没有美国太平洋舰队的威胁,日本对其他列强在东南亚的力量可以彻底忽略,此后它占领了整个东南亚、太平洋西南部,它的势力一直扩张到印度洋。这次袭击最终将美国卷入第二次世界大战,它是继19世纪美国与墨西哥战争后第一次另一个国家对美国领土的攻击。然而,从长期的角度来看,珍珠港对日本来说是一个彻底的灾难,一些莫名其妙的巧合使日军的战略意图没有一件完全实现。事实上,日本偷袭的主要目标——美国的三艘航空母舰当时没有一艘在港内,因而未能被击沉,且在偷袭中日本只炸舰只而没有炸掉船坞,美国海军储存在珍珠港的450万吨重油也未成为攻击的目标,因此美国虽然损失惨重,但仍然保存了相当的反击力量和自我修复能力。最重要的一点是日本偷袭珍珠港立刻将实力巨大而内部声音不一的强大国家美国有效动员起来,使之上下一心、同仇敌忾,发誓要战胜日本。这场战役是有历史决定性意义的。珍珠港被袭击彻底地将美国和它雄厚的工业与服务经济卷入了第二次世界大战,导致了轴心国在全世界的覆灭。此后盟军的胜利和美国在国际政治上的支配性地位都是由此开始的。从军事史的角度来看,对珍珠港的袭击标志着航空母舰和潜艇以及舰载机取代战列舰成为海军主力的转折点。大型战列舰决战的时代过去了,航空母舰取代战列舰成为新的海战王牌,海军航空兵作为新的决定性力量登上海战舞台。

  从整体来看,中途岛海战中,日本海军计划最明显的失误是分散部署兵力,联合舰队各部队在相隔很远的距离上单独作战,而美国海军最大限度地集中部署兵力,日军联合舰队的优势被削弱了。此次海战双方海上战斗编队均在舰炮射程之外,彼此只好以舰载航空兵实施突击。日军计划的一个重大失误是进攻中途岛本来是诱使敌舰队决战,但是又给航空母舰套上支持占领中途岛的任务,并一厢情愿地认为在中途岛受到攻击以前,敌舰队不会离开其基地。日军侦察搜索计划同样不力。最后导致南云忠一陷入进退维谷的境地和来回换装鱼雷、炸弹的尴尬局面。日军过高估计了己方航空母舰的战斗力,同时在两个战役方向作战,兵力分散;情况判断错误,认为美国航空母舰来不及向战区集结;通信技术落后,缺乏周密的海上侦察,直至关键时刻也

# 第九章 瞄向大洋的深邃目光

未查明美航空母舰的位置;战场指挥不当,决心多变。美军则通过高效准确的情报系统完全掌握了日军的进攻企图,并及时集结兵力待机;在鱼雷机大部分损失的情况下,轰炸机连续俯冲轰炸,导致日军鱼雷机连机带雷爆炸,航空母舰被彻底摧毁。中途岛海战改变了太平洋地区日美航空母舰的实力对比。日军仅剩大型航空母舰2艘、轻型航空母舰4艘。从此,日本在太平洋战场开始丧失战略主动权,战局出现有利于盟军的转折。

# 第十章 投向蓝天的精确预见

## ——杜黑的制空权理论

## 第一节 杜黑与《制空权》

### 一、痴迷空军理论的杜黑

朱里奥·杜黑（Giulio Douhet，1869—1930年），意大利资产阶级著名的空军理论家。杜黑最先系统地阐述了建设和使用空军的思想，创立了制空权理论，被称为空军学术理论的先驱。

1869年5月30日，杜黑出生在意大利南部濒临地中海的小镇卡塞塔的军人世家。少年杜黑对科技读物十分喜爱，中学毕业后继承父业，从军习武，考入意大利炮兵学院。1888年杜黑以优异的成绩毕业，获得陆军中尉军衔，成为一名炮兵军官。由于热衷于工程技术，从炮兵学院毕业后不久，他考入都灵工程学院，学习科学与工程，再次成为班里的学习尖子，其学位论文《旋转磁场发动机的设计》受到教授们的赞扬与首肯。从都灵工程学院毕业后，杜黑深感要把所学的科学技术应用于军事学术研究，还得有扎实深厚的军事理论基础，于是他又考入都灵陆军大学，学习现代战争的战略战术以及战争中的后勤问题。毕业后，杜黑被派到陆军许多岗位上工作，无论在哪里，他都致力于科学技术与军事应用相结合。杜黑有着深厚的科技知识和军事理论功底，这让他在工作中得心应手，成绩突出，很快就被晋升为上尉，并被调到陆军参谋部工作。

20世纪初，杜黑受命参加研究意大利军队的机械化问题，预见到飞机在军事上将有重大的作用，他从此走上了一条探索研究空军理论的坎坷人生之路。1903年美国的莱特兄弟首次成功让飞机升空，这一历史事件所具有的重大意义,立刻引起了受过良好工程技术教育的杜黑的注意。1908年5月,杜黑第一次看到真实的飞机所做的不成功的飞行表演后,预感到飞机会改变人类生活面貌和军事面貌。1909年7月,法国飞行家路易·布莱里奥驾驶布莱里奥XI型(Bleriot XI)单翼机,从加莱起飞,以短短36分钟的时间,就跨越了英吉利海峡。这个事件不仅给世界公众留下了十分深刻的印象,而且也使英国人大为吃惊。他们意识到了某种突如其来的危险,飞机的发展使他们预感到单纯凭借海上防御力量已不可能保证自己国家今后的安全了。布莱里奥获得了伦敦《每日邮报》颁发的1000英镑奖金,他组建了自己的公司,开始批量出售飞机,成为第一批飞机制造商之一。从此,航空技术的军事应用对国家安全将产生潜在影响,这在欧洲的主要国家中引起了人们的高度重视,杜黑就是其中杰出的先哲。1909年和1910年,杜黑在《军事训练》杂志上发表文章,认为飞机将使战争面貌彻底改变,战场上将出现新的军种——空军,新的战争领域——空中战场,新的战争样式——空中战争,新的军事学术——空中战争理论。杜黑认为飞机在军事上的作用将比气球和飞艇更大。

尽管他的观点遭到很多批评与反对,但仍然受到意大利军政当局部分人的重视。1911年9月,意大利为争夺殖民地与土耳其开战。意大利在陆军中组建了第一支航空部队,拥有20余架军用飞机,隶属陆军指挥。同年10月23日,航空队队长皮亚扎上尉首次驾机侦察土耳其阵地,揭开了世界战争史上飞机参战的序幕。11月初,加沃蒂少尉携带4枚2000克重的炸弹投到土军的阵地上,开创了空中轰炸的先河。1912年,意大利又派遣35架飞机组成第二航空队参战,并开创了夜间空中侦察及夜间轰炸的纪录。杜黑由此获得了将飞机用于战争的实际经验,进一步看到飞机用于军事的巨大潜力和价值。

1912年,鉴于飞机在战争中的表现,意大利陆军成立了航空督察处,下属一个航空营,维托里奥·科德罗中校成为第一任航空营营长,而杜黑是其得力助手之一。随后数月里,他经过大量细致的调查研究,向陆军部递交了一份关于航空兵的研究报告,通常称之为"杜黑报告",他在这篇报告中详细论述了组建空军的必要性以及空军的组织结构,飞机和人员的数量等。这篇报告中的几乎所有结论后来都为陆军部接受,并成为意大利空军建设的基本框架。1912年底,杜黑被任命为航空营营长。1913年,杜黑为意大利制定了第一个"飞机作战使用概则",并断定航空兵将成为一个重要兵种。杜黑还全力支持飞机设计师乔瓦尼·巴蒂斯塔·卡普罗尼研制重型轰炸机。由于他们的不懈努力,意大利在轰炸机研制方面突飞猛进。

第一次世界大战爆发后,1914年10月5日,法国飞行员用机枪击落一架德国侦察机,揭开了空战的序幕。到1914年年末,人们已清醒地认识到空中优势给地面作战带来的影响,制空权思想开始萌芽。1915年初,大力宣传和强调飞机重要性的杜黑却由于一贯言词坦率、对保守思想的批评不讲情面,人际关系日趋紧张,被迫辞去军职。1915年5月,当意大利正式参战时,卡普洛尼设计的三引擎重型轰炸机已准备交付使用,杜黑也出任米兰步兵师参谋长。8月,意大利制造出40架"卡普洛尼-300"重型轰炸机,并被派往前线。这是杜黑等飞机作战理论主张者对保守思想斗争的一次重大胜利,这次胜利促使杜黑开始酝酿战略轰炸思想。

1916年,意大利与奥地利的战争陷入胶着。杜黑多次建议派出轰炸机轰炸奥军后方,但未被采纳。与此同时,杜黑因为在寄给内阁成员的备忘录中尖锐指责意军统帅部和总参谋部的作战指导错误,抨击陆军总司令指挥无能而激怒了总参谋长卡多纳。1916年9月,杜黑被解除职务、送交军事法庭并被判处一年监禁,不久被勒令退役。提出一个新的思想、创立一个新的学说非常困难,而让人们普遍接受一种新思想、新学说就更加困难。然而,菲纳斯第尔监狱的高墙、铁门并没有使一心探求空中战略理论的杜黑向保守势力低头。他利用在狱中的时间,给政府和军队中的当权者写信,陈述自己对发展意大利航空兵的建议。1917年6月,杜黑在狱中完成《大规模空中进攻》一书,并在书中反复宣传飞机的重要性和飞机适合战略轰炸的观点。他认为,敌人强有力的防御,已使运用协约国陆军进行突破的任何希望成为泡影。因此,他主张,最好的方法是夺取制空权,然后摧毁敌人生死攸关的部分,包括敌人的供给源和人民的抵抗意志;敌人会由于工业潜力被摧毁而屈膝投降。在获释的前几天,他给意大利内阁写了一封长信,建议组成一支统一的协约国航空兵部队去攻击敌人国土。从8月2日起,意大利陆军使用卡普洛尼式轰炸机对奥匈帝国进行了十几次空袭,相当成功。杜黑获悉此事,即刻写信给卡普洛尼,以示祝贺。

1917年11月,意军在卡波雷托战役中遭到惨败。事后,意大利政府调查战败原因,认为杜黑当年对统帅部的批评是正确的,1918年为其恢复名誉,同年1月杜黑出任意大利陆军航空署主任。但不久,他体会到军队中保守势力的强大,因此选择退役。1920年初,意大利军事法庭开庭审议杜黑的上诉,很快做出判决,完全免除杜黑先前的罪名,为其公开平反昭雪。此后,他便将全部精力投入到总结第一次世界大战的经验教训,创立空军战略理论的研究工作之中。1921年,在意大利陆军司令迪亚斯和陆海军部的支持下,他的《制

# 第十章 投向蓝天的精确预见

空权》一书正式出版发行,这标志着他的空军战略理论终于创立了。

杜黑很快就被重新邀请回到军队,并被授予少将军衔。1922年,他参加了墨索里尼组织的"向罗马进军"的行动。墨索里尼夺得政权后,邀请他出任意大利航空部部长。由于不愿因政务缠身而妨碍自己自由发表见解,杜黑于6月4日离开了他曾想尽职终生的军队,成为一名普通老百姓,专事空军理论的研究。先后出版大量的有关空军建设和运用的论著,在与各种不同意见的争论中,不断发展和完善了他所创立的空军战略学说。1930年2月15日,空军理论巨匠、空军战略学说创始人——杜黑因病在罗马悄然离开人世,享年61岁。

## 二、《制空权》简介

1921年,杜黑倾尽毕生心血的空军战略名著《制空权》一书出版发行,该书以"制空权"为中心,从战略高度论述了有关空军建设和作战使用的许多问题,是一部专门论述空军战略理论的著名军事著作,也是地缘政治理论中制空权理论的代表作,在军事学术史上占有重要地位。1921年,《制空权》初版时只有《战争的新形式》《独立空军》《空中作战》《空中战争的组织》4章。1927年再版修订时,原有的4章合为第一篇,此外又新增了第二篇,进一步强调了制空权的重要性。此后,1928年出版强调新兵器在未来作战中作用的《未来战争的可能面貌》;1929年出版的论战性著作《扼要的重述》;1930年出版的描述未来欧洲大战可能面貌的《一九××年的战争》。实际上杜黑关于制空权的理论主要由这四部著作组成,第一部确立了杜黑空军战略学说的基本思想,后三部则逐步发展和完善了这一理论体系。1937年,这四部著作被合编后以《制空权》为名在罗马出版。该书全面阐述了其制空权理论的基本观点,是资产阶级空军军事理论的奠基之作。它打破了几千年来以制陆权、制海权为核心的传统军事思想,科学地预测了未来战争的新特点,预示着人类战争将冲破二维空间的界限,空中将成为具有决定意义的战场,空军将成为与陆、海军并列的独立军种,发展民航和航空工业对未来国防建设具有极其重要的意义。

## 第二节 杜黑的制空权理论

杜黑的《制空权》一书是资产阶级空军军事理论的奠基性著作,在近代军事思想史上占有重要的地位,在西方产生过广泛的影响。有人将《制空权》与马汉的《海权论》并列,称杜黑为"空中的马汉"。杜黑的军事思想主要体现在《制空权》这部著作中,其主要思想包括制空权认识论、空军建设思想和空军作战理论等,阐述的许多论点至今仍有很大的参考价值。

## 一、制空权认识论

### (一) 飞机用于战争将引起战争样式的革命

杜黑认为,任何战争样式都取决于当时的战争技术手段。飞机由于可以在三度空间中自由飞行,因而在行动和方向上享有充分的自由;飞机由于不受地面障碍的约束并具有极快的速度,是一种出色的进攻性武器,因而能够自由选择攻击点并能调动最大的打击力量,使敌军没有时间调动援军加以对付。所以,可以确信,飞机"将完全改变迄今已知的战争样式","将不可避免地会给未来战争样式带来深刻的变化,战争的主要特性必将与以往任何战争根本不同"。

杜黑认为,以往的战争无论是陆战还是海战都是在二维空间进行的,这就是自古至今战争的基本特征。而航空兵的出现有力地打破了延续了几千年的古老的战争样式,战争由平面转变为立体。他认为飞机这种新的作战工具具有重要的发展潜力,它在行动和方向上享有充分的自由,它可以用最短时间沿任何方便的路线向任何地点往返飞行。人们在地面不能做任何事情来干扰在空中自由飞行的飞机,历来规定和影响战争特性的一切因素对空中的活动都是无能为力的。因而战争的影响范围不再局限于地面火力的射程,而将在交战国的陆地、海洋的广大范围内进行。陆上和海上的防御不再能保护国家的后方,陆上和海上的胜利也不能保护本国人民免遭敌方空中攻击,除非这种胜利能占领敌国领土,摧毁它的航空兵部队赖以生存的基础。既然陆地和海洋上方都同样有天空,那么空中战场的发展将改变陆战和海战的面貌。所有这一切将不可避免地给未来战争的样式带来深刻的变化,战争的主要特性必将与以往任何战争根本不同。

杜黑还认为,过去的战争,只能在地球表面进行。战场是有严格范围的,军队和平民之间有明显区分,在战线后方,交战国的平民并不直接感受战争,这时的作战如果不首先突破敌人的防线,就不能侵入敌人的领土。而未来战争在特性和范围上都将是总体的,战场已扩大到交战国的整个国境内,全体公民都将成为战斗人民——因为他们都会暴露在敌方的空中进攻之下,士兵和平民不再有明显区分。在以往的战争中,武装部队是进行战争的唯一力量,没有参战的人力物力,无论战胜国或战败国,都不会受到触动。也就是说,战争的影响很难被人民感受到。而在未来的战争中,武装力量则是人民自己,武装部队则仅是供他们使用的手段,战场上的一次胜利或多次胜利并不足以决定战争结局,国家的抵抗能力取决于交战双方的全部能力、全部资源和全部信念,战争要求聚集全国巨大的物质力量和精神力量,而空中力量则可以粉碎敌人物质上和精神上的抵抗。

显然,航空兵的出现"有力地打破了古老的战争形式,也就打断了战争特性演变的连续性。战争演变不再是革新,而是革命",空军正在引起战争样式的革命。

(二) 未来战争呈现出总体战的特征

杜黑的空军战略学说的理论前提是建立在对未来战争特性的认识上。对未来战争的可能样式做出科学的分析和判断,这是进行战争准备的基础。杜黑正是凭借创新精神,运用高度的想象力推测出未来战争的可能样式,提出未来战争是总体战。杜黑认为随着工业革命而产生的社会化大生产,使得人类社会的组织形式发生了深刻变化,并从两个方面对战争产生影响:一是技术进步使武器的杀伤力更大,从而使战争更加残酷。人类的大量伤亡,迫使人们将更多的人力物力投入战争中,战争的规模日益扩大,甚至扩大到全国规模。二是战争规模和消耗的增大,对整个国民生产的依赖性也增大,这就要求国家的全体公民都要行动起来,支持战争。从而"使战争带有一种全民族特性,即国家全体居民和全部资源都被吸入战争熔炉中。而且,既然社会肯定继续沿着这个方向发展,人类现在就能够预见到,未来战争在特性和范围上都将是总体的"。

杜黑认为,现代战争之所以是总体战,还在于人民的觉醒。在现代战争中,影响战争胜负的重心发生了变化。在以往的战争中,武装力量是参加战斗的唯一力量,而在现代战争中,人民则是进行战争的主体,武装部队仅仅是供他们使用的手段。现代战争的结局不能单纯用一项军事行动或一系列军事行动来决定。两个国家一旦卷入冲突,任何一方除非全面崩溃,否则是不会退却或承认失败的,这种全面崩溃不仅是指军事行动,更重要的是人民的抵抗意志。第一次世界大战前夕,人民开始认识自己的力量,几乎不知不觉地感到把自己的命运寄托于只占自己全部力量一部分的军队的战斗结局是荒唐的。一旦各国人民意识到自己的地位和作用,他们也必将用全部能力和资源投入斗争。因此,世界大战必然具有两个民族之间以其全部能力、全部资源、全部信念进行巨大生死斗争的特点。杜黑强调民众在战争中的作用,从而为他提出从空中打击民心和士气可以影响战争胜负奠定理论基础。

(三)夺得制空权对战争胜负具有决定性意义

制空权是赢得一切战争胜利的前提。杜黑认为:"掌握制空权就是胜利。没有制空权就注定要失败,并接受战胜者愿意强加的任何条件。"他把此信条视为进行战争的基本原则,把夺取制空权作为保证国防的必要和充分的条件。杜黑并不是最早提出制空权概念的人,但他第一个给出了"制空权"的较为科学的经典性定义,即"掌握制空权表示一种态势,能阻止敌人飞行,同时能保持自己飞行"。杜黑指出:"我曾坚持,并将继续坚持,在未来战争中空中战场是决定性战场。""因为如果我们在空中被击败(在空中被击败意味着不可能进行有效的反击),那么不管地面和海上情况如何,我们将决定性地战败了。"从这个意义上说,制空权将变得和制海权同等重要,正如以往陆军和海军一样,在经济力量限度内争夺优势的竞赛也将在空中领域中开始。

杜黑认为,制空权能带来以下一些优势:一是防护一国领土和领海不受敌人空中进攻,因为敌人已无力发动进攻;二是使敌人的领土暴露在我方空军进攻之下,能对敌人的抵抗以直接可怕的打击,因为敌人已不能在空中活动;三是能保护本国陆、海军基地和交通线,进而威胁敌人的这些方面;四是阻止敌人从空中支援其陆、海军,同时保证对我方的陆、海军给予空中支援。此外,拥有制空权的一方能阻止敌人重建其空中力量,因为它能破坏物质资源和制造场所,这等于最终控制了天空。天空被控制的国家必须忍受敌人对己方领土实施空中进攻而无法进行有效的反击,陆、海军将看到它们的交通线被切断,基地被破坏,面对敌人的进攻而无能为力,且不说物质损失,还将丧失有利于战争结局的信心,在精神上受到极大的影响。很显然,"考虑到制空权带来的这些优势,就应当承认制空权对战争结局将有决定性影响"。

杜黑还据此提出"制空权是赢得胜利的必要的充分的条件"。虽然他承认以充分力量运用制空权并不能打败敌人,但无可争辩的是制空权能给敌人带来严重的物质和精神损害,从而对战败它做出有效贡献,即使空军的实力不足,战争将由陆、海军决胜,制空权也将使它们完成任务大为容易。

与此同时,杜黑还对掌握或夺得制空权的含义进行了反复的阐述。他说:"所谓'制空权',我指的也不是高度空中优势或航空兵器的优势,而是这样一种态势,即我们自己能在敌人面前飞行而敌人则不能这样做。""掌握制空权表示一种态势,能阻止敌人飞行,同时能保持自己飞行。"又说:"为了夺得制空权,即阻止敌人飞行同时保持自己能飞行,就必须剥夺敌人使用其全部飞机的能力。""只有一个可靠的防御空中进攻的方法,就是夺得制空权,即阻止敌人飞行,同时保证自己有飞行自由。"

杜黑还提出,不应将夺得制空权与具有空中优势混为一谈,具有空中优势能够较容易夺得制空权,但还未掌握也不能运用制空权。他还驳斥了有些人提出的所谓相对制空权的概念,即局限于天空一定范围的制空权。认为这是又一次将优势与控制相混淆。因为航空兵的速度和活动范围很大,不允许将天空分成小块,在空中较强并不意味控制了天空,而控制天空则意味着主宰天空,不容许有任何程度上的差别。如果只满足于作为较强的一方,就等于不能避免让较弱的对手仍有可能伤害自己。杜黑还反对一些人所谓制空权只能是局部的和暂时的观点。他认为,如果己方的空军能使敌人处于无法进行任何有意义的作战活动的境地,那么这种制空权就是全面的,并且只要敌人继续处于那种境地,制空权也就是持久的。

对于夺取制空权的方法,杜黑认为就是采取空中进攻行动。积极的进攻行动不仅是夺取制空权的重要方法,也是掌握整个战争主动权的前提。杜黑提出了两种基本的方法:一是在空中与敌人空军交战;二是通过空中进攻摧毁敌人停放在地面上的飞机和空军基地。他认为进攻行动中最有效的方法就是摧毁敌机于地面,通过空战或采取其他防御性措施是不可能夺取制空权的。杜黑还指出:航空兵的特征就是长于进攻。飞机由于不受地面障碍的约束并具有极大的速度,是一种出色的进攻性武器。因而空军是一个富于进攻性的兵种,它生来就是一支进攻性力量。进攻行动是最适合于空中力量的行动,只有通过空中进攻来夺取制空权,才能充分发挥飞机的独特性能。空中进攻的最大优势是掌握着战争的主动权,能自由选择攻击目标并能主动地集中优势兵力,突然给敌人以猛烈打击。这样就能最大限度地摧毁敌人的空中力量,从而夺取制空权。而处于防御地位的敌人由于不知道进攻方向,不得不把空中力量分散在整个防线的一切地域,只能被动挨打。

**二、空军建设思想**

**(一)建立尽可能强大的能夺得制空权的独立空军**

如何才能夺得制空权呢?杜黑认为"最重要的是要有一支能进行空中作战的独立空军,它应是在一国人力、物力可能范围内最强大的,为此必须动用国家的全部现有的资源",也就是说必须要有一支无例外的包括国家全部可用的航空资源的独立空军,任何资源如果脱离这个最重要的目的,或只用一部分,或根本不用,都将减少夺得制空权的机会。

杜黑曾从被他称为夺得制空权就是胜利的公理中做出两个推论。第一个推论是,一旦发生战争,为了保卫国防,必要和充足的条件是能夺得制空权;第二个推论是,为了保卫国防,一个国家所做的一切都应为着一个目标,即在一旦发生战争时,掌握最有效的手段夺取制空权。而在他看来,"制空权除了依靠一支强大的空军外是无法夺取的"。并认为根据这一论断以及上述第一推论,可以得出一条有实用价值的结论:"除非拥有一支在战争中能夺得制空权的空军,否则我们的国防不可能得到保证。"他还在强调空军相对于陆军和海军的独立性等问题时重复了这一结论,并指出:"能守得制空权的空军按其本性在建制上是自立的,在作战上是独立于陆、海军之外的。"并说,为简单起见,他在谈到各种航空兵器的总和——能夺取制空权的空中力量时将只使用一个词:独立空军。据此可将上述结论表述为"只有具有足够力量的独立空军才能确保国防"。

杜黑特别强调指出:"完全独立于陆海军之外的独立空军是绝对重要的。"他阐述了陆、海军都可拥有空中手段以协助完成各自的作战任务。但并不排除这种可能性、现实性,甚至必要性,即有一支制空权的空军能够单独用其自己的手段完成战争使命,而无须陆、海军参与。因此,"空军合乎逻辑地应被赋予和陆、海军同等的重要性","空军应当始终与陆、海军合作,但必须对双方保持独立"。他认为"飞机应当成为陆军和海军的第三位兄弟"。陆军和海军不应把飞机看作仅是一种用途有限的辅助武器,他们更应把飞机看作是战争大家族中的第三位兄弟,当然是小弟弟。"这意味着陆军和海军一直是占优势地位的军种的传统价值观念,将被一种新的尚未被充分认识的观念所代替。由于陆军和海军的活动半径受限制,而相比之下空军的活动半径则大得多,所以,空军必将优于陆军和海军。"他由此进一步阐明:"航空兵不是注定充当促进和加强陆军和海军行动的辅助角色,它将成为一个与陆军和海军平起平坐的,同等重要的军种——第三军种;军用飞机终将具有在空中战斗的能力;制空权很快就会具有至少与制海权同等的价值。"基于此,他提出应"逐步削减陆、海军部队,同时相应增强空军部队,直至空军增强到足以夺取制空权为止。"并认为推行这一方案将会越来越接近当时的战争实际。

杜黑还对所谓独立空军的含义做了阐释,即:"组成能够夺得制空权的空中力量的所有航空兵器的总体。"并由此阐明了组织和使用独立空军的目的,指出:"为了夺得制空权,必须摧毁敌人的飞行器。因此,组织和使用独立空军必须以实现这种摧毁为目的。"他比喻说:"要想消灭鸟类,仅仅射下飞行中的全部鸟是不够的,最有效的办法是有计划地摧毁鸟蛋和鸟巢。同样,依靠空中搜索摧毁敌人的飞机,也是效果最差的办法,更好的办法是摧毁其机场、供应基地和生产中心。"

杜黑还进一步论述了独立空军要成为取胜最重要的因素所必须满足的两个条件:其一,具有足以夺得制空权的实力;其二,在夺得制空权后仍保持实力,并能利用它粉碎敌人物质和精神上的抵抗。前者是最重要的条件,后者则是必需的条件。一支只能满足第一个条件的空军即便能赢得夺取制空权的斗争,而不能利用它以充分粉碎敌人的抵抗,虽能使自己领土免遭敌军空中进攻,并能使敌军领土、领海受到空中进攻,但却没有足够的力量粉碎敌人物质和精神上的抵抗。换句话说,一支只能满足第一条件的空军不能决定战争结局,而一支能够满足上述最重要的和必需的两个条件的独立空军,不论其他情况如何,都将决定战争结局。概言之,一支能够夺得制空权但没有力量用它粉碎敌人抵抗的独立空军,仍然得施行对赢得胜利非常有效的行动;而一支夺得制空权又有实力粉碎敌人抵抗的独立空军,能不管地面情况如何而赢得胜利。所以,空军一旦夺得制空权,就应努力实施大规模进攻以摧毁敌人物质上和精神上的抵抗,即使这个目的不能全部实现,也应尽可能地削弱敌人的抵抗。"一支掌握制空权的强大的独立空军对敌人能采取的行动是无限的!"

杜黑认为,如果一支独立空军要承担夺取制空权的任务,那么它必须能在空中对地面进行破坏行动;一支空中力量要能在空中摧毁对方,只能靠空战。换言之,空中的破坏行动只能用适于空战的战斗手段进行。为了摧毁地面的空中力量,必须用破坏力攻击地面,这通常只能由轰炸来实现。也就是说,对地面发现的敌方部队只能用轰炸摧毁。因而一支独立空军应当既有战斗机又有轰炸机。因为只有兼有战斗机和轰炸机的独立空军,才能在敌空畅行无阻并能对地面实施进攻。

杜黑声称,他的观点不是建立在任意的空想上,而是建立在当时的现实上,由此将产生明天的现实。并预言:"空中作战将是未来战争中最重要的因素,独立空军的重要性将迅速增大,而陆军和海军的重要性将相应减小。"他还指出:"空中作战是真正的运动战,需要迅速发现、迅速决策、更迅速地执行。这种战争的结局大大取决于指挥官的才智。简而言之,航空兵是物质上和精神上、体力上和智力上要求有高度勇气和创新精神的兵种。"

## (二) 陆、海、空三军应充分协同

杜黑认为,陆地和海洋上面的天空是一个不可分割的整体,"有了空中力量之后,各个军种终于结合成一个整体了,因为空军可以在陆地和海洋上空活动,目的一致行动却含糊不清的准则就被行动一致所代替。三大军种必须行动一致地奔向一个目的——取得胜利。"

杜黑在勾画未来战争的面貌后阐释道:"我并不想使我这些指出航空兵在未来战争中重要性的话被理解为降低陆军和海军的价值。我比别人都更一贯坚持,这三种武装力量构成一个不可分割的整体,是一件三刃的战争兵器,用于保卫我们国家的一切人员和兵器都具有同样的价值,无论是在陆上、海上、海下或空中活动,它们都是必需的。在所有这些领域,需要完成同等重要的职责,需要执行同等重要的任务,赢得同等的荣誉。"

当然,为了祖国的利益,我们应当制造一个更适于国防的工具,在必要时改变这件三刃战争兵器任何一面的大小、形状及作用,以便能够更深地刺穿敌人的抵抗力量。杜黑还在论述空军的协同问题时强调指出:"战争中使用陆、海、空军力量都应为着同一目的——胜利,为了获得最大效果,这些力量应当充分协同并相互协调。这三种力量应作为同一产品的配料(或要素)。只要适当选定配料比例才能获得最好效果。"他论述道,即使是最富有的国家,能用于国防的资源也不是无限的。而使用一定量的资源,只要正确安排上述三种要素的比例,就能获得有效的国防。这些要素的比例越正确,国家用于国防的开支也就越少,但即使这三种要素的比例很正确,如果它们相互间不能完美地协同作战,那么也不能获得最大效果。因此,一方面要允许陆、海、空军各自的指挥官享有最大的行动自由,同时为了国防利益,要求三个军种在最高当局领导下实行协同作战。为此,需要有一个权威机构来研究国防需要,并决定和按正确比例将国家资源分配给陆、海、空三军,这个机构将成为三军最高指挥部并协调三军的活动。鉴于此,杜黑提出,迫切需要"创建一个既非陆军又非海军的国家机构,它能洞察战争的总体,能不带成见地衡量三个军种的价值,通过它们的协同取得最大成果"。

他还建议,"新的战争学说应以诸军种合成使用为基础。在战时,领导这种合成使用的统帅应把各军种都看作是实现同一目标的一个整体的组成部分。"或者说,"在使用三个军种时应把它们看作是为同一目的而结合的一个整体"。并提出,为了培养能够使用全部三个军种的统帅,首先应建立一所总体战争学院,使教官们能够在这所真正的军事学院里讲授新的战争学说,并为总参谋部训练军官。他们平时是总参谋长的天然助手,在战时则是三军最高统帅的天然助手。其次,应建立一所军事科学院,从三军挑选出最有才能、好学上进和思想开放的军官一起研究关于三个军种协同作战的一些艰深的新问题,并通过肯定或否定等思想的交流,形成易于被承认和接受的新的战争学说。

### 三、空中作战理论

杜黑从一般原则、防御、空中作战的发展、未来等几个方面阐述了独立空军实施空中作战的特点,并提出了独立空军实施空中作战的两条一般原则:第一条原则是"独立空军永远应该集中使用";第二条原则是独立空军"要在准备承受敌人的空中进攻的同时对敌人进行最大可能的进攻"。

(一)第一条原则:"独立空军永远应该集中使用"。

独立空军必须尽可能的强大,避免任何兵力分散。在实际作战中,零敲碎打地使用空军力量将是错误的。因为一支独立空军必须在最短的时间内给敌人以最大的损害,尤其是面对实力相当的空军时,必须最大限度地发挥自己的潜力,而不必考虑节约。杜黑指出:"当空中进攻……在时间和空间上集中进行时,它的物质和精神效果最大。此外,在作战中还应集中兵力组成庞大的集团使空军能成功地突破空中抗击。"为此,应认真划定突击区域,选定突击目标。杜黑认为:"目标的选定,分区的划定,决定突击的先后是空中作战中最困难最细致的任务,这可称之为空军战略。"又说:"选择敌方目标是空中作战中最难处理的活动,尤其是当双方都拥有独立空军时更是如此。"

概言之,独立空军必须在最短的时间内集中最大力量投入作战,保留任何兵器移作他用都将减少己方在战争结局天平上的分量,独立空军"集中使用的原则必须绝对遵循"。

(二)第二条原则:独立空军"要在准备承受敌人的空中进攻的同时对敌人进行最大可能的进攻"。

杜黑在回答如何对未来空中进攻进行防御的问题时说:"用进攻来防御。"并且论述道:"我不止一次地强调空军具有突出的进攻特性。正如骑兵队……最好的防御永远是进攻,空军最好的防御也在于进攻,而且程度更甚。"他还一再强调指出:"空中作战不允许采取守势,只能采取攻势,空中作战不能采取防守只有进攻。因此,我们必须承受敌人对我们的进攻,同时努力使用一切人力、物力对敌人发动更沉重的进攻。"

他认为,人们习惯看到每次战争都有进攻和防御方面,不能理解一个战争全部是进攻而没有防御。但空战正是这样,因为航空兵的特性就是进攻,却完全不适于防御。在两支独立空军之间的空中战争中,唯一应关心的是使敌人遭受最大可能的损失,而不要考虑敌人反过来可能对己方的损害。又认为,矛和盾的观念在地面是正确的,但应用到天空就不能被认为是正确的了。空中使用的兵器在防御上没有价值,但却具有最大限度的最出色的进攻特性。还认为,由于航空兵最重要特性是进攻,将它用于防御必然是荒谬的,那样即使它较进攻者强大,却仍会陷入完全被动,不能追求任何积极目的,从而把主动权让给了敌人。

由此杜黑指出:"在空战中只能采取一种态度,即猛烈进攻,即使冒着遭敌同样对待的危险也不顾。保卫自己领土免遭空中进攻的有效方法,就是以最大可能的速度摧毁敌方的空中力量。"又指出:"我始终坚持,并将继续坚持认为一支较弱的空军可能打败一支较强的空军,条件是在它的进攻行动中表现更加机智、更加紧张和更加猛烈,就可弥补力量上的差距。"

## 第三节　杜黑制空权理论的影响与运用

### 一、杜黑制空权理论的影响

杜黑的《制空权》自问世以来不仅对当时传统的军事思想造成了巨大的冲击,而且对后来军事理论的发展特别是空军理论的发展,对军事力量的建设以及对战争实践的影响都是划时代的,从而牢固地确立了杜黑在现代军事史上的历史地位。《不列颠百科全书》给杜黑冠以"空军战略之父"的头衔。国外许多军事专家更是把《制空权》与克劳塞维茨的《战争论》、马汉的《海权对历史的影响(1660—1783)》并列为军事科研及军事工作者的必读书籍。美国当代著名的国际战略问题专家罗纳德·布罗迪评价说,"杜黑具有极丰富的独创才能,并把这种才能完全用到研究空军的学说上面",并且还把杜黑和马汉进行了比较:"马汉是一个反复阐述旧战略思想的人,而不是一个新的战略思想的创造者;杜黑的战略思想与过去的战略思想相反,它是具有彻底革命性的战略思想。"

(一)发挥着重要的作用和参考价值

杜黑根据飞机在第一次世界大战中的运用,第一个比较系统地提出空军建设和作战的理论。经过第二次世界大战的检验,杜黑关于建立独立空军、夺取制空权等思想为许多国家所公认,其许多论点至今仍有很大的参考价值。杜黑认为空军的出现改变了战争面貌,带来了一场革命。这个观点至今仍然是正确的,现代空中力量拥有强大的实力。随着技术和装备的不断发展与更新,空军的威力将更强,活动范围将更广,灵活性将更大。杜黑给制空权下的定义基本反映了制空权的本质,至今仍为军界普遍认可。几十年来,各国军事术语对制空权的定义和解释的实质内容仍没有超出杜黑的定义。制空权在战争中的重要性也成为公认的常识。

（二）开辟了空军理论研究的新领域

杜黑的制空权理论问世,对空军学术思想的创立和发展产生了重要的影响。继杜黑之后,美国空军理论家威廉·米切尔撰写的《我们的空军:国防的基石》《空中国防论》等著作,进一步论述了空军军事学术的诸多理论问题。第二次世界大战期间,俄裔美籍航空人士塞维尔斯基出版了《通过空中力量取胜》一书,再次从战略高度阐述了空中力量的巨大价值,并结合战争实践进一步发展了杜黑的思想。经过第二次世界大战,人们对空中力量的战略作用和建立独立军种的必要性已经达成共识,空军学术的发展从此有了更广阔的天地。可以说,杜黑开创空军学术思想新领域后,几十年来,其主要学术观点已经广泛地体现在各国空军的作战条令之中,成为各国空军的共同理论财富。

（三）推动了世界各国空军的建设和发展

杜黑认为必须建立与陆军、海军平起平坐的独立空军,全面阐述了建立独立空军的重要性以及怎样建立一支独立空军。他的这一远见卓识为空中力量的发展指出了正确的方向,对现代各国空中力量的发展和建设起到了理论先导作用。第一次世界大战中,英国建立了世界上第一支具有独立军种地位的空中力量。第一次世界大战结束后,在杜黑理论的直接影响下,欧洲主要国家相继建立了独立空军。1923年,意大利建立了独立空军;1934年法国建立了独立空军;1935年,纳粹德国建立了独立空军。飞机虽然诞生于美国,但这一划时代的成就并没有引起美国军方的足够重视。直至1946年9月,美国《国防法》终于正式确立了美国空军的独立地位。空中力量在第二次世界大战中发挥了重要作用,使得空军的独立军种地位得到了普遍承认。

（四）为提出总体战的战略思想奠定了基石

杜黑提出的总体战思想被后世所肯定和接受,并被继承和不断发展。世界上主要国家的军事理论普遍接受了战争具有总体性质的观点,并在这一基础上建构各自新的军事学说,而且都把这一观点作为准备战争和指导战争的基本依据。在杜黑总体战思想提出后15年,德国军事家埃里希·鲁登道夫在其《总体战》一书中将总体战的思想系统化,提出了总体战不仅是针对军队的,也是直接针对人民的;战争将扩展到作战国的全部领域,必须动员全民力量参战;经济是夺取总体战胜利的重要因素等思想,大大丰富和深化了杜黑的总体战思想。英国著名军事理论家利德尔·哈特在《战略论》一书中提出了"大战略"的概念,指出其任务就在于调节和指导一个国家或几个国家的所有一切资源,用来达到战争的政治目的。这是在战略指导上对总体战思想的继承和发挥。

另外,杜黑主张要对全体国民进行未来战争的教育;陆、海、空军应成为国家武装力量的整体,彼此为共同的目的相互充分协同。这些见解被实践证明也是正确的,而且具有现实意义。

然而,在制空权理论的形成时期,飞机还处于初步发展之中,航空兵也没有形成足够的战斗力。因而,杜黑的理论缺乏充足的实践基础,带有很大程度的预测性、主观性,有些地方甚至过分夸大了飞机的作用。因此,其理论的错误之处也就在所难免。首先,杜黑强调的是绝对制空权,他不承认空中优势与相对制空权。这是办不到的,也是没有必要的。实战证明,在主要作战方向、重要作战时节的关键作战行动中取得相对的局部制空权,就可满足其他军兵种对空军的需求,完成赋予空军的作战任务。其次,杜黑对空中轰炸可取得决定性胜利的断言时至今日也没发生过。他过高估计了航空兵对平民的打击效果,同时过分低估了民众对轰炸的忍耐能力,这在很大程度上削弱了空中战争理论的影响力和说服力。再次,杜黑贬低了防空作战以及航空兵、高炮在防空作战中的地位,他所主张的夺取制空权的手段是片面的。在现代条件下,空中交战、对地轰炸、对空防御以及摧毁敌防空兵群都是夺取制空权的重要而有效的手段。特别是随着空军破坏能力的不断提高,对空防御更成为争夺制空权必不可少的内容之一。不顾自身面临的空中威胁而一味追求对敌进行猛烈的空中攻击,必将招致惨重的损失,甚至会彻底丧失获胜的能力。因此,我们研究杜黑理论,主要应着眼于其有价值的内容,并将之作为研究现代战争的借鉴。

总之,杜黑是资产阶级军事理论界的一位代表人物,他的著作在军事学术史上占有重要地位,对现代军事理论也有一定的影响;杜黑有难能可贵的创新精神,他敢于破除传统观念,不顾众人甚至一些权威人士的非难,大胆提出自己的见解,并热情地、坚持不懈地为宣传自己的观点而斗争;杜黑从战略高度全面论述了空军有关的各方面问题;其著作中有不少错误,但也有许多论点直到今天仍有很大的参考价值,能给我们以有益的启示。正如杜黑所言:"胜利向那些能预见战争特性的人微笑,而不是向那些等待变化发生后才适应的人微笑。在这个战争样式迅速变化的时代,谁敢于先走新路,谁就能取得因新战争手段克服旧的手段而带来无可估量的利益。"

## 二、杜黑制空权理论的运用

杜黑制空权思想在战争中得到广泛的应用,第二次世界大战中德国的"闪电战",盟军对德国和日本的"集中轰炸"无不体现了杜黑的思想;而信息化条件下的海湾战争和科索沃战争也验证了杜黑制空权思想。

在第二次世界大战中,逐步成熟的空中力量得到了广泛运用,并一直充当重要角色,其参战数量之多,活动范围之广,战果之显著,所起作用之大,都超出战前人们的预料。德国"闪电战"要求空军在战争中必须首先夺取制空权,而其主要方法是将敌人的飞机消灭在机场上,这正是杜黑制空权理论的精华。闪电战是第二次世界大战期间德军经常使用的一种战术,它往往是先利用飞机猛烈轰炸敌方重要的战略设施的通讯中心,把敌人的飞机炸毁在机场,取得制空权,并使敌人的指挥系统瘫痪。然后利用坦克快速袭击,像闪电一样打击敌人,以突然袭击的方式制敌取胜。第二次世界大战初期,德国的闪电战攻势凌厉,27 天内征服了波兰,1 天内征服丹麦,23 天内征服挪威,5 天内征服荷兰,18 天内征服比利时,39 天内征服号称拥有"欧洲最强陆军"的法国……"闪电战"确实辉煌一时,堪称战争史的一大经典。

1942 年 2 月,杜黑的忠实信徒哈里斯接任英国轰炸航空兵司令后,认为德国人的抵抗意志能够因为德国城市的毁灭而被摧毁,为此他组织了对德国城市的三次大规模轰炸,这是地地道道的杜黑模式的轰炸。美国对杜黑的"轰炸机必胜"的观点深信不疑,也对德国本土和日本本土不断实施战略轰炸。1939 年 10 月到 1945 年 5 月,同盟国的飞机曾对 61 座德国城市投下约 150 万吨烈性炸药、燃烧弹和杀伤炸弹,约有 30 万人被炸死,78 万人受了伤,750 万人无家可归,360 万间居民住宅遭到彻底摧毁或严重破坏。在柏林,城市的 60%～70%被摧毁。1945 年 3 月到 8 月,美国轰炸机频繁对日本工业中心和交通运输线展开轮番轰炸,使 59 个城市的工业生产受到极大破坏,飞机生产减少 60%,钢铁生产减少 16%,日本主要炼油厂几乎一扫而光,531 个军工工厂遭到严重破坏,其他民用工厂也遭到重大损失。这些都显示了空军轰炸的威力和杜黑的集中轰炸预测的正确性。此外，苏联进行的卫国战争，盟国的战略轰炸以及参战各国陆军、海军实施的每次大规模战役作战中，空中力量都起到了举足轻重的作用。

在第二次世界大战结束后几次局部战争中，空中力量和空中战场的地位不断上升。朝鲜战争、越南战争以及历次中东战争都令人信服地说明，战略制空权对缩短战争进程和取得最后胜利具有决定性意义。1986年美国空袭利比亚的成功，更是说明了空中力量可以一举达成战略目的。

20世纪90年代初的海湾战争，首次使杜黑预言的"空中战争"的雏形展现在世人面前。以美国为首的多国部队在长达42天的战争中，独立的空中战役持续时间就达38天，多国部队空中力量共出动飞机近10万架次，日均达到2800多架次，基本摧毁了伊拉克的战争潜力和军事实力。在多国部队发起地面进攻前，伊拉克已宣布接受联合国提出的要求和条件，也就是说，38天的空袭实际上已达成了战争目的。如果说海湾战争的最后结局终究没有摆脱地面作战力量的参与，那么，20世纪90年代末期的科索沃战争，则是第一次完全由空中力量进行的大规模战争。北约在对南联盟的军事力量实施空中打击的同时，对南联盟的城市、乡镇、工业设施也实施了空中打击，给其经济基础和战争潜力造成了重大破坏，最终迫使南联盟基本上全部接受了北约提出的停火条件。而北约飞机仅被击落2架，人员无一伤亡。就这样，北约仅靠空中力量就赢得了这场战争，首次创下了在大规模战争中完全由空中力量达成战争目的的记录，杜黑的"空中战争"的梦想在高技术时代终于得以实现。

# 第十一章　所向披靡的机械战甲

## ——富勒的机械化战争理论

## 第一节　富勒与《装甲战》

### 一、热衷装甲战的富勒

约翰·弗雷德里克·查尔斯·富勒（John Frederick Charles Fuller，1878—1966年），英国著名军事理论家和军事史学家，机械化战争论创始人之一。

富勒1878年9月1日出生于英国的奇切斯特城，父亲是英国教会的教师，父母都很有知识和教养，这对于富勒的成长很有利。富勒少年时富于幻想，对学校教育有强烈的厌学情绪，但对自然科学有浓厚的兴趣。中学毕业后，进入英国著名的桑赫斯特皇家军事学院学习。在校学习期间，富勒把更多的时间用来刻苦自学，博览群书，哲学、科学、艺术、历史、文学无不涉猎。1898年8月，富勒完成了在桑赫斯特皇家军事学院的学业，担任步兵营少尉见习军官。尽管身在军营，富勒并没有把精力用于战术教程和条令的学习，他广泛阅读达尔文、康德、赫胥黎、奥斯丁等人的著作，把书籍看成是"亲爱的朋友"，获取了更广博的知识。

1900年，富勒所在部队参加了布尔战争。在战争中，富勒很快展露出他的作战天赋，他在后勤保障和情报侦察等方面有着不俗的表现，获得上级的通电表彰并晋升为中尉。1903年，富勒随部队开往印度，驻扎在西姆拉市。在印度他阅读了大量的哲学、宗教学和历史学方面的著作，并开始了自己的创作生涯。1905年在期刊上发表了两篇文学评论，1907年出版了有关描述东方神秘主义的著作《西方之星》。富勒最初是学习和研究人文科学的，后来逐渐转向军事领域，他所具有的哲学文化素养和广博的人文科学知识，让他在思考和研究军事理论与军事历史方面更具优势。在英国军事复兴的大环境影响下，富勒开始思考和研究军事问题，尤其是对克劳塞维茨的《战争论》产生了浓厚的兴趣。1912年，富勒出版了第一本军事专著《对如何训练本土士兵的建议》。1913年，富勒进入了英国陆军最高学府坎伯利参谋学院深造。在学习期间，他系统地阅读了关于拿破仑战争的大量著作。他还写了许多论文，这些文章充分展示了他"批判"的个性和卓著的才华，让他获得了"反传统战士"的称号。这一时期，富勒开始以系统深刻的哲学思想为骨架，以从拿破仑那里演绎来的理论为砖石，开始构建自己的军事思想的大厦。

1914年，英国参加了第一次世界大战，富勒也匆匆结束了学习生活，准备投入战争。1915年7月，在富勒的强烈要求下，他离开了负责的后勤运输岗位投身前线。1916年2月，他发表了《从1914—1915的战役看作战原则》一文，对《野战条令》进行猛烈抨击，并提出了自己的纵深突破理论以及8条作战原则。这篇文章意味着富勒已经不再局限于眼前的事务，而是开始对整个战争规律和未来陆军发展方向进行探索。在第7军参谋任上被提升为少校之后，他被任命为第37师副参谋长，并随后被第3集团军参谋长林登贝尔少将慧眼识中，到第3集团军高级军官进修学校进行教学工作。这次培训班取得了巨大的成功，富勒在校级军官中声誉鹊起。

1916年7月，富勒被任命为第3集团军副参谋长。在第3集团军参谋部，富勒结识了一大批志同道合的同僚。随着战争进程的发展，他的纵深突破理论逐渐得到重视，并且意识到英军的新式武器——坦克，是一种可以胜任这种重大军事变革的武器。索姆河战役开始后，富勒闻讯赶到现场观察。坦克一开始投入战斗就取得了成功，但是由于坦克数量不足，以及使用坦克战术上的失误，英军没有保持住作战初期的优势。尽管如此，目睹了此役坦克使用的富勒却抑制不住内心的激动，他在集团军司令部全面分析坦克在战争中使用的利弊，研究坦克运用的方法。他写文章指出，坦克的使用必须贯彻集中的原则，大量地集中使用在重要地区和主要方向上。他还认为，如果能大量集中地使用坦克，英军完全能在2~3年内击败德国。富勒的主张得到军队的重视，英军新组建了坦克部队，并任命富勒担任副参谋长。到任后的富勒开始深入了解坦克的各种技术数据和性能指标，与参谋们在实地研究坦克战术。作为参谋长的富勒敏于思考、富有创见，1917年2月，他撰写和颁布了《第16号训练要则》，形成了比较系统完整的坦克作战理论体系。

1917年4月，富勒被提升为中校任坦克部队的参谋长，指挥坦克部队参

# 第十一章 所向披靡的机械战甲

加了阿拉斯战役。在战役前,他建议在地形相对有利的第5集团军的正面集中使用坦克,但是没有得到认可。在战役中,分散使用的坦克几乎没有发挥作用,但是配属第5集团军的11辆坦克在富勒的指挥下推进到预定纵深。富勒总结写了《1918年坦克战术运用》一文,再次强调了集中使用大量坦克进行决定性突击的理论。英军在分散使用坦克屡战屡败之后,富勒的理论得到尝试,富勒也因此迎来了他军旅生涯的最高点——1917年11月的康布雷战役。在这场战役中,英军在富勒的指挥下集中381辆坦克突然袭击,突破了德军铺设的反坦克壕,实现了战线上的重大突破。但这场胜利完全出乎英国远征军黑格元帅的意料,以至于他没有准备足够的预备队来扩大这一成果。即使这样,英军也以不到4000人的伤亡,消灭了大量德军,仅俘虏就达4000人。战役结束后,英国伦敦所有教堂钟声齐鸣以庆祝这场重大胜利,这是第一次世界大战中唯一的一次。德国陆军司令兴登堡在总结中写道:"英国在康布雷战役的进攻第一次揭示了用坦克进行大规模奇袭的可能。"而富勒也因为此战奠定了坦克作战理论权威的地位。

1918年,富勒的机械化战争思想已基本确立,并于8月完成了《1919计划》。他在计划中描述了新的作战形式,即在160千米的正面上集中使用11500辆坦克,分左中右三路实施进攻。作战分为两个阶段,第一阶段首先在中路发起进攻,利用重型坦克打开缺口,吸引敌人预备力量,然后使左右两路的中型坦克迅速出击,在2~3小时内突入30~50千米的纵深,斩断敌人的神经中枢,并和中路部队配合围歼首尾不能兼顾的敌人,在敌军防御体系上撕开一个大口子;第二阶段使用保存于后方的1200辆中型坦克,穿过打开的缺口,快速向德军战略纵深发起攻击,瘫痪其指挥体系,完全破坏敌防御体系,直接冲向德国本土。同时,富勒还首次描述了坦克和飞机协同作战的构想,强调了飞机在保持制空权的同时协同打击地面目标。《1919计划》准确地预见了未来战争的特点,系统地描述了新的作战形式,标志着富勒军事思想的形成和机械化战争理论的基本成熟。第一次世界大战后富勒许多著作都可以看作是对《1919计划》的丰富和完善。第二次世界大战后西方军事家一致认定《1919计划》是"一份战争史上的经典文件"。但是,英军统帅部并没有认可采纳这一计划,这一计划反倒是被富勒的学生——德国的古德里安采纳运用,在1940年将英军打得措手不及。

在1918年8月8日开始的亚眠战役中,坦克再一次发挥了重大作用,英军取得了重大胜利。富勒在此战后认识到,没有建立以坦克、摩托化部队为核心的强大战役预备力量,就难以充分利用战役突破的效果,实现摧毁敌人防御体系的作战目标。他把攻击敌军大脑和神经,瘫痪敌人作战与运用坦克部队实施纵深突击的思想进一步结合,形成完整的"战略瘫痪"军事理论,从而更加丰富和完善了关于机械化战争的理论。

一战结束之后,富勒主动担任了总参谋部主管坦克的上校参谋,推辞掉了意味着少将军衔的旅长任命。由于战后反对大量生产和装备坦克的声音在政府与军方占据主流,坦克面临生存危机,这导致富勒的工作很不顺利。在和以黑格为首的"骑兵内阁"等势力的冲突中,富勒言辞激烈,得罪了相当多的高级官员。但是毕竟人微言轻,这只能使他自己在总参谋部的处境日益恶化。1920年,富勒结识了利德尔·哈特,并与之成为莫逆之交,这是他在总参谋部工作期间最大的收获。

1923年1月,富勒出任坎伯利参谋学院主任教官。在院长的支持下,他对参谋学院的校风进行整顿,反对机械的教育方式,提倡以扩充知识面为核心的复合型教育。无论就教学还是个人创作而言,富勒在参谋学院的工作都取得了重大的成功。他的思想通过学生传播到军队各个阶层,而他自己也完成并出版了7本专著,其中的《战争科学基础》一书更是被他视为自己的代表作。不过其中一些尖刻言论也让国防部大为不满,甚至拒绝批准出版,在勉强出版后也备受攻击,一时恶评如潮。

1926年2月,在其好友利德尔·哈特的推荐下,富勒出任总参谋长米尔恩上将的军事助理。但由于和国防部、总参谋部的关系紧张,以及受到军队保守势力的攻击,富勒并没能在这个可能实现其机械化战争理论的位置上待太久。1926年11月,他调任新编机械化实验部队司令。但是由于对机械化部队地位的看法和上级发生冲突,富勒提出辞职。1927年5月,富勒就任第2师参谋长。1929年7月又就任第2步兵旅旅长。1930年9月,在旅长任上被提升为少将。1933年12月,由于新任总参谋长马辛伯德上将对富勒存在偏见,55岁的富勒退出现役。这段时间里的富勒已经不再对仕途有什么指望了,他把精力更多地用于军事理论和军事历史研究。在1927年以后的6年里,他先后出版了9本著作,其中以1932年出版的《野战条令(三)讲义》最为重要,这就是著名的《装甲战》。退役后的富勒有更多的时间从事写作,除了著述以外,他还担任《每日邮报》和《镜报》的专栏记者。也许是退出军界不再构成威胁,也许是个性更加适合记者这个职业,富勒的军事记者生涯要一帆风顺得多。富勒对英国国防政策和对军队官僚组织的抨击获得阵阵好评,影响日益扩大。

1939年9月开始的第二次世界大战为富勒赢得的崇高的声誉。面对德军所向披靡的坦克集群,军事学家们这时候都认识到富勒思想的正确性。已经退役的富勒在各种报刊上发表了大量文章,对战事进行详细的分析和预测。根据战争的不断发展和装甲部队的实际运用经验,富勒也不断修正和完善自己的认识,这使得他能够对第二次世界大战的进程和发展做出相当精确的预测,他不断发表的评论和专栏文章也被英国民众乃至军人广泛阅读,在全世界产生巨大的影响。

战争的实践使得富勒提倡建立的新式陆军成为现实,他也将更多的精力投入对战争理论的研究。1954 至 1956 年,富勒重新修订并再版了三卷本的《决定性会战》,更名为《西洋世界军事史》。这部书的出版标志着富勒已经进入了杰出军事历史学家的行列。《泰晤士报》评论道:"对富勒这部书,专家们可能在自己精通的领域蹙眉不满,但几乎没有任何人能够与富勒在如此广泛的研究领域较量。"1959 年,富勒开始了《战争指导》一书的写作,于 1961 年 11 月出版。这本书可以看作富勒毕生军事理论研究成果的精练和浓缩,富勒的好友,另一位伟大的军事思想家利德尔·哈特也认为这是富勒写得最好的书。这是一本全面研究战争问题的论著,它仔细地考察了社会、经济、政治和技术因素对战争指导的影响。在书中富勒审慎地分析了战争的目的,指出战争的目的不是胜利而是和平,并认为克劳塞维茨并没有理解这一点。同时他对战争与和平的关系也进行了独到的分析,指出了这个问题上三种不同的看法。此外他在总结战史的基础上,修订完善了他在 1923 年提出的战争原则,得出以下九条原则:目标、攻击、机动、安全、突然、协同、集中、节约兵力、决定性。后来美国的九大军事原则和富勒提出的九条原则有着惊人的相似,由此可见富勒军事思想的广泛而重大的影响。1966 年,富勒在给好友利德尔·哈特的信中写道:"享受人生的最好方法是做一个知识的流浪者。"同年 2 月 10 日,在完成他的第 45 本专著《朱列叶斯·恺撒——男人、军人、独裁者》之后,这个伟大的"流浪者"离开了这个世界。

## 二、《装甲战》简介

富勒一生共出版了 45 部军事专著,从军事理论到军事历史,从战略到战术均有独到的研究,而《装甲战》则是其机械化战争理论的代表作。此书写于 1932 年,原名为《野战条令(三)讲义》。1943 年美国再版此书时,富勒根据当时正在进行的第二次世界大战的作战经验,对原书的一些内容以注释的方式做了补充说明。

《装甲战》全书共 15 讲,分 13 章,另有一个前言和序言,及 4 个附录。从各章的内容分别是：第一章，武装部队、部队指挥与军事原则；第二章，战斗部队及其特点和武器装备；第三章，参战的战略准备；第四章，作战；第五章，情报；第六章，防护；第七章，进攻；第八章，防御；第九章，夜间战斗；第十章，不发达国家和半开化国家中的战争；第十一章，海运、陆运和空运；第十二章，命令、指示、报告和电函；第十三章，内部通信联络。4个附录分别是：突破的理论；坦克在峡谷地的进攻战术；丛林地和森林地斗；马其顿王亚历山大对付塞西亚人的战术。全书约10万字，用富勒本人的话说，该书是"第一本完整地写机械化部队作战的书"，它"不是一本做结论的书，而是一本启迪思想的书，如果通过学习这本书，军队中一些年轻人的思想更加活跃，那样就达到了出版此书的目的"。

《装甲战》是世界上第一本系统研究机械化部队作战的书，在书中富勒分析研究了战略和战术两大层次的主要问题，内容丰富，见解独到而且深刻，形成了完整的机械化部队运用理论。在本书出版10年后的1942年，西方军界对其评论是："如果今天要求他根据过去10年所取得的经验全面修改这本'讲义'，那么不会有大量或重大的修改。只需做一些文字修改和增加一些注释，以适应现时的需要。"事实上，这本书在出版以后英国陆军几乎无人问津，而德国却将它翻译为德文，装甲部队军官几乎人手一册。1936年，当德国的古德里安指挥第2装甲师在演习场上实践《装甲战》思想的时候，专程把已经退役的富勒奉为上宾。德国的古德里安、隆美尔等曾将《装甲战》视为战争的"圣经"。苏联军队也曾把《装甲战》当作军官的"日常读物"。直至今日，各国仍重视对该书的研究，并认为其在信息化战争条件下仍有重要的价值。

## 第二节　富勒的机械化战争理论

在富勒的军事思想中，机械化战争理论是其核心与实质，而《装甲战》则是反映这一思想的代表作。在《装甲战》中，富勒分析研究了战略和战术两大层次的主要问题，内容丰富，见解独到、深刻，形成了完整的机械化部队运用理论。

### 一、机械化战争认识论

军队机械化必将引起战争的全面改变，这是富勒机械化战争认识论的核心观点。富勒认为，在军事史上，蒸汽动力的采用，明显地扩大了军队的规

# 第十一章 所向披靡的机械战甲

模,增大了武器的射程和破坏力,增强了军队后勤补给和战略机动能力。而内燃机的出现,导致飞机的发明和摩托化车辆的使用,明显地加快了军队的运动速度,大大提高了军队的运输能力,增强了部队的防护能力,使各国军队在战略战术、组织编制、军队指挥等方面,面临着陆战史上规模最大的一次革命,它"相当于或可能超过用于海战的蒸汽动力的革命","必然会引起战争的全面改变,以致建立新的军事体制"。

首先,引起战略战术的变化。第一次世界大战中在汽车的基础上逐步发展了装甲车,进而又发展了履带装甲车和坦克,这"立即开始引起战略和战术的改变"。一是把铁路铺设到战场,后勤运输的范围就显著增大,从而不仅扩大了当时的炮战规模,而且使野战工事比过去更加坚固。二是装甲车增大了侦察距离,而飞机的出现更是开辟了侦察的新领域。三是飞机、坦克的出现,改变了攻防战术。如装甲的防护能力对进攻战术带来影响;"飞机不仅根本上改变了炮兵的战术,而且由于它能超越敌方地面部队,攻击敌人后方的民用目标和军用目标。飞机为战争艺术开辟了一个新的领域"。而随着飞机威力的增大,即使不会使陆军和海军失去作用,"也肯定会改变陆军和海军的作用"。

其次,引起军事组织形式的改变。"因为军事组织形式直接受社会状况的影响",因而随着主要产业由农业向机器工业的转变,"可以断定,军事组织的形式也会随之改变,军队将逐渐以机器——目前出现的民用发动机——改变军队的编制装备"。这意味着,军队将改变长期以来从农业人口中征召士兵的做法,而将平时直接接触汽车等可直接用于战争的机动工具的人作为征募兵员的主要对象;由于工业是机械化的基础,因此将来只有工业国家才能成功地进行有组织的战争,即拥有装甲装备多的国家比装甲装备少的国家会具有更强的战争实力,而缺乏工业、制造能力和机动车辆的国家将无力抵抗外国的入侵;由于组建机械化部队费用大,其规模将受到限制,因此将使国家现有军事力量发生很大的变化;为适应战争速度加快的需要,在平时保持足够的机械化部队,应组建受严格训练的职业军队,取代由短期服役的应征士兵组成的部队。

第三,改变了军队的指挥方式。"上述许多变化必然会对军队的指挥产生深远的影响"。一方面,随着机械化程度的提高,部队的编制将缩小,会产生一种更加完整的师。其中,遂行战斗的师,需由一名行政领导者和一个组织严密的行政参谋机构进行控制;遂行占领任务的师,则需由一名具有机断行事的将军和一个小型作战参谋机构进行指挥,将军必须亲临战场指挥作战,而不是置身于战场之外。另一方面,由于军队的摩托化和机械化改变了组织战斗的程序及思想方法,游击战这种初级的作战形式可能再次被广泛采用,进行这种作战要有高度的积极主动性,这就要求组织严密的部队指挥官必须具有这种重要的素质。指挥官的作战计划必须简明扼要,并具有灵活性。计划应当有充分余地,使下属指挥官能机断行事。又由于现代作战要靠快速运动才能取胜,因而应废除制定详细作战命令的做法。"作战计划的核心是在不失去控制的情况下充分发挥军队的积极主动性,并以各种作战方案为基础实施指挥……作战计划的执行必须遵循机断行事和履行职责相结合的原则,而不是以单纯按命令行事为准则"。

不过,在富勒看来,尽管摩托化和机械化会引起军事组织形式及指挥方面发生大的变革,但节约兵力、集中、突然性、安全、进攻、机动和协调等原则总是适用的。也就是说,摩托化和机械化只是改变了战争条件,即改变了将军使用的工具,而不是他的军事原则。上述具有普遍适用性的军事原则仍是我们在研究现在和未来战争时所必须学习与遵循的。

## 二、机械化部队建设思想

### (一) 组建以坦克为主的新型机械化部队的重要性

富勒提出,为了适应机械化战争的需要,英国应组建一支小型的强有力的机械化部队,这支军队必须具有快速机动能力,应像救火机那样在火灾发生前就能迅速予以扑灭。他指出:"部队摩托化和机械化的优点在于,以节省时间来缩短空间,换言之,我们运动的速度越快,我们所要防御的地区范围就越小。在战略上,时间和空间是相对的。正如战争历史一再表明的,只在短时间内停留在一个地点的部队,要比长时间(24小时以上)停留在同一个地点、兵力比之大几倍的部队对战争的作用更大。"他还认为,组建这种小型的强有力的职业军队的国家,在改革方面要比推行征兵制的国家快,最终它将使大部分步兵部队在与机械化部队作战时不起作用。并且,当步兵部队变为机械化部队时,将会对国家战略产生深远影响。由于部队实现机械化经费开支大,不仅陆军的规模要缩小,而且政府用于空军和海军的经费也会减少。这样,就会使国家现有的军事力量发生很大变化。

### (二) 组建以坦克为主的新型机械化部队的设想

富勒设想,新型的机械化部队应由两种坦克部队组成:一种是装备机动战斗车辆的具有进攻能力的坦克部队;另一种是装备车载的反坦克武器的具有防御能力的反坦克部队。换句话说,这种机械化部队或装甲部队,将包括两个联队,即一个坦克联队和一个反坦克联队。坦克联队包括侦察坦克、搜索坦克、火炮坦克、攻击坦克和战斗坦克,其战斗队形有点类似于海上作战舰队。坦克联队可从驻守的防御地区出发向敌坦克部队攻击,当遭遇敌强攻或被击败时,可撤到防御地区。反坦克联队将包括两大类:一类是装备有反坦克火炮的反坦克炮兵;另一类是工程兵,遂行敷设地雷,设置反坦克陷阱和障碍物等任务。在行军中,反坦克联队将尾随坦克联队,并掩护坦克联队。在驻守时,坦克联队立即展开,建立防御地区,配置火炮、反坦克机枪,设置雷场和构筑各种工事,以便为勤务部队、坦克军团附属部队和坦克本身提供防护。

到底机械化部队应当装备哪些类型的坦克?各种不同类型的坦克又应当如何在战斗中运用呢?富勒认为,我们所需要的是能发现目标、能防护目标和击中目标的坦克,也就是需要侦察坦克、火炮坦克和战斗坦克。随着军队日益机械化,富勒认为作战中还需要一些特殊用途的坦克,即渡河坦克、突击坦克、补给坦克、架桥坦克、施放毒气坦克、敷雷坦克和扫雷坦克7种。

富勒还指出,"地面机械化与空中摩托化是密切相关的,事实上,坦克和飞机是相辅相成的"。在作战中,二者如不能相互配合,其安全就得不到保障。用飞机发现敌坦克,可给己方坦克指示目标,攻击或压制敌坦克,从而保护机场。没有坦克,飞机的后方基本上得不到保护;而没有飞机,坦克在战场上基本就会失去打击目标。"由此可以推断:在未来战场上,坦克与飞机的协同将比步、坦协同重要。有鉴于此,我们可以预料,坦克与飞机将合编成一种部队,而步兵则完全是一种独立的部队。"因此,新型军队的组织结构,将取代骑兵、炮兵和步兵的传统组织结构,其构成应是摩托化游击部队、第一线机械化部队和第二线非装甲部队(一部分人员乘摩托车运动,另一部分徒步运动)和航空部队。其中,机械化部队是骨干力量,在战争中起决定性作用。

富勒阐述了在不同情况下如何发挥步兵和坦克的作用。他指出,在坦克能自由运动的地区作战时,必须摆脱原来使用的战术,步兵和机枪的地位将被坦克与反坦克武器所代替。虽然步兵的作用将受到限制,但它在山地和丛林作战中仍作用突出,因此需要有受过良好训练的步兵和轻骑兵。根据作战任务和使用,富勒将步兵分为三类:轻步兵,主要在不适合于坦克运动的地区作战;步兵,其训练和装备主要适用于占领被攻破的地区;摩托化步兵,适用于游击作战。

### 三、机械化战争的战略与战术

(一) 以摧毁敌人意志为目标的作战行动

富勒在论述作战问题时指出:"战略的目的是以武力而不是用文字来维护一种政治主张。这通常以作战来实现,其真正的目的不是摧毁物质力量,而是在精神上压倒敌人。"他认为,"作战的最终目标在于歼灭敌人"是一种有害的观点,这种观点否定了战争的真正目的,即建立更加美好的和平生活。这种理论强调大量使用步兵,因为在军事史上,兵力多的军队是战争中最有破坏力的军队。而要实现战争的真正目的,就必须终止使用破坏性手段。也就是说,"战争必须逐步由武力争斗发展到智谋与士气斗争的阶段,换言之,指挥艺术必须基本上代替暴力,用瓦解士气或精神上的打击,代替武力争斗或肉体的攻击"。

那么,如何攻击敌人的意志,瓦解其士气和斗志呢?富勒指出,必须实行机械化战争的新理论,即用飞机的威力瓦解敌方民众士气,用机械化部队的威力瓦解敌军的士气,以及用摩托化游击部队的威力给敌方造成恐怖和混乱。富勒对具体的作战方法也提出了自己的构想,即利用装甲机械化部队的快速突击力,使之突然出现在敌人的防御区内,直接攻击敌人的各级指挥部,包围它们或者打散它们。也就是说,攻击敌人的神经系统,进而瓦解敌人指挥官的意志,这比粉碎敌士兵的肉体更为有利。与此同时,集中各种空中作战力量,以轰炸机在敌人的补给地点和道路中心去进行轰炸。在这些行动获得成功后,对敌军防线展开猛烈进攻,而在敌军防线被突破以后迅速转入追击。

(二) 机械化部队必须充分利用情报

富勒认为,情报是战斗的基础,情报工作随着参战部队的特点、武器装备、进攻和防护的手段等因素而变化。由于机械化部队越野能力强,运动速度快,能在较宽的正面和更大的纵深实施机动,能在夜色掩护下迅速改变其位置。这使情报的收集相对比较困难。为此,富勒提出了一系列关于情报收集的原则:在收集情报时,一是必须了解山坡、地面、河岸、丛林等地形条件,应了解哪些地区便于坦克机动,哪些地区不利于坦克机动,哪些地区坦克完全不能机动;二是应及时报告敌人运动的情报,以便能充分利用这种情报,这是由机动力的增强、情报的有效期缩短所决定的;三是要区分情报,要特别重视否定性情报,因为它往往比矛盾重重的肯定性情报更为重要。

关于情报的收集问题,富勒认为,在机械化作战时代,从战俘和缴获的文件获取情报的军事价值已大大降低,情报应主要来源于自己的侦察。在侦察的手段上,应在传统的骑兵和步兵巡逻侦察的基础上,增加飞机、固定侦察气球、汽车、摩托车、装甲车和坦克等的手段。在侦察的范围上,也应由过去的外层战略侦察和内层战术侦察,拓展为纵深战略范围、前沿防护范围以及这两者之间的广泛的战术范围。不同的范围将由不同的侦察手段完成。纵深战略范围的侦察由飞机实施,前沿防护范围的侦察由坦克、骑兵和步兵实施,两者之间战术范围的侦察由汽车和装甲车实施。第三种范围的侦察极其重要。侦察必须多种手段交替运用,不间断地进行,必须昼夜保持侦察。在作战中,每个部队都负有侦察的任务,必须改变过去那种侦察速度慢、侦察工序烦琐等不足。为此,富勒提出了机械化作战时应将所有地图画成许多方格,并标有代码和特别标明是否适于坦克的运动。他还认为,由于侦察和反侦察,以及真假情报同时并存,因此,"在未来战争中,计谋和策略将起非常重要的作用,因为部队运动速度越快,将军的头脑必须更加灵敏。如同实力强大一样,足智多谋也会赢得战争的胜利"。

(三) 充分发挥机动装甲的防护作用

机械化部队用于战场后,第一次世界大战中以堑壕掩护防御部队的方式,将被装甲防护所代替。装甲不仅可用于掩护防守者,也可掩护进攻者,这种防御是使用铁丝网防御思想的一种发展。为了阻止和击毁战斗车辆,将用地雷场代替铁丝网,用坚固据点网代替堑壕。在机械化部队作战中,防护行动将直接影响和改变作战结果。富勒指出:"在机械化战争中,机动装甲的防护作用超过了静止的地形,从一个地点到另一个地点的运动速度提高了疏开配置的作用。过去进攻者必须由运动状态转入停止状态才能战斗,现在如同在海上的舰只那样,行进间就能战斗。"

由于机械化给突袭提供了无限的机会,因此在地区战争没有明确受到威胁的前线,全面防护和局部防护将日益重要。富勒还指出:"徒步步兵作战的中心思想是加强进攻力量,但机械化战争却相反。防护的作用,不论是在装甲部队作战中,还是在筑垒地区和防御部署中都将日益明显。"

富勒指出,防护在不同样式的作战行动中有不同的要求:①进攻作战中的防护。应正确选择适合配置武器的地形;适当配置炮兵;反坦克武器应配置在有利于击退敌人攻击的地点;坦克应集中在利于开展进攻的地点。②运动中的防护。应该选择小型纵队,以梯次队形或成箭头队形,或成方角队形行进,一旦受大批敌人攻击,应组织防御,等待增援。③前卫的防护。前卫作为防护圈的一个强大环节,可采取装甲车在前头,其后是侦察和搜索坦克部队的前卫,以及战斗和侦察坦克的本队,最后是反坦克联队的部署方式。④侧卫的防护。在地区作战中,侧卫的编成应与前卫相似,可随时指定它担负前卫任务。其行动与前卫相同,即抗击敌人的进攻,或进攻敌人的翼侧,阻止敌人突入己方部队。⑤后卫的防护。部队撤退时。其后卫的掩护行动与部队前进时前卫行动相同,但不能将后卫作为特遣部队。后卫的队形可采取"漏斗状队形",外层配置摩托化游击部队,尽可能保持与敌接触,以便迟滞其行进。⑥部队驻守时的防护。警戒部队的配置应有利于保卫驻守部队,一般配置在足够远的距离,以使驻守部队有时间准备对付来袭的敌人。在摩托化部队和机械化部队的作战中,警戒部队必须准备对付装甲部队的攻击,由于装甲部队的进攻将使用快速机动车辆,所以警戒线必须设在更远的距离上,并准备击退敌坦克的攻击。

(四) 以机动战为核心的部队进攻

如果说火力在第一次世界大战中,特别是战争初期阶段发挥着决定性作用的话,那么,在坦克装甲车辆登上战争舞台后,起决定性作用的因素已经发生重大的改变,机动开始成为决定战争进程和结局的最重要的因素。富勒指出,在机械化战争中,一旦发现敌人,就应当把整个进攻理论放在精心研究有关攻势行动和警戒力量的地形以及双方越过该地形所需的时间上。富勒认为进攻的原则并不随着武器性质的变化而变化,但是它会引起条件的变化,而条件的变化都会要求军事原则应用的变更。在机械化条件下,进攻一方在选择进攻地域时,应尽可能选择在如进攻不成,可由该地区退回反坦克堡垒,或退入隘路,即翼侧没有反坦克障碍物的地区。在机械化战争中,由于机动力的提高,部队在增强了突然性、加快了作战进程的同时,也增大了指挥控制的难度。因此,机械化部队实施的进攻作战,必须在加快指挥节奏的同时,建立并保持一支强大的预备队,以应付各种突然发生的意外情况。

富勒认为,进攻目标一般应选在一个地区,目标可以有多个,但目标之间的距离不能太远,彼此必须相互联系。而是否实施进攻将取决于以下三个方面:一是取决于进攻地区的地形、进攻的目标以及进攻的部署;二是取决于限制敌机动的能力;三是取决于对部队的控制能力。当机械化部队实施决定性进攻时,必须首先抓住敌人或减弱其机动力,限制其行动。其进攻可分为四个阶段:第一阶段是从反坦克基地向前机动;第二阶段是占领阵地,并迫使敌人改变计划,分散敌人的注意力;第三阶段是将敌人赶入一个不利的地区;第四阶段是向前移动反坦克阵地,并将已攻克的地区移交给占领军。富勒认为,在机械化战争条件下,线式防御将为地区防御取代,因此,他重点分析了进攻有组织的堑壕防御体系的问题。

(五) 正确的作战艺术取决于攻防行动的紧密结合

富勒指出:"作战艺术有赖于进攻和防御之紧密结合,犹如建筑大厦少不了砖和水泥一样。由于防御是不甚壮观的作战样式,往往被人忽视,和平时期尤其如此。但是,防御对于正确的进攻行动正如弓对于箭一样是不可缺的。"他又指出:"正确的作战艺术取决于攻防行动的紧密结合,换言之,作战的胜负取决于两者结合的有效程度。几乎也可以说,搞好攻防结合就胜利,搞不好攻防结合就失败。"

据此,富勒在探讨机械化部队的攻防问题时认为,一方面,必须采取机动进攻行动。机动战的秘诀在于,打算进攻时,必须首先考虑进攻的因素。使用机械化部队实施决定性进攻时,必须首先抓住敌人,或者减弱其机动力,从而限制其行动自由;决定性进击点将是灵活的,其目的不是占有一个位置,而且要在一个地区内机动;进攻的正面并不是一条连续不断的直线,而是呈箭头或弯月状,它围成一块半圆形地区,其底线可在必要时由一支独立部队加以封锁;进攻的方法是建立一个自我保护的行动基地,从这个基地投入攻击力量;进攻的纵深与补给能力成正比;在机动性等进攻中,还必须掌握强大的预备队,以应付意外的情况。

另一方面,富勒认为:"防御是进攻的基础,适时的防御是胜利的基本保证。"人们终归既要有剑又要有盾。在机械化战争中,这个盾就是野战中的反坦克基地,围攻中的反坦克地带。富勒认为防御阵地的选择取决于作战的目的。即为进攻行动提供基地、彻底阻止敌方的进攻行动、暂时阻止敌方的进攻行动。关于防御的准备,关键在于发现敌人,并合理地利用人工的和天然的障碍物。防御的组织取决于土质的特性和天然障碍物,其中重要的通道将成为决定性的因素。防御组织应包括一个反坦克工事体系和一支位于后方、能对敌明显暴露的翼侧实施机动反击的部队,以便在敌人企图迂回反坦克工事时打击其侧后方。防御地区内部各防御分队之间的翼侧,应与可能遭到攻击的前沿成斜角而不是垂直配置;应善于采取诱敌进攻,即防御的一方把对方诱到有利于歼敌之地加以攻击。

机械化战争也会出现持久防御,但这种防御是使进攻部队陷入一个组织严密的战术网,如果对方突破了战术网,又会发现自己陷入一个更广阔的战略网。

## 第三节 富勒机械化战争理论的影响与运用

### 一、富勒机械化战争理论的影响

富勒在军事理论上最杰出的贡献是机械化战争思想,而《装甲战》则是反映这一思想的代表作。但富勒的《装甲战》于1932年首次出版时,几乎无人问津。当时英国的主要军事期刊《步兵》,只是没有附带任何评论地转载了该书的一部分。而在美国陆军军官学校中,第二次世界大战爆发前借阅过这本书的只有6人。西方军界普遍认为,没有经过几年的系统的实践是不能确定坦克部队的编制和战术的。但随着战争的发展,尤其是经历战争实践的检验后,富勒机械化战争理论价值逐渐为人们所了解和认识。

富勒在19世纪20年代和30年代所发表的一系列文章与演说都是以提倡机械化为主要内容。但直到《战争科学的基础》出版以后,富勒才开始以更加精确的术语和更令人信服的分析使他的机械化战争思想趋于系统化。考察富勒在《装甲战》发表前的几部主要著作可以大略看到他的思想的演进。《战争科学的基础》从军事哲学高度奠定了理论基础;《论未来战争》解决了机械化部队运用的意义与方法问题;《野战条令(三)讲义》思考研究了具体的战术问题,分析了技术变化给战术带来的影响。《装甲战》是富勒在综合与完善上述思想观点的基础上,全面深刻地解释其理论的代表作。它所包含的深刻思想及丰富内容,标志着机械化战争思想已成为科学的理论体系。

《装甲战》深刻揭示了影响和作用于机械化战争理论的各主要因素,完整地阐述了机械化战争的实质和意义,分析了其不同于以往战争形式的主要特点。富勒还在书中详细分析研究了战术问题,在作战方式和手段,战术的组织编制与训练、后勤与技术保障、指挥和纪律等各个具体问题上都有突破性的创新和发展。他以敏锐的眼光洞察到各种新式武器和新技术给现代作战带来的变化,并且有意识地将各种战斗和战斗支援及保障力量融为一体。在军兵种协同作战及各种技术装备的使用上提出了一整套切实可行的办法。富勒从战术需要对机械化战争条件下的各种武器和技术装备的发展进行了探讨,提出了许多有价值的意见和方案。如对各种功能的工程机械装备、担负不同任务的坦克及各种口径的火炮等,富勒都从战术要求上提出了设计和运用思想。事实上,这其中的大部分设想都在第二次世界大战及战后武器装备的运用与发展上得到了实际的印证和肯定。

在研究机械化战争上有许多著名书籍,但没有一本能像《装甲战》那样分析得全面、详细、透彻。富勒渊博的知识和卓越的军事天才在这本书中得到了充分的反映。在20世纪40年代前期,《装甲战》被苏联军队当作军官的日常读物。在德国,古德里安、隆美尔等著名将领都将之视为战争"圣经",认真进行学习和研究。对于德军入侵法国、比利时这一最具代表性的闪击战,许多军事专家认为,德国人的整个进攻都是按富勒的教导进行的。古德里安在战后撰写的《坦克——前进!》一书中提到的德军装甲兵在战前所接受的一些基本作战原则和方法,都能从富勒的《装甲战》一书中找到。在英、美等国,不仅把《装甲战》作为准则使用,而且把它视为一种具有明显实用价值的论述战争的文件。第二次世界大战后,各国十分重视对《装甲战》的研究,并认为,该书在核战争条件下仍有重要的战术价值。在《装甲战》出版10年后,西方军界对其评论道:"如果今天要求他(富勒)根据过去10年所取得的经验全面修改这本'讲义',那么不会有大量或重大的修改。对'讲义'只需做一些文字修改和增加一些注释,以适应现时需要"。《装甲战》对机械化战争的每一个方面及发展几乎都没有忽视。这在所有论述机械化战争的书籍中,也可以说是独一无二的。《装甲战》的影响和价值不仅反映在一系列成功的战争理论与实践中,也深刻地体现在它勇于突破传统、启迪智慧的创造性思想中。

## 二、富勒机械化战争理论的运用

### (一)德国闪击战的理论基础

德国在第二次世界大战中首先使用了闪击战,集中大量的飞机、坦克和机械化部队,先发制人,实施大规模的突然袭击,对于迅速夺取战争主动权,摧垮对方抵抗力有着极其重要的作用。闪击战不仅在第二次世界大战中得到广泛使用,而且在战后,特别是随着导弹核武器的发展,闪击战仍受到各主要军事强国的重视,并得到不断的发展与完善。

闪击战的诞生与有着"现代坦克战之父"荣誉称号的古德里安及隆美尔、巴顿等杰出将领的实践是分不开的。但这场军事领域的革命在变成现实的进程中,却始终没有离开富勒与他的《装甲战》在理论上的指引。第二次世界大战前,在英国受到漠视的《装甲战》得到了古德里安等人的青睐。古德里安在深入研究的基础上多次向军官们介绍了富勒著作的主要思想与内容,他在战后撰写的《坦克—前进!》一书中提到的德军装甲兵在战前所接受的一些基本作战原则和方法,都能够从富勒的《装甲战》中找到答案。富勒及其著作《装甲战》在闪击战形成上的理论贡献主要有三个方面,其中的每一个方面都可以说是具有决定性意义的。

一是"瘫痪战"思想。富勒认识到,坦克在第一次世界大战中最明显的作用是表现在对敌人士气的影响。因此,大量密集地使用坦克和机械化部队,其真正企图和目的在于使敌方产生恐惧心理,而不是摧毁敌人。"攻击敌人的神经系统,进而瓦解敌指挥官的意志,这比粉碎敌士兵的肉体更为有利。"富勒指出挫伤敌人勇气,就能轻易地使其溃散、秩序混乱、迅速瓦解。而达成此目的有三种手段,即用飞机的威力瓦解敌方民众士气;用机械化部队的威力瓦解敌军队的士气;用摩托化游击部队的威力给敌方造成恐怖和混乱。德军在欧洲战场上的闪击战无疑正是这种作战思想的具体实践,从军事上看,特别是在战争初期,收到了很好的效果。

二是"纵深战"思想。在进攻上,一支部队的战役、战术作用都是与它突入敌防御的深度和活动范围成正比的。富勒认识到在飞机出现于战场后的相当长时间里,飞机的航行和地面部队的运动是不一致的。因此,必须集中使用坦克和机械化部队,以加快地面部队的运动速度,将打击力迅速指向敌纵深。"地面部队运动速度加快了,战争初期的作战就会发生明显的变化"。闪击战速度快、变化大,强调动态效应,正是基于"纵深战"的思想。德军1939至1942年间在欧洲的作战行动,隆美尔与美、英军在沙漠上的一系列攻势行动,也大多是靠快速猛烈的纵深攻击战而赢得主动的。

三是"合成部队"思想。在第二次世界大战前后,坦克和近距离支援飞机是实施闪击战所需要的最主要的装备,但单靠这些装备本身并不能实施闪击战。闪击战需要有一支比例协调的诸兵种合成部队。富勒充分地认识到编组包括坦克、步兵、炮兵、工程兵等战斗及战斗支援与保障力量的机械化部队的重要作用和意义。他不仅在理论上对"合成部队"的作战行动进行了研究,而且还亲自担任了这种实验部队的指挥官,进行各种探索性演习。古德里安则最终以其实践迈出了关键的一步。古德里安在《装甲兵将领》一书中写道:"我对历史的研究,在英国进行的演习以及我们自己使用武器模型的经验都使我相信,在坦克必须依赖的其他兵器还没有达到坦克的速度和越野性能水平之前,坦克是绝不能充分发挥其作用的。……因此,需要建立包括所有使坦克充分发挥作用所需的支援兵种在内的装甲师。"这也是对《装甲战》更清晰、完整的注释。

(二) 空地协同作战的先导

在富勒的机械化战争理论中,飞机始终作为一种完全摩托化兵种来使用。《装甲战》中写道:"瓦解敌人的斗志,这是压倒一切的决定性打击。将来为达此目的,肯定会同时在地面和空中进行这种打击。"与杜黑的"制空权"理论相比,富勒对飞机作用的认识也许更加全面些。他赞同杜黑关于战略上必须夺取制空权,空中攻击的主要目标不是军事设施,而是距离地面部队接触点较远的工业和人口中心的观点,但他更加注重飞机在战役战术领域的作用和意义。富勒指出:"飞机为战争艺术开辟了一个新的领域。"不管军事思想多么保守,空中力量的出现和广泛运用都必然会使得那些陈旧的武器被淘汰,过时的作战方式和军事思想被新的军事理论代替。

《装甲战》深入地阐述了空地协同作战的原则和方法,可以说,它创立了一个比较完整的空地协同战术体系。首先,富勒提出将坦克与飞机合编成一支部队,以使地面力量与空中力量构成一体,利用各自优势,充分发挥它们的战斗效能。他认为,地面机械化与空中摩托化是密切相关的。"事实上,坦克和飞机是相辅相成的,在今后一段长时间内,在作战中一方如得不到另一方配合,其安全就得不到保障。"特别是在俯冲轰炸机出现后,坦克与飞机的密切协同比步、坦协同更加重要。这一认识在当代军事世界仍不失其重要价值。

其次,富勒强调空军、防空部队和地面机械化部队紧密协同,实行"三位一体"的作战和指挥。从战术上分析,飞机的弱点不在空中而在地面,飞机是机动性能最强的武器,但在地面难以机动,几乎没有战斗力。飞机的"后方"会遭到敌空袭或地面攻击,在这两种攻击中,第二种攻击可能是致命的。相反,机械化部队容易遭到空中打击,自身难以进行对空防护,但在陆地上具有强大的突击力。富勒指出,以飞机引导、保护及协助坦克作战,以机械化部队和防空部队保障后方机场、补给基地、交通中心的安全,整个作战行动就会像三个主要战斗力量组成的协调机器,运转自如,发挥出强大的整体威力。"三位一体"的作战方法具有反应迅速、灵活多变、易于控制的特点,不同于第一次世界大战期间和战前那种主要以运动迟缓、数目庞大的步兵和炮兵力量,按照死板的规定实施作战的战术理论。第二次世界大战中,隆美尔、蒙哥马利、布莱德雷等军事将领的成功都与这一战术思想紧密相关。

第三,富勒具体分析论述了战役战术行动中,飞机与机械化部队协同的目的和方法。在进攻中,飞机将主要是通过直接击败敌空军,或者通过攻击距离遥远的、敌不得不加以防御的某个指挥中心,把敌空军调离战场,以取得局部制空权;战斗中及时发现敌人,并保持接触,察明运动变化情况;对机械化部队攻击的地区进行详细侦察,力求察明敌配置的各种火炮和反坦克武器,保护进攻部队;尽量靠近进攻前沿地区建立编有防空部队,包括飞机着陆场的反坦克基地。在防御中,空军一般不单独行动,主要用于配合地面部队行动,特别是集中优势力量协同机械化部队实施反击;飞机的整个地面系统必须设在两翼安全、不易受攻击的后方,并组织起良好的掩护和保障,以确保飞机能充分发挥其战斗力。

富勒的这些思想观点具有科学的预见性和创造性,深刻地影响着20世纪的军事思想和军事实践。随着直升机的出现和大量使用,使作战的立体性发生了深刻的变化,终于形成了立体化的战场结构。1959—1973年,美军入侵越南期间共投入直升机3000多架,由此产生了直升机空运机动部队与机械化部队合同作战的立体攻击样式,"锤子与铁砧"以及"蛙跳"式的立体攻击成为越战的一个显著特色。在海湾战争中,美军101空中突击师"蛙跳"270—350公里,垂直包围伊拉克共和国卫队,创造了远距离空地一体联合攻击的成功战例,展现了空地一体作战的一些本质规律。

# 第十二章 西方不战而胜的思想

——利德尔·哈特的间接路线战略理论

## 第一节 利德尔·哈特与《战略论》

### 一、上尉军事家利德尔·哈特

巴兹尔·亨利·利德尔·哈特（B. H. Liddell Hart, 1895—1970 年），英国著名的军事历史学家、军事理论家和战略学家。

1895 年 10 月 31 日利德尔·哈特出生于法国巴黎，童年时随父母回英国定居。少年时代，利德尔·哈特就喜欢参加带有战术趣味的游戏活动，并有着想加入海军的梦想。他对飞机这个新鲜事物也很感兴趣，在 1910 至 1914 年期间写了不少有关飞机及其军事运用的笔记，并与《飞机》杂志的一位编辑保持着经常的通信联系，其中有几封信还被作为重要稿件发表在《飞机》杂志上。

1913 年，利德尔·哈特进入英国剑桥大学学习近代史，对军事历史很感兴趣，对中国古代的战争艺术，特别是中国的《孙子兵法》特别推崇，立志于从事战争理论方面的研究。1914 年，第一次世界大战爆发，利德尔·哈特不顾父母的反对，中断了大学学业，加入了由国王直接统辖的英国约克轻步兵，后随军开赴法国，参加对德军的作战。1915 年冬，利德尔·哈特随同部队两次赴西线战场执行任务。1916 年 7 月 1 日，他又参加了以规模浩大、伤亡惨重而著名的索姆河会战。在这场会战中，利德尔·哈特三次负轻伤，后随部队撤离前线，不久便返回英国养伤。严酷的战争场面给他留下了深刻的印象，也促使他对战争进行更多的思考。1916 年 9 月，利德尔·哈特在养病期间撰写了一本名为《英军进攻索姆印象记》的小册子，对当时的英军将领和索姆河会战备加颂扬。这本充满英雄崇拜色彩的小册子尽管还不能算作真正的军事著作,但标志着利德尔·哈特著作生涯的开始。

利德尔·哈特勤于学习、善于思考、酷爱钻研、勇于发表独立见解,参军服役后即对战争理论产生了浓厚的兴趣,在负伤就医期间开始系统地学习和研究军事历史,并着手分别编写西庇阿、薛尔曼、福煦和劳伦斯的传记。后来他还撰写了几本关于步兵训练的小册子,同时还对步兵战术,尤其是连以下分队战术进行了较为系统的研究。1920年夏天,利德尔·哈特被陆军部指定编写《步兵训练手册》,他利用这个机会从战术训练的角度研究了第一次世界大战后期的战斗经验,提出了一个着眼于突破阵地防御的战术方案,即以战时常用的渗透战术为基础,提出了"洪水泛滥式"的进攻方法。后来,利德尔·哈特结识了机械化理论的大师富勒,彼此欣赏,成为好友。受富勒的影响,利德尔·哈特接受了机械化战争的主张,积极参加了英国军队的机械化运动,提倡集中使用装甲坦克和机械化部队,并强调加强空中力量。

1924年是利德尔·哈特人生中的一个重要转折点。这一年,利德尔·哈特由于健康原因不得不退出现役,此时他只是一个上尉军官,而且没有学位。但是他以自己军事理论上的出众才华战胜了包括几位声名显赫的将军在内的竞争者,被录用为英国《每日电讯报》的军事记者,由此开始了长达10余年的记者生涯。与此同时,利德尔·哈特开始以批判的态度审视第一次世界大战的战略指导。他认为,这场战争之所以打成灾难性的消耗战,是由于战争双方都错误地把克劳塞维茨关于在战争中必须彻底摧毁敌人军队的战略原则奉为真理。利德尔·哈特开始悉心钻研战争史,以创制一个新的战略理论,反驳克劳塞维茨的理论。通过对历史和第一次世界大战的研究,利德尔·哈特的"间接路线"思想逐步形成。1925年,他出版了一本书名为《帕里斯或未来战争》的小册子,发表了战略研究成果。帕里斯是希腊神话中的特洛伊王子,他发现了战无不胜的希腊英雄阿喀琉斯的致命弱点,借阿波罗神之助轻而易举地一箭射杀了阿喀琉斯。利德尔·哈特引用这个典故说明自己的基本战略主张,即战争的目的在于以尽可能小的代价瓦解敌人的斗争意志,而战略的任务则在于发现和利用敌人的致命弱点并施以打击。1926年和1927年,利德尔·哈特又相继出版了《比拿破仑更伟大的人》和《名将揭秘》两部研究军事历史人物的著作,继续从历史中寻找根据,并借历史人物的事迹宣扬自己的主张。1929年,利德尔·哈特在多年研究军事成果的基础上,写成并出版了《历史上的决定性战争》一书,初步阐发了"间接路线"的战略思想。1932年,他出版了《英国式战争》,针对英国的情况具体地发挥了"间接路线"的战略思想,认为英国在未来战争中应当坚持传统的以海上斗争为主的战略路线,扬长避短,确保打赢战争的"最后一仗"。

1935年,利德尔·哈特离开任职10年的《每日电讯报》,转入《泰晤士报》任军事记者,并任《英国百科全书》的军事编辑,同时在剑桥大学讲学。1936年西班牙内战爆发,他以特派记者的身份深入前线进行实地采访,以大量的战地通讯形式,广泛宣传富勒和他本人多年坚持的机械化战争理论。此后,他与英军的一些资深将领建立了密切的私人关系,1937年成为英国陆军大臣霍尔·贝利沙的私人顾问,曾对英军的改革和机械化提出过不少建议,并对军事决策施加了一定的影响。但是利德尔·哈特的改革主张遭到一些人的反对,同时他也与某些高级将领的关系紧张,因而被迫于1938年辞去私人顾问这一职务。1939年秋天,由于无法自由地发表见解,利德尔·哈特离开了《泰晤士报》。1941年,他增修再版了《历史上的决定性战争》一书,更名为《间接路线战略》。1954年,《间接路线战略》更名为《战略论:间接路线》再版,世界各国广为翻译出版。

1946年后,利德尔·哈特集中精力专门撰写军事著作,阐述自己的军事思想。其中较有影响的有《战争样式的革命》(1947年)、《西方的防务》(1950年)、《隆美尔战时文件》(1953年)、《威慑还是防御》(1960年)、《第二次世界大战史》(1971年)等,此外还有一些著名战史和军事名人传记。进入20世纪60年代,利德尔·哈特将主要精力用于撰写回忆录和研究第二次世界大战史。1965年出版了两卷本《回忆录》,又完成了历时20余年才得以问世的历史名著《第二次世界大战史》。60年代是利德尔·哈特一生中享有最高荣誉的10年。1963年,他与富勒同时被授予奖给为军事历史做出卓越贡献者的"切斯尼纪念奖章"。1965年被美国加利福尼亚大学特聘为客座教授。1966年,他因在军事研究上功绩卓著而被授予爵士头衔。此外,利德尔·哈特还获得了牛津大学名誉博士和剑桥大学荣誉校友的称号。1970年1月29日,著名的军事理论家利德尔·哈特在英国白金汉郡的梅德门汉去世,终年75岁。

利德尔·哈特一生勤于笔耕,出版著作30余部,还在报纸杂志上发表了大量文章。他能够广泛地观察现实提供的新鲜材料,敏锐地从中捕捉重要的理论课题,并总是力求把对现实的体验与对历史的了解贯通起来,从而提出了具有一定价值的军事思想,成为当代西方军事理论的先驱者之一。利德尔·哈特没有上完大学,没有学位,却有很高的军事理论造诣;位卑言轻,却敢于坚持自己的见解;终生获得的最高军衔只是上尉,却被许多统率大军征战四方的军中武将尊为导师。这样的军事学家,在历史上屈指可数。

## 二、《战略论》简介

《战略论》是利德尔·哈特的代表作。该书的撰写、增修和出版,前后经历了近40年。1929年,利德尔·哈特将其多年撰写的《历史上的决定性战争》一书出版,其中首先使用了"间接战线"一词。1941年,作者以此书为基础进行扩充和修改,以《间接路线战略》为名再版。1942年,该书又以《赢得战争的方法》的名称出版,但书的内容没有变化。1946年,该书第三版问世,内容有所增补,书名沿用《间接路线战略》。1954年,作者在详细修订和大量补充后,出版该书的第四版,并将书名更改为《战略论:间接路线》。利德尔·哈特在其1954年版本的《前言》中写道:"我的这本《战略论:间接路线》,初版于1929年,当时用的书名是《历史上的决定性战争》。现在这个版本,是我25年来继续研究的结果,特别是总结第二次世界大战中在战略和大战略方面的经验的结果。"由此可见,《战略论》一书的研究、撰写与出版,是耗费了作者巨大的精力和时间的;间接路线的思想,是作者长期潜心研究的一个非常重要的课题。

《战略论》全书共4编22章,另有3个附录和17幅地图,约38.6万字。第一篇为20世纪以前的战略,包括第1—10章,分别是绪论、希腊时代的战争、罗马时代的战争、拜占庭时代的战争、中世纪的战争、17世纪的战争、18世纪的战争、法国大革命与拿破仑、1854至1914年的战争和25个世纪以来的结论。第二篇为第一次世界大战的战略,包括11—14章,分别是1914年的西战场、东北欧战场、东南欧与地中海战场、1918年的战略。第三篇为第二次世界大战的战略,包括15—18章,分别是希特勒的战略、希特勒的全盛时期、希特勒的衰颓、希特勒的败亡。第四篇为战略和大战略的基础,包括19—22章,分别是战略的理论、战略和战术的基本要点、国家目的与军事目标、大战略、游击战。该书通过分析西方2500年来的大量战例,以及两次世界大战的经验教训,阐述了"间接路线"战略理论。

《战略论》是利德尔·哈特在对2400多年中西方发生的历次主要战争进行系统研究的基础上,首次提出了"间接路线战略",认为直接进攻的战略并不可取,间接路线要比直接路线优越得多,间接路线是战略的实质。虽然在此之前,西方也有不少军事家和军事理论家对通过武力或武力加智谋夺取战争胜利的方法与途径进行了不懈的探索,但系统阐述这种思想的则是凤毛麟角,利德尔·哈特是其中最突出的一位。他将西方战争的经验教训和中国古代军事思想家的"谋略制胜"思想概括为"间接路线战略",并认为历史上凡是取得胜利的战争或战役,绝大多数采取了这种战略。他强调"间接路线战略"就是要把战斗行动减至最低限度,避免正面强攻、直接硬拼或是进行决战,而应采取一切手段破坏敌方的防御能力以及心理上的稳定和平衡,然后迫其投降。《战略论》一出版,就受到西方军事理论界的重视,被称为"西方现代版的《孙子兵法》"。

## 第二节　利德尔·哈特的间接路线战略理论

　　间接路线战略是利德尔·哈特军事思想的核心,该战略理论主张把战斗行动尽量减到最低限度,避免正面强攻的作战方式,强调用各种手段出其不意地奇袭和震撼敌人,使其在物质上遭受损失,在精神上丧失平衡,以达到不进行决战而制胜的目的。利德尔·哈特的间接路线战略包含两类战略,一是大战略,二是军事战略。大战略是间接路线在高级阶段的使用,军事战略是间接路线在较低阶段的使用。利德尔·哈特着重探讨了间接路线在军事战略上的运用,间接路线应从大战略的高度上考虑和解决问题。

### 一、战略、大战略和战略目的

（一）重新界定战略的概念

　　克劳塞维茨在《战争论》中曾提出"战略是为了达到战争目的而对战斗的运用",因此他认为"战略必须为整个军事行动规定一个适应战争目的的目标"。利德尔·哈特认为这一定义把战略概念限制得太狭窄了,因为只以单纯地运用战斗为限,会使人们以为只有会战才是达到战略目标的唯一手段。利德尔·哈特认为战略并非只有一个单纯的目标,即摧毁敌人的军事力量。当发现敌人具有总的军事优势时,就应采取有限规模的战略。因此,利德尔·哈特重新界定战略的概念:"战略是一种分配和运用军事工具以达到政治目的的艺术,它所研究的不仅限于兵力的调动,而且要考虑调动的结果。"利德尔·哈特对战略概念的重新界定不仅明确说明了战争手段与目的的关系,深刻地揭示了战略的实质,而且扩大了战略的内涵,使战略的概念不只局限于战争,对于和平时期同样适应。

　　为了充分说明战略的概念,利德尔·哈特还论述了战略和战术的关系。

他为,战术是战略在较低阶段的运用;战略所研究的不只限于兵力的调动,而要考虑到兵力调动的效果。至于会战中军事力量的运用,即这些兵力的作战部署和直接行动的指挥,则属于战术的范畴;战术充塞着整个会战(战斗)的领域,而战略则不同,它不仅仅停留在会战的领域上,为了达到胜利的目的,应把实际的战斗行动减少到最低限度。对于战略和战术,在理论上为便于区分,在它们之间划了一条界线,但事实上它们不仅相互影响,而且具有不可分割的联系。

在利德尔·哈特看来,战略能否获得成功,"主要取决于对'目的'和'手段'(工具)是否能做精确的计算,是否能把它们正确地结合起来加以使用"。不管所追求的是什么样的目的,都必须与现有的一切手段相适应,而用来达到每一个中间目的的手段,也必须与那个中间目的的重要性和需要相适应,而且不管所追求的究竟是一种什么样的目的;是直接抢占某个目标,还是争取其他的成就。手段绝不可以太过了,因为"过犹不及"。把目的和手段正确地结合起来,就是要最合理地"节约兵力"。由于战争具有"不确定性"等特点,即使一个最伟大的军事天才,也很难完全正确地将目的和手段协调起来,但在这个问题上做得愈完善,成功的可能性也就愈大。这种目的和手段协调的相对性,使得军事上的成功取决于实践中运用它的"艺术"。战略的目的在于破坏敌人的稳定性,战斗只是达成战略目的的手段之一。最完美的战略是那种"不必经过严重战斗而达到目的的战略"。

(二) 着重提出大战略概念

利德尔·哈特认为战略分为战略和大战略两个层次。他特别提出了大战略概念,并论述了大战略与战略之间的关系。所谓大战略,或者称高级战略,其任务就在于调节和指导一个国家或几个国家的所有一切资源,以达到战争的政治目的。利德尔·哈特在大战略思想中提出了战后和平的思想。"如果说,军事战略只限于研究与战争有关的各种问题,那么,大战略所研究的不仅是与战争有关的问题,而且包括与战后和平有关的问题。"他认为,战场的胜利不足以说明一场战争是成功的,只有国家政治目的得到实现,即总体而言战后的状况优于战前、战后达到了稳固的和平,我们才能认为这场战争是成功的。利德尔·哈特还明确指出了大战略的手段应该是多样的,即"所有一切资源"。军事力量只不过是大战略掌握的各种工具中的一种而已,为了达到削弱敌人抵抗意志的目的,大战略主要注意和利用的是国家的全部力量,即财政上的压力、外交上的压力、商业上的压力,以及从重要性上说来并不算最后一项的思想道义上的压力。利德尔·哈特认为大战略的原则与军事战略的原则有许多不同之处。主要表现在以下几点:第一,战略指导是一种心理活动,战略愈高明,取胜机会愈多,代价愈小;第二,毫无成效地浪费力量愈多,所面临的危险也愈大,即使取得胜利,但因消耗过大,在战后便将无力维护已得的利益;第三,战争中的手段愈是残酷,敌人的复仇心理也愈强烈,抵抗也就愈坚决;第四,愈是使用暴力手段来获得和平,那么在前进道路上遇到的困难也就愈大;第五,在达到军事目的后,对战败国提出的要求愈多,事后所引起的麻烦也就愈多。因此,对于军事战略的使用和军事力量的控制,必须有极其审慎合理的计算。

《战略论》所研讨的主题是军事战略,而不是大战略,但却包含了研究大战略所得出的某些结论。利德尔·哈特特别指出:"纯粹的军事战略必须接受大战略的指导,因为只有大战略才会有更深远的预见和更广博的观点。"大战略概念的提出,扩大了军事战略的外延,使军事战略超出了原有的狭窄范围,置身于政治、经济、外交、资源及商业等广泛的领域之中,这无疑是战略研究的一个进步。

(三)战略的目的

克劳塞维茨认为战争中最重要的军事目的就是消灭敌人军队,而消灭敌人军队又主要是通过主力会战来实现的,因此战略的主要任务就是筹划和打赢主力会战。利德尔·哈特坚决反对把消灭敌人的武装力量作为战争的唯一目的和最高准则的观点,他认为无论是从逻辑上来看,还是从现实上来看,这种观点都是错误的。从逻辑上来看,消灭敌人的武装力量只是达到目的的众多手段之一而已,如果有更好的手段去达到目的,或者没有力量去达到目的,就不能去盲目追求消灭敌人的武装力量。从现实来看,第一次世界大战中交战双方都追求消灭敌人武装力量,最终都没有取得决定性的结果。因而,利德尔·哈特提出,战略的目的与战争的目的有着根本的区别。战略并不只有一个单纯的目标——摧毁敌人的军事力量。他引用孙武的话阐述说:"最完美的战略,也就是那种不必经过严重战斗而能达到目的的战略——所谓'不战而屈人之兵,善之善者也'。"利德尔·哈特认为,当看到敌人具有总的军事优势时,或者在某一战区具有军事优势时,便可以采取有限规模战略。从抽象的概念来说,战争的目的是要彻底解除敌人的武装,但在实际战争中这个目的并不是能够经常达到的,而且对于和平来说也并不是一个必要的条件。为了达到大战略的目的,军事工具不过是许多种工具中的一种而已。同样,会战(战斗)也只是达到战略目的的许多种手段中的一种罢了。如果条件有利,使用军事工具往往能够很快收到效果;而如果条件不利,使用军事工具就可能是一种愚蠢的行为。

利德尔·哈特认为,战争的目的就是削弱对方的抵抗意志,迫使敌方放弃对抗。他说:"冲突的根源和它的主要原因蕴藏在人类的意志当中。一个国家要想在战争中达到自己的目的,它就必须设法改变对方的意志,使其从属于自己的政策。如果弄清楚了这一点,那么克劳塞维茨的信徒们所认为的最主要的一条军事原则,即'在战场上消灭敌军主力'的原则,就会和大战略的其他原则与手段列于平等地位。"为了做到这一点,战略的目的就应该以瘫痪敌军、破坏敌人的稳定性为主。在现实世界中,如果一个战略家在做军事决定时,应该总是期望利用最小的代价获得最大的胜利,在最有利的条件下达到自己的目的,而不是盲目地寻找机会进行会战。因此,"战略的目的就是要破坏敌人的稳定性,要使敌人自行陷入混乱。这样的结果,敌人不是自动崩溃,就是在会战中轻易地被击溃。为了使敌人自动崩溃,也许还要采取一定的战斗行动,但从本质上说来,这与进行会战已经是两回事了"。

在讨论战略的目的时,利德尔·哈特对政治目的和军事目的的关系也给予了充分的注意。他认为,这两种目的既有区别,又有密切联系。因为一个国家绝不会是为了战争而发动战争,必然是为了追求某种政治目的而进行战争。军事目标只不过是达到政治目的的一种手段。所以,军事目的是由政治目的决定的,但政治又不可以要求军事去完成它所办不到的事情;取得了军事上的胜利,也并不等于达到了政治目的。对战争目的问题的研究,既要从政治开始,也要到政治结束。利德尔·哈特告诫说,战争的目的,尽管只从自身利益来看,是要在战后获得一个比较好的和平状态。因此,在进行战争的时候,必须要经常记住战后所要追求的目的。在确定战略目标时,不能只注意到军事目标,而忘记国家的基本目的;不能只想取得军事上的胜利,而忽略未来的政治后果。利德尔·哈特以整个历史为背景对大战略加以研究得出一个结论:"一般战略理论必须适应国家总的政治性质。"

## 二、战略的实质是间接路线

既然战略目的就是破坏敌人的稳定性,那么,如何破坏敌人的稳定性呢?利德尔·哈特提出"间接路线是最有效的手段"。通过对2000多年的30场战争、280个战役的研究,利德尔·哈特发现,其中只有6场战役通过直接路线战略赢得了胜利,而其余的都是采用了间接路线而赢得胜利的。利德尔·

## 第十二章 西方不战而胜的思想

哈特不仅使用归纳法得出间接路线战略是最好的战略这一结论,而且还从逻辑上进行推理。他说,一个国家的实力表面上看是由武装力量、资源等组成,但实质上这些力量的发挥还是依赖于内部机构,比如指挥稳定性、民心士气和补给机能等,如果直接打击敌人的武装力量而忽视对其内部的打击,那么就会起到相反的效果,对方的抵抗力反而紧缩和变硬起来,这就好像把雪压挤成雪球一样,越压越紧,雪融化得也就越慢。因此,这种直接的方法是不好的,最好的方法就是间接路线。因此,他得出结论:"在人类历史的长河中,进行战争所采取的'路线',如果不具有某种程度的'间接性',不能从而使敌人感到措手不及、难以应付,那么,也就难于使战争取得有效的结果。"

那么什么是间接路线呢?简单地进行机动,迂回到敌方的侧翼,这些都不是战略性的间接路线。利德尔·哈特提出"间接路线是最有效的一种手段","这种'间接路线',既有物理性,也有心理性的;通常都是物理性的,但终归总是心理性的。在战略上,最漫长的迂回道路,常常又是达到目的的最短途径。"反之,如果朝着敌人所"自然期待的路线"以"直接法"采取行动,那么,无论所指向的目标是属于精神还是物质的,则往往会导致相反的结果,因为它会使敌人改善心态,增强其抵抗力。在大多数的战役中,使敌人在心理上和物质上丧失平衡,常常是最后打败敌人的一个重要前提。而做到这一点,又是通过在战略上采取"间接路线"的方法达到的。

利德尔·哈特还从如何实施战略目的的问题上,具体阐述了其间接路线战略。他认为,要达成破坏敌人稳定性的目的,所采取的战略行动应包括两个方面:其一是物理性的;其二是心理性的。战略的间接性通常是以物理性表现出来的,但其实质是心理性的。通过物理性来达到心理性,以心理性作为物理性活动的评判标准。因此,对敌人的稳定性进行破坏就在上述这两个领域展开。在物理性领域或者叫作物质性的领域内,主要行动有:破坏敌人的部署,迫使其改变行动而在兵力的组织和配置上发生混乱现象;分割或切断敌人的兵力;威胁和破坏敌人的补给系统;威胁敌人的交通线,使其不能在必要的时候沿着这些交通线撤退,不能在中间地区或战略后方重新设防进行固守。上述几种行动都可破坏敌人的稳定性,但应根据情况将它们结合使用。从心理性领域来说,对敌人稳定性的破坏是由于上述物理行动对敌军指挥人员产生作用而造成的结果。如果敌人突然感到自己处境不利,已没有能力抵抗,这样就可以在精神上震撼敌人,使其感到困惑和恐惧,思想上发生混乱,从而使其丧失行动自由,胜利也就随之而来。利德尔·哈特特别指出,心理性因素贯穿在物理性的领域之中,并且能够对物理性领域产生决定性的影响。在研究物理性因素时,永远不要忘记了心理性的因素。一个战略只有考虑到物理性和心理性这两种因素的结合,才能称得上是真正的间接路线战略,才能真有希望破坏敌人的稳定性。

因此,利德尔·哈特坚持认为,就战略的行动而言,最理想而最有力的办法,就是要设法解除敌人的武装,并尽量避免用硬拼战去消灭敌军。所以,一个战略家的思想,应该着眼于使敌人"瘫痪",而不是如何从肉体上去消灭他们。他由此概括说,无论在政策上还是策略上,或者换句话说,不管在外交战略上还是在军事战略上,对于破坏敌人心理上和物质上的稳定性来说,间接路线都是最有效的一种手段,只有这样才能为摧毁敌人创造出有利的条件。利德尔·哈特还举例说,在攻势战略中,间接路线的表现形式,通常都是把部队开去进攻敌人的经济性目标,即进攻敌方国家的或军队的补给资源基地。然而有的时候,这种行动也可能纯粹是追求心理上的目的。但无论如何,这种军事行动不应该有损于一个目的,那就是瓦解敌军的士气和破坏敌军的作战部署。这一点,正是判断任何间接路线的唯一标准。

利德尔·哈特还注意到空军和机械化部队的发展对采取战略行动所产生的广泛而深远的影响。他认为,这些部队的发展不仅增加了战略行动的手段,扩大了应用的范围,而且也使行动的效力更加强大,从而大大提高了战略的地位。他还把间接路线战略与制空权理论和机械化战争理论结合起来,具体地分析了空军和机械化部队的发展对战略行动的影响。他指出,空军是使用一种特殊形式的间接路线,即飞越前线的间接路线,来对敌人进行直接攻击,因而有可能不必预先在战场上消灭敌军的主力,重点对敌人的经济和政治中心进行打击;而坦克机械化部队则可以在地面采取间接路线的方法,即迂回绕过敌人的军队的方法,去破坏敌人的补给线和指挥系统,因而也有可能不经过严重战斗而使敌人的主力发生崩溃,进而获得战争的胜利。

### 三、战略原则是实际上的行动指南

利德尔·哈特认为,以战争为根据可以从经验中概括出几条基本的战略原则,这些原则是非常普遍而无可争辩的,似乎完全可以称为战略的"公理"。他共提出了八条战略原则,并称前六条为"正面的原则",后两条为"反面的原则"。这八条原则及其基本的含义分别是:

1. 根据自己的手段选择目标。在确定目标时,要有健康的思想和冷静的头脑。切记"贪多嚼不烂"。军事智谋的第一个特征,就是有能力区别哪些能办到和哪些办不到。应学会面对现实,但绝不能对自己的力量丧失信心。

尤其是战斗行动开始后,信心非常重要。只要信心充足,有时可以达到从表面看似乎是不可能达到的目的。信心好像电池中的电流一样,最忌随意糟蹋和浪费。

2. 心里时刻记住你的目标。当根据变化的形势制订作战计划时,必须时刻记住自己的目标。虽然达到目的的途径可能是多种多样的,但要想到,每夺得一个中间目标,也就向你的预期目的前进了一步。在选择目标时,要估计到夺取这些目标的可能性,以及将在何种程度上有利于达到基本目的。要始终注意不要偏离方向。

3. 选择一条敌人期待性最小的行动路线。应设法站在敌人的立场上想一想,看看他们会把哪个方向看成是危险性最小的,因而他们不会在那里采取相应的防范措施。

4. 沿着一条抵抗力最小的路线采取行动。只要没有重大伤亡,应该一直沿着敌人抵抗力最小的路线前进,力图进抵预期目标,一旦夺下该目标,也就使你向自己的最终目标靠近一步。

5. 选择一条可同时威胁敌人几个目标的作战线。这样可以迫使敌人处在左右为难的窘境。执行这条原则至少可夺得敌人防卫力量较弱的一个目标,甚至相继夺取几个目标。如果能同时威胁敌人的几个目标,那么对于夺取其中一个目标来说,就有了良好的前提和条件。而如果只奔向一个孤立的目标,敌人又处于绝对的优势,就不可能达到目的,因为敌人将会准确猜出你的突击方向,把"选择一条行动路线"同"选择一个目标"混淆起来,是一种很普遍的错误。前者通常是聪明的办法;后者只是为了实行打击,通常是一条较难取得胜利的途径。

6. 保证计划具有灵活性,同时根据情况的可能变化部署部队。在制订计划时,必须预先考虑和研究下一步的行动措施。不管成功还是失败,或只是局部性的成功,都应有预订的应付办法。兵力部署必须保障部队能在最短的时限内发展已取得的战果,或立即变更部署,以便适应变化了的新情况。

7. 当敌人有所戒备时,绝不要以你的全力去实行进攻。如果敌人尚未绝对削弱,其抵抗力还未瘫痪,对敌打击就难以取得应有的效果。因此,任何一个指挥官在尚未确实查清敌营中已出现瘫痪现象前,不应贸然决定对固守阵地之敌发动进攻。要使敌人发生瘫痪现象,在物理方面就是要使敌人的组织涣散,在心理方面就是要使敌人的士气瓦解。

8. 当尝试一次失败后,不要继续沿同一路线和采取原来部署再次发动攻击。此时单纯增加一些兵力不能恢复进攻的基本条件,因为敌人在此期间也会增加他们的力量,并且他有战胜之余威,在精神方面也占上风。

利德尔·哈特强调说,这些原则可以作为"实际上的行动指南,而并不是抽象的原则"。他反对那种本来用一句话即可说清,却要用好几千字去解释原则的倾向。并认为,过于抽象化的原则,不同的人就会有不同的理解,其价值取决于运用者对战争的了解程度。作战原则的研究愈是趋于抽象化,则愈会形成一种幻想,充其量只是一种智力游戏而已。因此,利德尔·哈特所提出的八条原则,实际上也就是他的间接路线战略在运用时的规范。

## 第三节 间接路线战略理论的影响和运用

### 一、间接路线战略理论的影响

利德尔·哈特是现代西方著名军事理论家,因其在军事理论上做出的重大贡献,被西方奉为"军事理论教皇",在其他国家也产生了广泛的影响。1975年美国出版的《军事人物简明辞典》里称他是"20世纪英国军事思想家中无可争辩的领导者"。1978年新版的《美国百科全书》,则把他奉为"20世纪最富有创造性和影响的战略家之一"。日本学者伊藤宪一在《国家与战略》一书中认为,利德尔·哈特是"不战而胜的战略家"。苏联陆军中将 C.H.克拉西利尼科夫在1957年为《战略论》俄译本撰写的前言中写道,利德尔·哈特是"苏联读者早已知名的一位军事作家和记者,他的许多部著作已经在苏联出版,他的思想反映了资产阶级军事科学的发展趋势,对于苏联读者将是有所裨益的"。利德尔·哈特的著作也被翻译成中文,成为中国读者了解西方军事思想的重要读物。

利德尔·哈特注重从历史材料中汲取思想精华,把战争历史研究作为形成理论原则的主要方法,剖析各国战争历史来论证间接路线战略理论。在《战略论》中,利德尔·哈特用了大部分篇幅研讨了历史上一些重要战争的战略指导经验,分析战争中著名军事人物的战争指导活动和军事思想,从中发现一些带有规律性的问题。在军事历史人物中,利德尔·哈特尤其崇拜中国古代大军事家孙武。在《战略论》中,他在书前援引了7位军事学家的19条语录,其中13条是从《孙子兵法》中摘录的,比如在扉页上就引用了孙子的"不战而屈人之兵,善之善者也"这句名言,而且在书中也有不少以现代语言复述孙武军事思想的文句。正如利德尔·哈特本人所说,《孙子兵法》是世界

## 第十二章　西方不战而胜的思想

上最早的军事著作,其内容之博大,论述之精深,后世无出其右者。《孙子兵法》是战争指导方面智慧的结晶,历数古往今来的军事思想家,只有克劳塞维茨可与孙子相比;然而克劳塞维茨的著作尽管比孙子晚了2000多年,但其时代局限性大,而且有一部分已经过时。相比之下,孙子的文章讲得更透彻、更深刻,永远给人以新鲜感。利德尔·哈特对《孙子兵法》非常推崇,在他看来,《孙子兵法》是研究战争的最佳入门捷径,又是深入全面地研究战争问题时经常要参考的宝贵材料。所以,利德尔·哈特可以说是"孙子的弟子",他认为,"孙子才是最先指出'直接战略'的愚拙之处和提倡'间接战略'的高明之点的战略思想家"。利德尔·哈特还认为,"间接战略的原则,只不过是伟大的将帅们已经获得成功的各种方法的结晶,并非我个人独创的产物"。

利德尔·哈特及其《战略论》的意义,不仅在于他提出了间接路线战略,而且根据这一基本精神,阐述了战争的目的、原则和方法,同时区分了大战略、战略和战略的目的等概念。虽然大战略一词沿用已久,但只有利德尔·哈特对其做了较深入的探讨。他在《战略论》中专设一章进行论述,详细阐述了大战略的理论以及大战略在历史中的作用。尽管他的研究还是以军事战略为主,但其对大战略的重视可谓开风气之先。这些论述,对于了解西方现代资产阶级的军事思想和军事科学都具有一定的参考价值。

利德尔·哈特的间接路线战略的重要价值还在于认识到了战争手段的多样性,认识到了意志、心理等精神因素对战争结局的决定性作用,从而提出以打击敌人意志、瓦解敌人心理等作为战争的主要手段,以达到不战而胜的战争目的。尽管其在历史研究上有着严重的缺陷,很多观点也过于绝对、武断或者说是有错误的,比如过分强调心理的作用、忽视正面战场的作用、对战略的定义不严谨、历史研究不科学,等等,但是这丝毫不能抹杀他在构建区别于克劳塞维茨的新的战略理论上的奠基者地位。正如他自己所说:"尽管这种不流血的胜利是极其罕见的现象,但是物以稀为贵,它的意义不是迅速减少,而是不断扩大……人类虽然有了几千年的战争经验,可是我们对于心理战能力的运用,现在还是刚刚进入探索阶段。"利德尔·哈特是构筑以打击敌人意志为核心的西方不战而胜战略理论的先驱者。

利德尔·哈特的间接路线战略理论开创了一个战略理论流派,在西方国家的影响极为深远。在第二次世界大战前,利德尔·哈特的间接路线战略一经提出,就在欧洲一些国家受到不同程度的关注,很多军事家将其思想作为行动的指南,而且依靠这一战略取得了成功。在德国,他的多部著作和文章被译为德文而在军界广泛流传,包括曼施坦因、隆美尔、古德里安等人在内的德国高级将领对间接路线战略理论很感兴趣,对有关空军和机械化部队作战的思想尤为重视并加以吸收,最终形成了一整套现代"闪电战"理论。这些将领战后承认,战前德军装甲部队的建设和"闪击战"理论的建立,就得益于利德尔·哈特的思想,他们都是"利德尔·哈特的信徒"。1942年,英军中东总司令部副参谋长多尔曼·史密斯少将写给利德尔·哈特的一封长信,记述了英军在北非战场运用间接路线思想的战例,信中写道:"每当我们忽视您的间接路线原则时,就不免付出惨重的代价。"这封信曾作为1946年该书的前言发表,后来又成为1981年版该书的附录。

间接路线理论在以色列影响广泛,并被作为一整套符合以色列需要的战略纲领加以具体运用,用来解决以色列军队的建设和作战问题。曾任以色列国防军作战部长、总参谋长的伊格尔·扬丁将军最早意识到间接路线理论思想的战略方面具有的价值,认为"间接路线战略是一种唯一健全合理的战略",它成为以军可以依靠的战略指南。在伊格尔·扬丁将军的积极宣传和推动下,《战略论》的部分重要章节被翻译为希伯来文供以色列军官们学习,从而使很多军政要人成为间接路线理论的信奉者。以色列前总理伊扎克·拉宾也认为,利德尔·哈特的间接路线原则适合以色列国情,对于解决以色列的战略问题具有理论指导作用。1960年,利德尔·哈特受邀作为以色列政府的客人访问了以色列,受到了热烈欢迎和广泛赞扬,被誉为"当代最伟大的军事专家"、"20世纪的克劳塞维茨"、"理论教皇"等。

在间接路线战略思想基础上,利德尔·哈特提出的关于核时代战略问题的见解,在西方国家也很有影响。1945年,美国在日本投下两颗原子弹,加速了日本的投降和第二次世界大战的结束。核武器的出现使利德尔·哈特认为,在核时代继续奉行总体战略比此前更为荒谬,因为战争双方都将在战争中彻底毁灭。因此,核时代的安全政策和军事战略将主要解决两个问题:一方面是防止战争;另一方面则是在防止战争的措施失效后,以有限战争迅速地恢复和平。从这样的观点出发,利德尔·哈特认为,西方国家应当实行更为灵活、反应迅速的有限战争战略,并按照这个战略的要求建设军队。据此,科德尔·哈特提出了一系列政策性建议,对西方国家第二次世界大战后军事战略的形成和发展起到了重要的理论指导作用,他也因此被誉为核时代军事理论的先驱者。美国总统肯尼迪称利德尔·哈特是"值得尊敬的军事问题专家","在过去20年里,(事实)表明他对战争与和平问题很富于预见性。他的预言和警告都是正确的"。美国著名的核战略专家伯纳德·布罗迪则直截了当地自称是利德尔·哈特的追随者。

当然,在肯定利德尔·哈特间接战略理论价值的同时,也应该认识到该理论的缺陷和不足。不少军事理论家及研究者认为,在利德尔·哈特的著作中,一些历史事件及一些重要战略都被忽略了;其理论缺陷在于未能对间接路线的确切含义做出科学的说明;其在研究方法上的缺陷在于,为证明间接路线是至高无上的战争法则,便以某种偏见从战争史中搜寻能够支持这个观点的材料;等等。利德尔·哈特极力证明亚历山大、汉尼拔、成吉思汗、拿破仑以及其他许多统帅,主要是采取间接路线战略而最终取得战争胜利,这个结论显然与历史事实并不完全相符。虽然这些统帅都曾确认,只要有可能的话,迂回侧翼和深入敌人后方总比正面抗击有利,但这并不足以证明他们奉行的战略就是间接路线;他们之所以能在战争中取得决定性的胜利,正是由于摧毁了敌人的军事力量和在政治上巧妙地利用了战略性胜利的结果。利德尔·哈特关于战略、大战略的理论也有缺乏说服力的地方,他给的定义忽略了军事行动的组织问题和进行不间断的指挥问题,而这两个问题无疑应列入战略范畴。利德尔·哈特还剥夺了战略所具备的为达到战争目的而制订战略计划的职能,以及制订个别战线上的作战计划的职能,他认为这不是军事领导的职责而是国家政治领导人的职责。

总之,利德尔·哈特的间接战略理论既提出了一些有益的战略理论及其原则,同时其又不乏存在某些牵强附会等缺陷,这就要求我们应善于运用批判的方法加以借鉴。

## 二、间接路线战略理论的运用

### 二战时期德国的曼施坦因计划

曼施坦因计划不仅是德国对法战争中的出色案例,更是享誉全世界的制敌战略案例,被冠以最厉害闪电战的称号。利德尔·哈特认为1940年的德军实施的曼施坦因计划就是对间接路线战略的一次典型运用。

德军的对法作战计划被称为"黄色方案",最早是由德军总参谋部制订的,该计划规定,德军分为 A、B 两个集团军群,以右翼的 B 集团军群为主攻方向,通过比利时中部地区攻击英法荷比联军,直接占领英吉利海峡各港口,切断英国同其盟国之间的联系。而左翼的 A 集团军群穿越阿登山脉做次要的进攻。当时的 A 集团军群的参谋长曼施坦因认为,这个计划实质是施利芬计划的翻版,而1939年的形势与1914年的大大不同了,施利芬计划已经失去了其实施的基础。通过比利时进攻已经不能获得奇袭的效果了,英法荷比联军已经做好了在比利时会战的准备,再者,即使德军把索姆河以北的英法荷比联军击退,也不能取得决定性的结果,战争仍然会像第一次世界大战那样陷入胶着状态。

曼施坦因是德国陆军中最优秀的将领和最负盛名的指挥官之一,他有着极高的战争策划天赋,最为擅长的是组织进攻战。他不同意德军的"黄色方案",提出了新的对法作战方案,即曼施坦因计划。曼施坦因建议,德军应分为 A、B、C 三个集团军群,进攻的重点应该从右翼转移到中央,绕过马其诺防线,在法国防御最薄弱的阿登山区实施主要突击,突破法军色当防线后,威逼巴黎,直扑英吉利海峡,而右翼向德荷边境出击,以吸引英法荷比联军扑向比利时,南线则在马其诺防线正面进行牵制佯攻。这个计划的作战思路最主要的特点便是出其不意、攻其不备。曼施坦因计划的主攻方向是法国的阿登山脉,在作战过程中德国集中全部火力直插大西洋海岸,由此将法国两线之间的联系进行硬性切割。曼施坦因计划实施后取得了巨大的成功,在战争之初便消灭了法国的大部分主力部队,据不完全数据统计,德国消灭的法军人数高达 30 个师。经此一役后,德国重创法国,令法国在短时间内都难以恢复元气,面对如此强大的德国,法国最终选择了投降。更为重要的是,德军士气高涨,这对后期德国的局部战争成败有着极大的影响。

利德尔·哈特认为曼施坦因计划的原则实际上就是力图破坏敌人的稳定性,以这个思想作为基础,预先采取欺骗性的措施,用以迷惑敌人,力求在作战的方向、时间和方法上达到突然性,这样沿着抵抗力最弱的路线最迅速地扩张战果,并尽量往纵深发展,最终取得了辉煌的胜利。

# 第十三章　信息时代的战争预言
## ——信息化战争理论

## 第一节　信息化战争理论的产生与发展

信息化战争及其理论是人类社会政治、经济、科学技术和战争实践发展到一定阶段的必然产物。

### 一、信息化战争是社会经济形态发展的必然结果

战争形态是人类社会经济形态的产物,不同阶段的社会经济形态,相应产生了冷兵器战争、热兵器战争、机械化战争和信息化战争。

农业时代的手工业生产方式,决定了战争能量的释放形式主要是依靠人的体能,战争所使用的武器主要是刀、枪、剑、戟、弓箭等冷兵器。因此,这一时代的战争被称为冷兵器战争。随着火药和火器的产生并被应用于军事,战争开始依靠火药或类似化学反应提供能量,以达到伤害作用,战争形态进入到热兵器战争,主要武器是步枪和火炮等。到了工业化时代,机器大生产方式出现,热能成为战争能量的释放形式,人们能够大量运用火炮、坦克、飞机和舰艇等机械化武器装备从事战争,战争物质基础发生了根本变化,必然推动和要求战争形态发生革命性的变革,这一时代的战争被称为机械化战争。机械化战争呈现出空间广阔、人数众多、进程缓慢、消耗和损失巨大的特征。20世纪中叶以来,由于科学技术的飞速发展和生产力水平的大幅度提高,计算机技术和信息技术为龙头的高新技术群不断涌现,人类开始进入信息时代。随着信息技术在军事领域的广泛运用,大量信息化武器装备投入战场,为新一轮战争形态的变革提供了物质基础。在科学技术和战争实践的推动下,一场迄今为止人类军事史上波及范围最广、变化最深刻、发展最迅速的军

事革命正在世界范围内蓬勃兴起。一场以使用信息化武器装备为主导,使战争基本方式发生根本变化的信息化战争,开始登上战争舞台,与此相对应的信息化战争理论也逐步产生。

## 二、高技术的发展是信息化战争产生的直接动因

战争形态的重大变革通常发生在技术革命之后,而技术革命又往往是在科学技术水平迅猛发展并发生质的飞跃的情况下出现的。20世纪50年代以来,世界上陆续出现了一大批高新技术群:以微电子技术、电子计算机技术、人工智能技术和通信技术为基础的信息技术;以导弹为代表的精确制导技术;以人造卫星航天飞机为代表的航天技术;以激光技术为先导的聚能技术;以核聚变为代表的新能源技术;以新材料为基础的隐形技术等。这些新技术一经出现,便以前所未有的速度向深度和广度发展。高技术的迅猛发展和运用,必将导致新的技术革命。高技术群的出现,除其本身的发展具有革命性之外,它的影响之深远、波及领域之广阔,是历史上任何一次技术革命都无法比拟的。

科学技术的进步必将引起军事领域的技术革命。与以往历史上的军事技术革命不同的是,当今这场军事技术革命不是由单项和少数民用领域的技术引发的,而是多项高技术交叉综合作用的结果。因此,这场军事技术革命是全方位的,起核心作用的是军事信息技术。军事信息技术的核心技术是微电子技术、计算机技术、光电子技术和军事航天技术。军事技术革命的出现,必然导致武器装备发生质的变化。以军事信息技术为核心的军事高技术群,使人类进行战争的工具发生了时代性的飞跃,即由机械化武器装备阶段进入了信息武器装备阶段。这必然引起作战方式、作战理论和军队编制体制的根本变革。

## 三、局部战争的实践加快信息化战争理论的形成

20世纪90年代以来先后发生的海湾战争、科索沃战争、阿富汗战争和伊拉克战争,是人类战争史上具有划时代意义、承前启后作用的战争。四次局部战争是工业时代机械化战争的延续,也是新的战争形式的孕育。在战争中使用了全新的作战武器和全新的战法,战争领域迎来一场崭新的变革,战争形态也在发生深刻变化,信息化战争形态登上历史舞台。

特别是1991年的海湾战争,是机械化战争向信息化战争过渡的分水岭。经过长达38天的猛烈空袭,以美国为首的多国部队发起地面战,并以极其微

小的代价,在短短 100 小时中以摧枯拉朽之势迅速取胜,号称世界第三军事强国的伊拉克军队损失惨重,溃不成军。多国部队取胜速度之快,双方损失对比之悬殊,均创下了战争史上的新纪录。多国部队制胜的秘诀是充分发挥了高技术优势的精确制导打击。海湾战争使太空战、信息战初露锋芒,以至于世人惊呼"这是一场硅片战胜钢铁"的战争。

海湾战争的结局,引起了人们对高技术武器装备的浓厚兴趣。一批独具慧眼的军事理论家更是敏锐地洞察到,海湾战争不仅展示了高新技术武器装备的威力,更预示着战争领域全方位的变革。他们注意到,随着信息技术的广泛运用,人们的生产和生活方式都在发生质的变化,人类正由工业社会大步迈向信息社会。根据以往军事变革的历史规律,社会形态和生产方式的变化,势必引发军事领域的变革,并催生新的战争形态。1991 年海湾战争之后,西方一些军事理论家,包括一些高级将领,开始著书立说,提出了各具特色的信息化战争理论,初步勾勒出了未来战争的蓝图。美国未来学家托夫勒的"第三次浪潮"战争预言,俄罗斯军事理论家斯里普琴科的"第六代战争"理论,美国哈伦·厄尔曼的"震慑"理论等,是其中比较典型的代表。在此后的几场局部战争中,这些理论在一定程度上得到了检验和应用。在阿富汗战争和伊拉克战争中,厄尔曼等人提出的"震慑"理论发挥了作用。所以,西方信息化战争理论既是对未来战争的预测,也是对未来战争的设计。

## 第二节  托夫勒的"第三次浪潮"战争预言

### 一、托夫勒与《未来的战争》

阿尔文·托夫勒(Alvin Toffler,1928—2016 年)美国著名的社会学家和未来学家。阿尔文·托夫勒 1970 年出版《未来的冲击》,1980 年出版《第三次浪潮》,1990 年出版《权力的转移》,1994 年出版《未来的战争》等著作,享誉全球,对当今社会思潮以及未来战争的预测产生了广泛而深远的影响。

1928 年 10 月 4 日阿尔文·托夫勒出生在美国纽约市布鲁克林一个富裕家庭,接受了较好的家庭教育,1949 年毕业于纽约大学。他有着丰富的生活经历,曾在汽车厂、铸钢厂工作过五年,后到华盛顿当过记者,任《幸福》杂志副主编,还担任过拉塞尔·塞奇基金会访问学者、康奈尔大学客座教授、社会研究学院的老师以及国际战略研究院的研究员。1950 年,他与海迪·托夫勒结为伉俪。托夫勒夫妇是美中关系全国委员会委员和联合国妇女基金会会员。他们还被授予多项荣誉称号,以及科学、文学、法学等多项荣誉博士学位。托夫勒曾被授予美国"麦金西基金会图书奖"、"管理学文献卓越贡献奖"、美国电力与电子工程师学院"百年奖",以及法国政府的"最佳外国图书奖"、"意大利共和国总统勋章"以及中国图书"金钥匙"奖等。

《未来的战争》是托夫勒在第三次浪潮的大背景下探讨战争与和平并预测未来战争发展趋势的代表作。《未来的战争》原名为《War and Anti-war》,直译为《战争与反战争》,该书共有六大部分,主要围绕"第三次浪潮战争"的主题展开。

第一部分《冲突》,作者重点阐述了世界发展趋势,把这一趋势划分为三个截然不同、相互竞争的文明,并分析了三个浪潮的文明之间的冲突。三分的世界也为未来的战争确定了大的背景,而背景的变化必然导致未来战争在形态上的巨大变化。

第二部分《轨迹》,作者回顾了在历史上曾经占据主导地位的战争形态,分析了第三次浪潮时代的经济特征和战争特征的对应关系。新的战争形态的出现必然会与旧的战争形态产生碰撞。这既体现在理论领域,也体现在实践领域。这必然是一个被人们逐步接受的过程。而军事理论也将在这个新旧交锋的过程中实现革命性的进步。

第三部分《探索》,作者探讨了第三次浪潮时代给战争形态带来的种种新的变化,包括精巧战、太空战、机器人战争、智能型武器、非致命武器等,作者的这些预测并非凭空想象,而是依据现实,在准确把握社会发展趋势的基础上的大胆预测。

第四部分《知识》,作者重点分析了"知识"这一关键要素在未来战争中的作用。在第三次浪潮的时代,知识、信息等将取代能源、机器等成为社会经济发展的决定性力量,同样也成为衡量军队实力强弱和决定战争胜负的关键因素。

第五部分《危险》,作者分析了第三次浪潮的战争形态的出现可能给人类社会带来的种种威胁。新的战争形态的出现意味着对旧的均势的打破,同时科技的发展也使得大规模杀伤性武器的控制日益困难。人类走进第三次浪潮时代的同时,所面对的新威胁也在日益增加。

第六部分《和平》,作者试图寻找第三次浪潮时代维持和平的途径。当传统的和平观被新的时代彻底打破后,人们迫切需要新的手段和方式、观念来应对新的战争威胁。

## 二、"第三次浪潮"战争预言理论

（一）三次浪潮文明与三次浪潮战争

托夫勒认为,当今世界文明正在快速进入一个完全不同的权力结构,这种权力结构不是把世界一分为二而是一分为三,即把世界划分为三个截然不同、相互竞争的文明。第一种文明(即第一次浪潮的农业革命)仍以锄头为象征,第二种文明(即第二次浪潮的工业革命)则以装配线为特征,第三种文明以电脑为象征。其中,"第一次浪潮文明提供了农业和矿产资源,第二次浪潮文明提供了廉价的劳动力和大规模生产,而迅速扩展的第三次浪潮文明则在创造和开发知识的基础上,去控制天下"。同时,在世界从一分为二向一分为三历史性转变的关头,(人们)很可能触发地球有史以来最深刻的权力之争,因为各国都企盼在这个三方鼎立的权力结构中占有一席之地。"一分为三的世界,制定了从今以后可能发生的绝大多数战争的内容,而且这些战争远远超出我们绝大多数人的想象。"

托夫勒由此论述了他所表述的三次浪潮文明战争。第一次浪潮文明战争,由农业革命开创了人类历史上第一次浪潮的伟大变革,并逐渐形成了最初的现代社会。作为所处时代的战争,第一次浪潮文明的战争不仅在技术术语上,而且在组织、通信、后勤、管理、奖励方式、领导作风、文化设想等方面,都带有第一次浪潮农业经济体制的深刻烙印。第二次浪潮文明战争,由工业革命开创了第二次浪潮的历史变革。正如大规模生产是工业经济体系的核心原则一样,大规模毁灭也成为工业时代战争的核心原则,并成为第二次浪潮战争的标志。"现代战争—工业时代战争—信息化战争的发展,已处于终极矛盾的局面。军事思想需要一场真正的革命,一场能反映第三次浪潮变革带来的新的经济和技术力量的革命"。关于第三次浪潮文明战争,托夫勒通过海湾战争的生动描述认为,"第三次浪潮战争具有先进的经济体制所具有的许多特征。"并列举了第三次浪潮战争10个方面的特点:①毁灭要素。正在发生的革命把知识放在了军事力量的核心地位。在海湾战争中,海湾上空盘旋着两种当时威力最强大的信息武器——空中预警与控制系统和J-星空中雷达系统。就在联军部队繁忙地收集、分析、传送情报的同时,还忙于摧毁敌军的情报和通信能力,这主要是为了扰乱伊拉克军队的大脑和神经系统。如果说海湾战争是一种"外科手术"的话,那么这就是一种"脑外科手术"。"总之,知识就像是生产力的核心要素一样,它同时也是摧毁力的核心要素。"

②无形价值。如果说掌握主动,拥有情报、通信优势,士兵训练有素,士气高涨等都比拥有数量优势重要的话,那么军事力量的对比就有赖于那些无形的、无法计量的因素,而不是第二次浪潮文明的将领们所习惯的以往易于计算的因素。③分量摧毁。所有在经济体制和社会体制中出现的分量化现象也将在军事体制中出现。在战场上,"分量化"就意味着利用激光去指明一个特定的目标。尽管在可预见的将来大规模摧毁仍将伴随着我们,但为了使损失降到最低程度,分量化摧毁将日益主宰战场。④劳动工作。随着体力劳动工作越来越少,大批没技术的工人正日益被少数训练有素的工人和智能型机器所取代。同样,在军事领域,智能型武器需要有聪明的士兵。"面临第三次浪潮文明的战争,没有头脑的战士就和面临第三次浪潮文明的经济中没有技术的体力劳动者一样,都将被历史淘汰。"⑤发明创造。海湾战争的另一大特点是,军民均体现了高度的主动性。电脑网络的一些关键系统是由一些科技人员临时组合起来的,以达到迅速及时完成工作的目的。就军队而言,争抓主动权同精明又有竞争力的企业所推崇的积极主动的精神是一样的。⑥军队规模。军队的规模相应地发生了变化,许多国家的军费预算的削减等迫使指挥官们不得不裁减军队的规模。武器系统发展的趋势正朝着火力强、操作人员少的方向发展。⑦组织机构。就像第三次浪潮文明的企业一样,军方正日趋丧失自上而下的严格控制权。由于军方越来越重视灵活面对现实状况,因此需要有一种新组织结构来加强地方指挥官的自主权。"在第三次浪潮文明的军队中,如同在第三次浪潮文明的企业中,决策自主权正在尽可能地下放到最基层的主管人员手中。"⑧系统一体化。军队的作战方式日趋复杂化,给"一体化"这个概念带来前所未有的重要意义。如在海湾战争的空战中,为确保联军的飞机航线不被互相干扰,"空中经理"须根据每日的空袭命令规划几千架次的飞行。为此,军方还须有系统的一体化管理。⑨基础设施。"就像第三次浪潮文明的企业一样,第三次浪潮文明的军队也需要拥有庞大的分支机构和健全的电子基础设施。没有这样的基础设施,系统一体化是无法进行的。"如海湾战争中,联军曾建立了一整套复杂的高速互联电脑网络,仅空战中就有3000万人次的电话通话。没有这些"神经系统",系统一体化就不可能实现,联军的伤亡人数也会远远高于现在的实际数字。⑩加速前进。在海湾战争中,伊拉克方面没人相信联军地面部队能以如此空前的速度挺进。这种战争速度的增加,如同经济交易的速度加快,完全是电脑、电信特别是卫星通信的功劳。这种史无前例的高速度,在第三次浪潮文明的战争中的后勤供应、通信设施建造等方面所发挥的作用都显而易见。

托夫勒认为,随着战争形式的多样化发展日趋加快,使得战争变得越来越复杂。这迫使全球的军队重新思考其基本军事理论。我们正处在一个军事思想家思想理论激荡的时代,就像第三次浪潮文明尚未达到完全成熟的形态一样,第三次浪潮文明的战争形式也未达到其全面发展的地步。对此,应基于第三次浪潮文明战争形式的进一步拓展和深化,进一步加速战争观念的全面调整。

(二)第三次浪潮时代给战争形态带来的新的变化

托夫勒认为,随着第三次浪潮文明的战争形式的拓展与深化,战争出现了一些新的发展变化。这些变化主要有:

1. "精巧"战争

在今天的世界,需要第三次浪潮文明的"精巧"战争,而不是第二次浪潮文明时代的那种大规模全面战争。与投入大规模的常规军队相比,"精巧"战争是一种既能达到目的(不管是政治目的还是经济目的、军事目的),成本又相对较低的选择。"精巧"战争不仅可以用于战术目的,也可以用于战略目的;不仅适用于各国政府使用,也适用于国际组织使用,甚至还适用于国际舞台上的以非国家面貌出现的组织或个人使用。

2. 太空战争

托夫勒认为:"辽阔无垠的太空将是未来战争形式的关键因素。""太空给战争增加了第四维空间。太空影响了战争冲突的总体方向,并减少了死亡。"虽然无人能够精确地估计在今后几十年内,太空战争和以太空为基地的反战争究竟会如何发展,但是可以肯定的是,这两者都将在21世纪发挥更为突出的作用。谁控制了环地球太空,谁就控制了地球;谁控制了月球,谁就控制了环地球太空;谁控制了L4和L5,谁就控制了地球—月球体系。L4和L5分别指的是月球天平动点以及太空中月球的引力和地球的引力完全一致的地点。从理论上说,军事基地设在这两个点上,不需要很多燃料就可以驻守很长时间。这两个点相当于未来太空勇士的"高空阵地"。不仅仅是第三次浪潮文明战争,还有第三次浪潮文明反战争,都将越来越依赖于地球之外的行动。

3. 机器人战争

随着机器人的使用在工厂和办公室越来越普及,民用机器人的研究正在迅速发展。反过来,这又会进一步带动军方大量使用机器人的可能性。全球范围内的化学武器、生物武器和核武器的日益泛滥,很可能加速机器人开发运用的速度,以避免士兵们在充满毒气的战场上浴血奋战。为了适应在这种环境下执行任务,人们可以设计生产出机器人武器。托夫勒还提出,尽管对于在战争中使用机器人的问题上有不少反对意见,但是,"机器人,就和卫星、导弹、高科技的'精巧战'一样,不论我们是否有所准备,都会在未来的第三次浪潮文明的战争中拥有它自己的位置"。

4. 智能武器

托夫勒以"好莱坞电影套装"、"机器人蚂蚁雄师"、"超级瘟疫"为比喻,给读者描绘了第三次浪潮文明战争中可能出现和使用的武器装备。"好莱坞电影套装"是指未来的"士兵集成防护套装",这种套装可有效地防御核武器、化学武器或生物武器的袭击,并为士兵提供夜视眼镜和警觉显示器,其中还包括一套跟踪士兵眼球运动的瞄准系统,自动地将枪瞄准所要射击的任何目标。"机器人蚂蚁雄师"是使用只有几毫米甚至纳米级的微型和超微型机器人攻击敌方的目标与重要人物,"一旦你控制了一只机器人蚂蚁,你能干多少事情"。"超级瘟疫"是指那些令人心惊胆战的生物和化学武器。作者指出,迅速进步的科学知识的扩散,就能把常规的化学和生物武器变成所谓"穷人的核炸弹"。

5. 非致命武器

过去的半个世纪,武器的最大杀伤力已经达到了其外界的极限。目前或不久的将来,将有许许多多的高新技术,几乎根本不需流血,就可以打败敌人。这些非致命的高科技就是指"能够预测、发觉、预防或取消使用致命的手段,进而最大限度地减少人员伤亡的数字"。当今的军人已开始摆脱大规模杀伤武器的理论,发展一种非致命战争的战略和理论。

托夫勒还基于上述对战争形态变化的预测,结合海湾战争的实践认为,以"空陆战"开始,在海湾战争首次公开露面的军事革命,现在仍然处于婴儿阶段。今后几年,尽管军费预算削减,全球高唱和平之歌,我们将会看到全球军事理论随着新的挑战和新的科技而发生变化。在"精巧战"的世界中,"精巧"武士们能够朝气蓬勃地涌现出来;在"太空战"的世界中,人们越来越依靠太空通信、太空天气预报,以及其他依赖太空的种种现象,军事对太空的依赖性也在日益增强;在计算机和自动化的世界中,战争也更依赖于计算机和自动化,其中包括机器人化。随着全球各地实验室取得的突飞猛进的科技发展,军队——不论其出于何种动机——都在寻求各方面的优势,包括从基因工程到超微技术,以实现甚至超越当今种种梦寐以求的狂热梦想。同时,在一个滥杀无辜并造成相反政治效果的世界,非致命性武器的发明也会与世同辉。在战争中结合使用具有高度选择能力的武器和非致命性武器,将更有希望降低各种人员的伤亡。

托夫勒还提出:"所有这些发展,每一步都将体现在尚处于萌芽状态中的第三次浪潮文明战争形式之中,而这种新的文明战争形式则又反映了未来仍处于胚胎状态中的第三次浪潮文明的经济体制和文明制度。但是,如果认为未来战争的主要形式将完全被卫星、机器人和非致命性武器所限定控制,那将是十分错误的。因为联结所有这些因素为一体的一个共同因素并非是硬件设备——不是坦克、飞机、导弹,也不是卫星、超微型武器或激光枪;这一共同的因素是无形的,它也是今后界定财富创造系统和未来社会的同一源泉:知识。""第三次浪潮文明战争的形式是从空陆战发展过来的,它的最终发展阶段,也许很可能是全球前所未见的意识设计:竞争性的知识战略。"

(三) 第三次浪潮文明战争与知识

在《未来的战争》一书里,托夫勒详细分析了知识在未来战争中的重要作用。他认为,在第二次浪潮文明中,土地、劳动力、原材料等是主要的生产要素,而知识则是第三次浪潮文明的中心资源。从某种意义上说,第三次浪潮文明的战争是知识型的战争,知识在构成战争的诸要素中所起的作用将是空前的。

托夫勒还认为,随着第三次浪潮文明战争的形势日趋成熟,一个新的兵种即将出现,这就是知识战士。这是一群穿着军装或不穿军装的知识分子,信奉知识能打赢战争或避免战争的理念。先进的军队必须储存和处理大量的信息。信息不仅仅是战场情报或者是对敌方的雷达或电话网络实施攻击,而且是一种有力手段,它能够改变敌方高层所做的决策。

托夫勒强调,第三次浪潮时期的军队十分重视各级部队的训练和教育,而对相应的人员实施适当训练的制度成为知识分配过程的一个组成部分。第三次浪潮文明时期的将军们将会明白:"训练最精良的、学习最迅捷的、知识最渊博的军队,具有最大的优势,也可以弥补许多不足。知识是所有其他资源的最主要的替代品。"

情报是任何军事知识战略的一个基本组成部分。情报依然在未来战争中具有不可低估的重要性。在未来战争中,精确的情报将比精确制导的武器更重要。如果只关心未来的战争与反战争,却不重新思考情报工作,并观察情报工作如何适应知识战略的概念,我们将一事无成。重新构架和思考情报工作,是迈向制定知识战略规划的第一步,而无论是进行或遏制未来的战争,制定知识战略规划都是必不可少的。

托夫勒说,苦苦思索未来战争的人们都知道,明天的重要的战斗将发生在舆论宣传战场上。21世纪的知识战争中,宣传与媒体将起到巨大的政治爆炸性作用。媒体政策以及通讯和教育的政策,将共同构成全面的知识战略中的主要成分。媒体,包括至今还未曾想象到的各种宣传渠道和科学技术,都将成为未来战争中第三次浪潮文明战士的最主要的武器和知识战略的重要组成部分。

(四)第三次浪潮文明战争时代的和平

托夫勒认为,随着第三次浪潮文明的崛起,第二次浪潮文明的大规模杀伤性武器的威胁已不复存在。在未来数十年间,我们将看到一个包容第一次浪潮、第二次浪潮和第三次浪潮文明国家的一分为三的世界体系。与战争样式的情况完全一样,新的和平样式的创立并非废除旧的和平样式。但是新的战争样式对和平形成了新的威胁,因而,往往滞后很长一段时间后,就会引发一种符合新情况和相应文明特征的和平样式。今天世界所面临的危机是缺乏一种能适应世界体系新情况和与第三次浪潮战争样式现实相适应的第三次浪潮和平样式。托夫勒提出,联合国应该进行改革,应该从第二次浪潮文明的官僚机构转变为更灵活的,不仅能代表国家,而且能代表非国家和机构的第三次浪潮文明的组织。否则,具有竞争力的各种全球力量中心,将会纷纷出现各种被拒之于门外的团体机构组织起来的众多的"准联合国"。

托夫勒认为,使用经济手段或武力有时可以促进和平或影响和平,但它们不是唯一可行的办法。知识控制是维护和平的关键。21世纪初的和平需要外科手术式地运用一种规模不大、摸得着而往往更有效力的武器——知识。今天,在全球地区性军备竞赛愈演愈烈的情况下,进行数据、信息和知识的交流,显然是第三次浪潮时代一种维护和平的手段。

托夫勒还特别指出:"21世纪的战略思想必须从制定未来的全球体系开始。"第一次浪潮、第二次浪潮、第三次浪潮文明的经济体系的不同需求,反映在对"国家利益"截然不同的观念上,这在未来的岁月里将引起国家关系尖锐的紧张状态。第二次浪潮的全球体系理论倾向于假设这个体系是均衡的,它有自我纠正的要素,不稳定现象是普遍规律的例外情况。战争、革命、动荡是本来很有秩序的体系中不幸发生的"扰乱",和平才是自然的现象。然而,这些没有一条适用于今天。事实上,有时候在没有外来威胁的情况下,有些政府却要战争。我们正在目睹本星球上迸发一种新的文明及其带来的知识密集的创造财富的方法,这种新方法把今天的整个全球体系一分为三并加以改造。这种新的文明有其独特的生存需求、独特的战争样式,以及我们希望能很快就会出现的能与其相适应的和平形式。

### 三、"第三次浪潮"战争预言的影响

托夫勒从新的视角分析和预测了当今及未来有关战争与和平的诸多问题,提出了现代文明冲突根源于生产力发展水平、知识是未来军队战斗力的核心资源、知识可以成为未来维护和平的因素等重要论断,对于研究和探索21世纪战争的发展规律无疑具有重要的参考价值。《未来的战争》出版后在美国军队内外乃至全世界都引起了强烈反响,直到今天,托夫勒对第三次浪潮战争的设想仍然是许多国家的军事家和战略家制定21世纪军事战略和作战理论与条令的基本依据。

托夫勒详细分析了知识在未来战争局面与和平环境中的重要作用。从某种意义上说,第三次浪潮文明的战争是知识型的战争,知识在构成战争的诸要素中所起的作用将是最大的。他认为,知识在第三次浪潮的社会里,不仅是战斗力的中心资源,而且还能迅速地改变世界军事力量的对比。托夫勒关于知识能改变未来世界军事力量乃至战略格局的观点无疑是正确的,但是,他关于知识或许能成为战争的源泉的观点是值得商榷的。知识可以被人类用来发展军事力量,并成为未来战争的核心资源,但知识本身并非战争的根源。托夫勒主张用知识来进行反战争,用知识来达到我们人类所追求的永久和平的目标的和平观无疑是新颖的,提出的和平手段或多或少地反映了新时期维护和平所应该采取的新样式,但是,他的和平观却是典型的西方和平。他把西方国家打扮成为和平的使者,而视第二次浪潮文明的国家为战争的根源的观点无疑是片面的。尽管当今世界已进入了信息时代,但是霸权主义和强权政治仍然是当今战争的主要根源。

## 第三节 斯里普琴科的"第六代战争"理论

### 一、斯里普琴科与"第六代战争"理论的提出

弗拉基米尔·伊万诺维奇·斯里普琴科是俄罗斯科学院院士,地缘政治问题专家,信息化战争理论的先驱。

1935年,斯里普琴科出生于乌克兰。1955年,他毕业于自行炮兵技术学校,后进入防空兵无线电技术高级工程学校、防空兵无线电技术学院研究班学习,担任过防空兵部队指挥员、工程师等职务,并取得了军事学硕士和博士学位。1989年,斯里普琴科从总参谋部军事学院毕业后留校,专门从事教学与科研工作,培养了大批研究生。此后又到总参谋部军事战略研究中心任职。1993年,斯里普琴科退役,并兼任过俄罗斯军事科学院副院长。长年的军旅生涯和深厚的学术积累,让他退役后拥有了更大的学术空间,取得了更为丰硕的研究成果。1999年,斯里普琴科撰写了一部关于未来战争发展方向和军事改革政策的内部报告,由莫斯科社会科学基金会出版,书名为《未来战争》(中文版译名为《超越核战争》)。在这部著作中,他首次提出了"第六代战争"的概念,在世界范围内引起较大反响。1991海湾战争及其以后发生的战争和武装冲突,进一步丰富了斯里普琴科的军事学术研究。2001年,斯里普琴科出版了《非接触战争》。2002年,斯里普琴科对此前出版的《未来战争》和《非接触战争》两部著作进行了修改与充实,出版了《第六代战争》,对第六代战争理论进行了更为系统和全面的论述。

第六代战争理论的提出,与俄罗斯军界对最新军事理论的关注和斯里普琴科对战争发展史的深刻洞察力是分不开的。斯里普琴科认为,崭新的毁伤兵器必然导致崭新的战争样式和方法的出现,其中核武器是影响人类军事活动最重要的武器。因此,他把人类历史上发生和尚未发生的战争划分为"核前时代的战争"与"核时代的战争"两大类。其中,"核前时代的战争"又可划分为四代战争,每一代战争相互交替的时间界限基本上与历次军事革命相吻合:冷兵器的出现导致第一次军事革命的开始,也因此形成了人类历史上的第一代战争。第一代战争主要是以冷兵器为主进行的战术级作战,它持续了约3500年。12—13世纪火药和滑膛枪炮出现后,导致了第二次军事革命的开始,因而产生了持续600余年的第二代战争。18—19世纪出现了多种装药的线膛轻武器和射程远、射速快、精度高的线膛火炮,导致了第三次军事革命,第三代战争因此而形成,它持续了约200年。19世纪末至20世纪初,各种自动武器、装甲车辆、作战飞机和作战舰艇,以及雷达和无线电通信器材的大量使用,发生了军事上的第四次革命,也导致第四代战争的形成。第四代战争一直持续到现在。斯里普琴科认为,前四代战争都是"接触战争"。在第四代战争期间出现了核武器,这既是第五次军事革命的开端,也标志着第五代战争即核时代战争的形成,第五代战争也是非接触战争的开始。20世纪最后10年,由于高精度武器的大量出现,导致第六次军事革命,第六代战争的雏形也随之形成,这就是海湾战争和科索沃战争。斯里普琴科曾说过:"海湾战争是未来战争的一次预演,是两代战争的首次交锋,即伊拉克实施的第四代战争和多国部队实施的新式战争的交锋。"他认为真正的第六代战争将于21世纪头15年后逐步形成。斯里普琴科特别强调,美国将于2000—2010年间率先进入第六代战争。第六代战争与前五代战争相比是一种全新的战争。那什么是第六代战争呢?斯里普琴科认为第六代战争是使用高精度突击武器和防御武器,或以新的物理原理制造的武器,电子战兵力和器材,主要目的是粉碎敌方经济潜力,以非接触方式进行的战略规模的战争。

## 二、"第六代战争"理论的主要思想

斯里普琴科的"第六代战争"理论主要体现在其著作《第六代战争》中。《第六代战争》分为上、下两篇。上篇为《第六代战争》,分为五章,集中阐述了第六代战争理论。下篇为《核武器的自我遏制》,主要论述了斯里普琴科对核武器与核战争的独到认识。"第六代战争"理论的思想精华主要体现以下几个方面:

### (一)第六代战争将具有"非接触"的重要特征

斯里普琴科认为,第六代战争的主要作战方式就是"非接触"。实施进攻作战的一方总是以不与敌直接接触的方式进行战争,进攻方会从各个方向、用高精度武器持续不断地进行战略规模的密集突击,同时还会发动大规模电子战。如果一个国家对这种新型战争没有准备,那就只能任人摆布,毫无还手之力。

进而,斯里普琴科又分析了第六代战争的"非接触"特点,主要体现在以下8个方面:一是战争具有全球规模,作战行动主要在空中—太空范围内进行;二是非接触战争是以空中—太空—海上为一体的突击战役样式进行的,使用的武器是侦察—突击一体化的作战系统;三是所有战略突击力量和防御力量位于全球规模的统一坐标空间;四是建立对所有作战系统、作战力量和作战兵器的统一指挥系统;五是各种射程的空基、海基、天基和陆基高精度武器的型号达到统一,使用统一的制导系统,这些武器可采用非接触的方法对地球上任何地区的任何敌方目标实施突击;六是无论是在国家战略突击力量中,还是在战略防御力量中都不再使用主动雷达;七是全面的信息对抗;八是在第六代非接触战争中,军队对保护本国的经济负有重要责任。斯里普琴科特别强调,只有全面认识这8个特征,才能掌握第六代非接触战争的实质。

斯里普琴科自己也承认,从作战方式的发展演变来看,"非接触"确实是一种发展趋势,但要实现完全的"非接触",恐怕还不现实。虽然第六代战争已经到来,但在最近若干年内,有能力实施这种战争的只是美国等少数世界上最发达的国家。斯里普琴科之所以强调战争的"非接触"特征,主要目的还是在于提醒俄罗斯军方要未雨绸缪,做好对付美国非接触打击的准备。他的观点非常明确:"2010年以后,美国等发达国家实施新一代战争的能力将显著增强,而对没有做好准备的国家而言,将等于彻底的失败。"

(二)远距离、高精度常规武器与新物理原理武器将在第六代战争中起决定性的作用

斯里普琴科在《第六代战争》中明确提出:"在新的第六代战争中,起决定作用的将不再是数量庞大的陆军部队,不是核武器,而是高精度常规突击武器和防御武器,以及根据新的物理原理制造的武器。"

斯里普琴科在《第六代战争》中还介绍了高精度武器与新物理原理武器的特点和效用。高精度武器是常规制导武器的一种。它射程远、精度高,能够首发命中洲际距离内的各种小型点状目标,即使在敌方积极干扰和抵抗的情况下,其毁伤概率都接近百分之百。从战争实践来看,远程精确制导武器的精度越来越高,射程越来越远,威力越来越大。所以,斯里普琴科认为远程高精度武器的毁伤效能已经接近战术核武器,在某些情况下甚至可超过战术核武器,长期以来把核武器与常规武器截然分开的界限将被打破。此外,使用高精度常规兵器还有一个十分重要的突出优点:附带毁伤小,不会造成核打击那样的生态灾难,因此没有使用上的合法与非法以及人道与不人道等问题。这就完全改变了第六代战争的性质。基于上述特点,使用高精度武器对敌方各种军事设施,特别是经济设施以非接触的方法实施密集的、有选择的突击,将会导致该国的日常活动陷入瘫痪,从而以最小的代价取得最大的战果。

在强调高精度常规武器的同时,斯里普琴科还看到了新物理原理武器的巨大潜力,包括各种激光武器、微波武器、动能武器、非杀伤性武器等,同样能以"非接触"的方式作战,并对战争的进程和结局产生重大的影响。

(三)信息战、电子战、太空战将在第六代战争中扮演极其重要的角色

第六代战争理论认为,高精度武器在未来战争中不是孤立存在、单独使用的,它必须与信息武器,尤其是电子战武器和太空武器系统协调配合使用。斯里普琴科提出,"信息对抗实际上已经是第六代战争和未来各代战争最重要的内容"。他通过研究发现,在第一次世界大战中,胜利的取得主要靠地面

火力的优势;在第二次世界大战中,胜利的取得则有赖于夺取战场上空的制空权。而在未来的第六代战争中,胜利则取决于高精度毁伤兵器的使用效果,而夺取信息优势则是必不可少的前提条件。

第六代战争理论还突出强调了太空系统在战争中的重要角色。在斯里普琴科所描绘的第六代战争中,首先得到大规模运用的是在太空中部署的侦察和预警系统,它们将首先发挥目标指示和引导作用。未来,太空还将出现突击武器,它们包括太空激光武器和电磁脉冲武器等。借助这些太空武器,不但可消灭敌方的太空目标,而且可毁伤任何一个国家领土纵深的设施和目标。斯里普琴科认为,太空有着独特的巨大优势,那就是其空间的广阔和无限,未来太空中能够展开的突击兵器在数量和规模上是没有限制的。具备太空优势的一方,将有能力实施"太空战役",这种从太空对地面发起的攻击,可谓真正意义上的"非接触战争"。

(四)战争持续时间缩短,战争初期对战争结局将起极其重要的作用

第六代战争理论认为,未来新型战争的一个重要特征是战争持续时间的短暂性。俄罗斯军事理论界大多都赞成斯里普琴科这一判断。战争持续时间为什么会不断缩减?其背后的原因何在呢?俄罗斯军事理论家认为,战争的持续时间主要受"力量递减规律"的支配。所谓"力量递减规律",就是在战争过程中需要对人员伤亡和物资的消耗进行补充,一旦交战一方的这一补充不能持续,它就会面临战争的失败。现代战争的发展趋势是战争的损失和物资的消耗飞速增长;与此同时,发达国家与不发达国家的军事经济实力差距加速拉大。最后,不发达国家很可能在短时间内就丧失战争力量的平衡,战争迅速结束。比如1999年的科索沃战争,以美国为首的北约以强大的空中力量对南联盟发起军事打击。虽然南联盟坚持抵抗,但在北约的持续空袭下,南联盟物质损失和人员伤亡严重。为避免国家遭受更大损失,南联盟只得与北约就解决科索沃问题达成协议。

战争持续时间缩短带来的直接影响就是战争初期的作用地位急剧上升。在历史上,俄罗斯向来强调战争初期的重要作用,这里面有当年卫国战争血的教训。与斯里普琴科曾有过学术争论的苏军副总参谋长加列耶夫也认为:"在未来,战争初期将是战争的基本阶段和决定性阶段,将在很大程度上决定战争的结局。"他认为,未来战争的这一特点,必然要求各国在和平时期,尤其是危机和冲突爆发之前就要做好充分的战争准备。

(五)各军种的地位和作用将发生根本性的变化

第六代战争理论认为,在未来第六代战争中,各军种的地位和作用将发

生革命性的变革。其中,起关键作用的将是空军、海军、航天兵以及电子战部队。同时,上述各军兵种的构成也将发生革命性的变化。

斯里普琴科提出,未来空军(包括海军航空兵)将大量装备可以携带各种导弹和新物理原理武器的飞机,同时将大量装备无人机。传统的有人驾驶飞机成为武器平台,在敌防区外发射武器,无人机则深入敌领空,在突防中起关键作用。同样,海军的作用也将主要体现在各种作战平台所携带的高精度武器装备、无人驾驶飞行器和各种新物理原理武器上。太空武器系统则从现有的以侦察、预警和通信保障为主,转向攻防一体。斯里普琴科的这些观点,其实强调的是战斗部的作用,而且强调的是质量而非数量。也就是说,未来战争的胜负并不取决于飞机、舰艇的数量或者太空中有多少颗卫星,而是取决于高精度武器装备的质量和效能,取决于这些武器装备的射速、射程、命中精度、抗干扰性等综合因素。

关于陆军的地位,斯里普琴科直截了当地指出:"现在编制人数庞大的陆军合成集团开始被替代,更确切地说,将被取消。"他认为人的因素在战争中的作用逐渐减小,因为人有可能被排除在对抗地区之外。比如,实施"非接触"进攻作战的一方便不再使用庞大的地面部队,而是使用导弹、无人机甚至机器人来进行攻击;另一方面,敌方打击的主要目标也不再是地面部队,而是经济目标、指挥中心和通信枢纽、防空阵地等。海湾战争、科索沃战争、阿富汗战争和伊拉克战争都是很好的例子。斯里普琴科甚至提出要废除陆军,他预测陆军将在美国等发达国家中逐渐减少并最终消失。

对于核武器的作用,斯里普琴科同样持完全否定的态度,他认为常规武器完全能够取代核武器。斯里普琴科认为,核武器在其出现后的50多年内,并没有阻止300多次较大规模的战争和军事冲突的发生;核武器事实上是不能使用的,如果使用,将造成地球上所有生物的灭亡;为了确保核武器的安全,需要耗费大量的人力和物力,甚至销毁核武器和处理核废料还要花费一大笔钱,经济上非常不合算。所以斯里普琴科的结论是:"无论过去还是现在,核武器一次也没有发挥过遏制常规战争和军事冲突的作用。不管哪个国家有多少现代化的战略武器,由于对其使用后果难以置信的恐惧,它只能起着自我遏制的作用,其中包括对侵略者本身。"

## 三、"第六代战争"理论的影响与运用

### (一)"第六代战争"理论的影响

以斯里普琴科为代表的俄军事理论家提出的"第六代战争"理论,受到世

界各国的高度关注,其影响也很快扩展到其他国家。从 20 世纪 90 年代初起,斯里普琴科先后 16 次到美国,参加由美国军方组织的学术会议和交流,成为最受美国军方重视的俄罗斯军事学者之一。他的全部论文和学术著作都以最快的速度被译成英文,风行美国军事学术界。总的来讲,"第六代战争"理论一定程度上反映了当前世界新军事变革的发展趋势,反映了信息化战争的主要特点,对于当代战争理论的发展具有重大的理论与实践意义。

当然,我们也应当看到,在斯里普琴科的"第六代战争"理论中,有着比较明显的"唯武器论"倾向,有许多判断是过分超前的,一些观点则比较偏激。例如,斯里普琴科完全否定核武器的作用,完全否定陆军和地面作战的作用,以及过分强调"非接触"等,并不完全符合当前局部战争的实际以及未来战争可能的发展趋势。

(二)"第六代战争"理论的应用

### 非接触作战的运用

1991 年海湾战争第一次将非接触作战的方式全方位体现于战争当中,受到全世界瞩目,并且迅速成为一种系统性的现代战争理论。美军的创新作战手段,给我们演示了信息化战争的非接触作战方式。在长达 38 天的"沙漠风暴"当中,美军完全掌握了战场的主动权,美军为首的多国部队的航空兵不断进行轰炸,配合精确制导的"战斧"巡航导弹的打击,以及美军长时间电子战、心理战的袭扰,伊军的地面部队基本上失去作战能力,重要战略目标基本被摧毁。在随后的"沙漠军刀"地面作战中,逃过美军空中打击的伊军地面力量几乎找不到打击美军的可能性。即使是双方地面部队的交火,美军依然充分发挥己方武器的射程优势,远远在进入伊军火炮的射程之外便开始瞄准射击。美军通过这种非接触作战的手段,使得战争结束时双方的伤亡比,居然是几百人对数万人。这惊人的伤亡比,足以震惊整个世界军事界,使人们意识到非接触作战在高技术战争下的惊人威力。在海湾战争以后,非接触作战正式被美军作为一种重要的作战理论提出,并作为美军依仗的高技术战争的战术手段之一。在随后的作战行动中,都力求以非接触作战手段来最大限度地杀伤敌人和保存自己。以科索沃战争为例,就堪称一场真正非接触作战的表演。美军通过完全使用空中力量的高技术"外科手术"打击方式使作战出现了零伤亡的奇迹。最后南联盟政府的被迫屈服说明,即使是采取非接触式的作战,也同样可以达到战争的目的。

**电子战的重要作用**

在海湾战争中,以美国为首的多国部队就针对伊军实施了大规模的电子战,大量使用电子战飞机,对伊军通信、雷达和指挥系统进行电子干扰,使伊军指挥系统陷入瘫痪。在2003年的伊拉克战争中,美军则综合运用了信息战、心理战、宣传战等手段。在中高空,美军出动上百架电子战飞机,对伊拉克指挥通信系统进行压制和打击;在中低空,则运用心理战飞机,抛传单、播新闻,实施心理攻击。美军还运用网络武器,对伊拉克的电信、金融等计算机网络实施攻击。电子战、信息战手段的综合使用,使美军很快夺取了制信息权。所以,斯里普琴科在其著作中曾做出预测,认为未来战争中电子战将从战斗保障行动变成一个独立的兵种行动,甚至成为战略行动。

## 第四节　哈伦·厄尔曼的"震慑"理论

### 一、哈伦·厄尔曼与"震慑"理论的提出

哈伦·厄尔曼(Harlan K. Ullman),毕业于美国海军学院,曾参加过越南战争,拥有金融学博士学位。退役后,曾任美国华盛顿战略与国际问题研究中心高级研究员、《华盛顿时报》的专栏作家,经营自己的基洛温集团,从事金融领域的咨询业务,他同时还是美国政府高级部门和许多私营企业的顾问。厄尔曼在海军服役期间,曾在美国国防大学担任教官,为美国前国务卿鲍威尔授过课,鲍威尔对哈伦·厄尔曼博士倍加推崇。为了美军在作战中获得迅速的胜利,以哈伦·厄尔曼博士为首的研究小组在1996年提出"震慑"理论,在2003年的伊拉克战争中首次运用,引起军事理论界的广泛关注。

20世纪90年代中期,由哈伦·厄尔曼牵头,包括海湾战争时期的空军指挥官霍纳将军和率领美军坦克部队攻入伊拉克南部的陆军将军弗雷德·弗兰克斯等7名退役将军组成"震慑研究小组",对美国的防务战略重新思考,深入探索如何才能更好地利用美军在机动能力、武器精确度和电子技术方面的优势。最后,这个小组向美国国防部提交了关于"震慑"论的原理和应用的专题报告。1996年,在研究报告的基础上,以哈伦·厄尔曼为首的"震慑研究小组"公开出版了《震慑与畏惧:迅速制敌之道》一书,初步阐述了"震慑"理论的主要观点。在这本书中,厄尔曼等人论述了"震慑"论的基本原理、产

生的背景、内涵,其核心就是要"快速制敌"。并且指出,所谓"震慑",就是以令对手猝不及防的速度,运用压倒优势的军事力量,借助高技术武器装备,发动有选择、全方位、高强度的外科手术式打击,在短时间内以原子弹爆炸般的震慑效果和最小的伤亡代价,通过削弱对手的战斗能力和统治能力来摧毁对手的斗志,迫使其顺从投降。尽管书中仍有不少不足之处,但美国的"震慑"理论却从此建立了起来。哈伦·厄尔曼也因为"震慑"理论而被称为"震慑先生"。1997年,厄尔曼等人又出版了关于震慑理论的专著《迅速制敌:一场真正的军事变革》,进一步深化了对"震慑"理论的研究,特别是加强了定性和定量分析,着重介绍了达成"震慑"和"迅速制敌"的手段与方法。至此"震慑"论思想才基本形成,并逐步走向成熟。

虽然早在1999年就有美国的前国防部长上书当时的总统克林顿,要求他重视"震慑"理论,而且当时的美国国防部长拉姆斯菲尔德对"震慑"理论表示出极大的兴趣,但直到2003年伊拉克战争爆发后,拉姆斯菲尔德以"拉氏战法"的形式把"震慑"理论带到了伊拉克战场,美英联军以"震慑与畏惧"为行动代号时,掀起了伊拉克战争中的又一个高潮后,"震慑"理论才开始真正声名鹊起,提出了"震慑"理论的哈伦·厄尔曼等人一时间成为西方军事理论界的焦点人物,而"震慑"理论也从构想变成现实。

事实上,哈伦·厄尔曼等人的军事理论借鉴并参考了中国的《孙子兵法》中"不战而屈人之兵"的思想。哈伦·厄尔曼自己就说过:"我一直在思考像孙子所说的那种不战而屈人之兵的战略。"尽管借鉴了孙子的若干思想,但"震慑"理论并不是孙子兵法的简单翻版。实际上厄尔曼等人是将"震慑"理论建立在美国的军事实力的基础之上的,其目的是为了美国的国家利益服务,而前提则是美国是世界上最强大的国家,拥有其他国家无法比拟的军事实力,"震慑"不仅是行动的手段而且是行动的效果,其目的是要在战争中"迅速取得支配地位"。这种战略思想不再强调消灭敌人的军队和战争潜力,而是把打击的重点集中在摧毁和挫败敌人的战斗意志上,强调通过心理震慑迫使敌人接受己方的战略意图和作战目标。对敌人的打击更多的是心理上的打击,而不是消灭敌人的有生力量。厄尔曼的"震慑"理论是一种要求快速、决定性地取得战争胜利的理论。从军事战略的角度来看,"震慑"理论的提出是美国军事理论史上的一个具有重大意义的飞跃。

## 二、"震慑"理论的主要思想

"震慑"既是一种战略理论,又是一种作战构想。作为战略理论,它提出通过大规模的、精确的、迅雷不及掩耳式的目标打击,达到充分的"震慑"效果,影响或摧毁敌人的意志、感知和判断,从而实现美国的政治、战略和军事目标。作为一种作战构想,其中心思想是,美军方应借助技术革命特别是信息技术革命的成果,将美军建成一支在任何时候都能采取军事行动并迅速达成战略和政治目标的"快速主导"部队。这支"快速主导"部队拥有巨大的技术能力优势,能够迅速而又全面地控制战场;处于随时能够进入部署和实施军事打击的状态;具备造成足够"震慑"效果的打击力度;迅速取得战场主动权进而打败对手并达到预期的政治和军事目标。因此,"震慑"是手段,"快速主导"是目的,前者提出了美军采取行动的手段和结果,后者则规定了在战略和战术层次上的军队建设方案及其特征,从而使得"震慑"和"快速主导"成为一种可以操作的作战构想。

(一)"震慑"与"迅速制敌"的基本内涵

"震慑"理论有两个基本概念:"震慑"和"迅速制敌"。"震慑"是指利用一系列方法和技巧,在短时间内给对手的心理造成压倒性的震慑,瓦解其继续抵抗的意志。即通过控制整个作战环境,使对手的判断和理解陷于瘫痪或超负荷状态,从而无法在战略和战术层次上进行有效指挥与行动,也就是我们常讲的心理崩溃。哈伦·厄尔曼认为,第二次世界大战后期,美国对广岛、长崎的原子弹轰炸是"震慑"论发挥作用的最好例证。厄尔曼通过研究这段历史得出结论:"日本可以承受数千架轰炸机投下成千上万颗炸弹,杀死许多日本人,但1架飞机、1枚炸弹和1座城市的消失,却使他们无法承受。这就是'震慑'。"

"迅速制敌"中的"迅速",指的是在敌人能做出反应前进行快速行动。从冲突前的部署到作战中以及冲突的解决,这种"迅速"概念应用于战斗的全部过程。"制敌"意味着在物质与精神上能够影响和主导敌人的意志,它既包括"物质制胜",也包括"精神制胜"。其中,"物质制胜"是指摧毁、解除武装、阻止和抵消敌人的作战能力,摧毁其武器装备;而"精神制胜"则意味着摧毁、战胜以及抵消敌人抵抗意志的能力,或者是不用武力就迫使敌人接受美国的条件。达成这种"制胜"的主要机制是通过对敌人施加足够的"震慑",迫使其接受美国的战略目的和军事要求。而要实现这一目的和达到这一要求,除了对敌实施大规模的火力毁伤以外,还要大量实施欺骗、混淆是非、发布虚假信息等信息战手段。

"震慑—迅速制敌"理论的主要精髓,是通过施加"震慑"机制来影响敌人的意志、看法和理解力，迫使敌人做出符合美国战略目标的反应。这一理论的创新之处不在于手段的创新，因为传统意义上的摧毁、战胜或削弱敌人军事能力的目标仍是这一理论的根基。"迅速制敌"理论的真正创新，是其"制敌"的着眼点由传统的注重物理摧毁，转变为打击敌方的意志和心理。要实现这一目标，需要综合运用软打击和硬摧毁手段，甚至非致命性武器也有用武之地。

（二）实现"震慑"与"迅速制敌"的主要方式

要达到"迅速制敌"，首先要对敌实施"震慑"。哈伦·厄尔曼等在其著作中列举了实现"震慑"与"迅速制敌"的9种方式：

第一种叫作"绝对优势兵力型"，主要依靠武力优势"震慑"敌人并迅速取胜；这一理论的目标是尽可能快地对敌人使用大量或绝对优势的力量，从而以己方和非战斗人员尽可能少的伤亡与损失来达到解除敌人武装、使敌人失去战斗力或在军事上无力抵抗的目的。

第二种叫作"广岛和长崎型"，即依靠毁灭性武器摧毁准备殊死抵抗的国家。这种方式的意图是通过迅速投放超出想象的大规模毁伤性武器，来影响整个敌方社会，包括敌方领导层和公众，而不是直接对准敌方军事或战略目标，从而对其政权达成"震慑"。在核威慑术语中，这种打击敌方社会及其物质财富的方法被称作"打击财富方案"，这是一种针对敌方民众抵抗意志的大规模毁灭性打击行为。这种方式的主要目的是在几个小时或几天的时间内，迅速粉碎敌人的抵抗意志。

第三种被称为"大轰炸型"，比如第二次世界大战中盟军对德国和日本大规模的战略轰炸，越战中美国对越南北部发起的"滚雷行动"等，其目的是通过大规模的空中打击，给对方以强烈震撼，以迫使敌屈服。与"广岛和长崎型"有所不同的是，这种"震慑"打击主要针对敌方军事以及相关目标。这种大规模轰炸的方式虽然具有毁灭性，但对于敌方民众和军队的心理影响是间接的，一般不会迅速奏效。第二次世界大战中盟军对德国本土的轰炸持续了数年之久，对德国工业和军工生产潜能的打击效果是逐渐累积的，某种意义上讲是一种对敌方国力的持久消耗，最终使纳粹德国崩溃。但是，这种主要针对敌方军事和战略目标的大规模轰炸，在当代受到越来越多的制约，包括使用大规模毁伤武器打击平民目标，可能会造成平民生命和物质财富的大量损失，这将使己方在政治和道义上陷于不利局面。

第四种是"闪击战型"，就是指第二次世界大战期间德军以"闪击战"进攻波兰、法国，使对手在仓促之间无所适从，指挥陷入瘫痪。这种方式既不是通过在宽大的战线上大规模地使用火力，也非投送大量兵力。相反，这种方式的特点是利用精确的、规模足够实施外科手术式打击的力量来取得最佳效果，以合理而足够的兵力实现战争目标。第二次世界大战中德军对法国的"闪击战"就是集中使用装甲机械化部队，在空中力量的配合下，绕过法国苦心经营多年的马其诺防线，从其防守薄弱的阿登森林地区突入法国，并迅速突入法国领土纵深，前锋直指大西洋海岸。当法国发现己方战线被撕裂而后方又无法组织有效防御时，陷入极大的心理恐慌，抵抗意志迅速崩溃。

第五种实现"震慑"的方式被称为"兵圣孙子型"。厄尔曼在书中讲述了中国古代著名兵圣孙武的一则故事，即"吴宫教战斩美姬"。厄尔曼指出，"兵圣孙子型"震慑手段的实质，是通过对敌方有重大影响的关键人物实行残忍无情的"斩首"打击，使敌方军队和民众意识到反抗是徒劳无益的，从而迫使敌方屈服或投降。当然，"斩首"的目标也可以是重要的社会目标或军队本身。这一震慑手段的关键是对打击目标的选择。在上述故事中，孙子之所以选择两名领头的宫女，是因为她们特殊的地位，对她们斩首示众更能起到"杀一儆百"的效果。厄尔曼特别强调，这种模式非常符合美国的文化传统和价值观念，无须重大调整就可应用。

第六种叫作"海地人型"。19世纪初，海地人试图把他们的国家从法国的殖民统治下解放出来。海地领导人给来访的法军分遣队组织了一次军事阅兵，据说只有几个营的兵力在来回地接受检阅。法国人误以为当地军队有好几万人，并认为法军的行动不会产生效果，反而会被吃掉。于是，海地人不费一枪一弹就获得了自由。"海地人型"例证最突出的特点是其强调了欺骗、虚假情报和诡计的重要性，而这些信息欺骗手段的目的，是影响敌方决策者的意志和认知力。

第七种是"古罗马军团型"。当年古罗马帝国曾占据从大西洋至红海的广大地区，由于军队数量有限，罗马只部署了少量军队来控制每一块领地并有效维持其统治。其秘诀就在于罗马统治者运用了"威慑"的力量。因为古罗马军团战斗力极强，远胜于当地军队。如果哪个地区发生叛乱，罗马军团最终必然前来报复。这使得任何想制造麻烦的人都对可能的后果心存畏惧，从而不敢轻举妄动。古罗马军团之所以能达成"震慑"效果，主要取决于三个因素：一是古罗马军团的强大作战能力；二是人们对这种能力的认识；三是人们心理上认为"报复不可避免"的习惯性思维。这三点其实也是现代威慑理论的基本要素。与其他"震慑"方式不同的是,这种通过威慑的方式所实现的心理"震慑",是一种防患于未然式的"事前震慑"。

第八种叫作"衰减和瓦解式",就是通过制裁、经济封锁等手段,逐渐让目标国瓦解,但这种方式需要时间积累才能达到效果。在这种方式中,并不需要采用大规模毁伤的手段。因此,不论是在力量使用上,还是所产生的最终结果上,"震慑"效果都不会立即实现。

第九种被称为"加拿大骑警型",他们的非正式座右铭是"子弹可以到达的地方绝不派人去"。此例证与其他例证的区别在于,它比孙子更具有选择性,认为打击防区外能力,而不是现场的部队,就可以实现既定目标。在分析此例证与其他例证的区别时,没有什么比防区外能力更能说明问题了。从弹药对目标的打击效果看,可以畅通无阻进行轰炸的隐形飞机与1600千米以外发射的巡航导弹没有任何区别。

### 三、"震慑"理论的影响与运用

#### (一)"震慑"理论的影响

"震慑"理论是美国当代战争理论研究的代表性成果,又在战争实践中得到运用,因此有着比较大的影响。首先,"震慑"理论提出了以打击和震慑敌方意志为着眼点的战争指导思想,从心理层面揭示了战争的制胜规律,具有一定的启发作用。战争既是物质力量的对抗,更是精神和意志的较量。伊拉克战争中,伊军的军事实力同美英联军相差悬殊,这是伊军失败的重要原因;但另一方面,萨达姆的独裁统治,使其在国内的民意基础丧失,伊拉克军民与萨达姆之间没有统一的意志,不能做到"上下同心",结果战争爆发后,伊拉克军队的心理防线很快崩溃,这是伊军失败的根本原因。历史告诉我们,一支军事上弱小但有着坚强意志和坚定信念的军队,可以发展壮大和不断取得胜利;相反,如果一支军队信念破灭、意志消沉,则必然会走向败亡。正因为如此,在信息化战争中,一方面我们需要借鉴"震慑"论中有益的观点,要善于运用多种手段打击敌方的抵抗意志,争取以小的代价取得战争胜利。另一方面,我们也要注重筑牢自己的心理防线,以坚强的意志将对手的"震慑"打击化于无形。

其次,"震慑"理论从民间理论探讨进入官方决策,体现了美国军事理论创新机制的长处,值得其他国家借鉴。1991年的海湾战争,是美国在越战后第一场比较大的胜仗。但是,战后美军理论界的一些有识之士敏锐地认识到海湾战争中的那一套过时了,于是他们便立即开始反思现行的作战理论。哈伦·厄尔曼等几位退役将领就是在这个时候开始研究"震慑"理论的,而且属于民间自发性质。这就反映出美国军人强烈的危机意识和问题意识。更为难得的是,这种民间理论创新的成果,通过一定的渠道能够进入高层决策,而且政府高层人士如美国参谋长联席会议主席的鲍威尔也参与该学术讨论。鲍威尔是一个典型的崇尚"力量对力量"原则的军人,他在海湾战争中直接指挥了美军的大规模集结。伊拉克战争时,鲍威尔担任美国国务卿,当他了解"震慑"理论后,对这种新的战争理念大为赞赏。所以,"震慑"能从理论过渡到实战,是与拉姆斯菲尔德和鲍威尔这样的当权者从中推波助澜密切相关的。可以说,美军强烈的危机意识,宽松的学术环境,以及有效的学术成果转化机制,是其军事理论创新能够走在世界各国前列的重要原因。

第三,"震慑"理论反映了美国的军事文化,是其推行单边主义和维护世界霸权的工具,对此我们要有清醒的认识。冷战结束后,美国成为唯一的超级大国,单边主义抬头,"新帝国论"和"单极稳定论"盛行。在"一超独霸"的国际格局中,美国更愿意直接以武力方式解决国际问题,维护其全球既得利益。而"震慑"理论之所以能为美国现政府采用,正是因为它为美国推行单边主义、建立世界霸权提供了工具。美国在冷战结束后频繁动武,就是想通过显示力量来"震慑"相对弱小的国家,达到"不战而屈人之兵"的目的。美国的军事传统向来强调力量制胜,只不过以前没有更好的办法,只能通过战略上的消耗战来拖垮敌人。而随着世界新军事变革的发展,美国凭借其超强的经济与科技实力,不断加大军费投入,在高技术武器装备方面已远远领先于其他国家。因此,近年来美军特别强调要发挥技术优势,争取"速胜"和"巧胜",而"震慑"理论恰好适应了这一需求。因此,"震慑"理论是美国当代军事文化的反映,它更多的是从美军实际出发来设计的。也就是说,其他国家在研究"震慑"理论时,不仅不能照搬照抄,而且还要积极寻找应对办法。

然而,正如厄尔曼等人多次指出的,"震慑"和"快速主导"不是万能钥匙,它只是提供了一种预案,提供了一个激发讨论和理论创新的基础。如果联系世界形势和美军现状,可以看出"震慑"理论仍然存在不少缺陷。首先,"震慑"理论是崇拜军事实力的代表作,是"唯技术论"、"唯武器论"的当代翻版。无论是过去的战例,还是21世纪初的伊拉克战争,都表明人的因素在战争中仍是至关重要的。其次,"震慑"构想和现实之间存在较大差距。厄尔曼等人的设计无疑是符合新军事革命形势下军队转型的需要,问题在于,美军各军种之间在多大程度上愿意并且能够实现一体化的联合作战。第三，"震慑"不是在任何条件下对任何对象都是有效的，"快速主导"部队也不是在任何环境下都能快速反应并快速实现目标的。"震慑"构想实际上是专门针对伊拉克、伊朗、利比亚等被美国看作是"无赖"国家而设计的。"震慑"理论和"快速主导"构想主要是为了塑造一种对付大规模常规战争以外的作战模式，其实施对象是使用常规武器的中小国家。对俄罗斯、中国、印度这样的大国，美国自然另有一套理论，如核战争和大规模战争。甚至就伊拉克而言，"震慑"也只是部分地、局部地适用，真正有效地打败这样的地区大国，还必须运用其他战略理论和作战模式，还必须使用"决定性的力量"。

（二）"震慑"理论的运用

### 伊拉克战争

"震慑"理论的实施贯穿于伊拉克战争的整个进程，从而体现了该作战构想提出的"震慑"和"快速主导"的能力要求。

首先，美军凭借信息和情报优势，交互运用信息战、情报战和心理战。在情报收集方面，美军依据信息技术的优势，建立起一个庞大而又完善的情报侦察系统，它由航空与航天侦察系统、陆军和海军的侦察系统、特种部队和中央情报局的人力情报系统等几个部分组成，覆盖了太空、空中、地面和隐蔽战场，从而使得美军完全掌握并控制着战场情报优势，使得整个战场对美军来说几乎是"单向透明"的。在指挥系统上，美军组成一个完整的综合通讯联络情极指挥系统——C4ISR 系统进行作战指挥，每个作战单位都是该系统的重要节点，能够情报共享，实时利用，甚至连人力情报和特种情报也都几乎做到了实时传输。因此，美军可以利用强大的信息和情报优势，开展信息战、情报战和心理战，制造战场"噪音"，使伊拉克领导层、军队和民众处于惊慌失措与混乱之中，从而在最短时间内打垮伊拉克的抵抗意志。

其次，美军利用军事优势，迅速实施打击，迅速结束战争。"快速"贯穿于伊拉克战争的整个进程—快速部署、快速打击、快速机动、快速结束战争。美军从大规模增兵海湾地区到发动战争，用了大约 3 个月的时间部署 20 多万军队及其装备，只有 1991 年海湾战争部署时间的一半。而快速打击和快速机动，则大大缩短了战争进程。从 3 月 20 日发动战争到 4 月 12 日攻占伊拉克首都巴格达（即主要作战行动的结束），只用了 24 天的时间。美军的快速表现在两个方面：一是抛开 1991 年海湾战争和 1999 年科索沃战争中的先空袭、后地面行动的作战模式，而是在发动空战的同时即实施地面进攻，完美做到了空地战的同步进行;二是实施"蛙跳"战术,美军地面部队和直升机部队在强大的空中火力配合下,快速推进,每到一处伊军要塞,即以空中打击和少量地面部队进行围困,而大规模部队继续向巴格达挺进,从而实现了迅速攻占伊拉克军事和政治中心的战略目标。

第三,美军展开大规模的、决定性的、点面结合的空中打击。美英联军的空中打击具有震撼性的特点。美军为达到尽快推翻萨达姆的战争目标,用大规模的、决定性、点面结合的轰炸来制造"震慑"效果。规模性体现在对伊拉克军队、军事基地、指挥与控制系统、军政领导人住所等广泛目标进行全方位的轰炸,决定性则体现在连续不断的轰炸波次、炸弹当量和目标摧毁效果上。为达到"震撼性",美军动用了到目前为止已研制成功的绝大多数炸弹,包括集束炸弹、电磁脉冲炸弹以及最大当量的常规炸弹 BLU-82"炸弹之母"。美军打击的主要目标,包括萨达姆和其他伊拉克军政首脑、伊拉克军队指挥与控制系统、共和国卫队、重要的军事基地及电网等,其意图是迅速瘫痪伊拉克政府和军队,对伊拉克军民的抵抗意志造成"震慑"。外科手术式的远程精确制导打击,不仅摧毁了重要目标,还达到了对伊军民心理的"震慑"效果。

最后,美军诸军兵种实现一体化协同作战。新的空地一体化联合作战在伊拉克战争中大显神威。卫星、空军部队的侦察系统,与地面部队和特种部队的侦察力量相结合,为美军参战各单位提供了实时或近乎实时的情报保障和指挥与控制系统支持。美军协同作战还表现为海空力量与地面部队的同步进攻以及地面部队与特种部队的协同作战。战争开始时,地面部队提前进入伊拉克,空中和海上力量接着开始实施远程打击与近程轰炸;在战争过程中,海空力量的远程打击与地面部队的快速推进密切配合,前者利用强大的火力压制并摧毁了伊拉克的防御体系,扫清了地面部队的推进障碍。特种部队也在海空火力掩护下大举进入伊拉克,开展其保护油田和其他重要基础设施、消灭有关的伊拉克军队及其首脑、收集战场情报、实施情报战和心理战、招降纳叛等任务,有力地支持了地面部队的快速推进。

总之,从伊拉克战争的实际结果看,美军的"震慑"行动还是取得了比较明显的战场效果的。一方面,美国利用高新技术武器装备,以精确打击等手段,尽量减少对方和己方的人员伤亡;另一方面,美国凭借其强大的心理战攻势,严重地削弱了伊拉克军人的抵抗意志,几十万伊拉克军队在美英联军的"震慑"打击下纷纷放下武器,从战场上神秘"蒸发"。但是,伊拉克战争又不是完全按照"震慑"理论来打的。厄尔曼曾写过一篇文章,认为,"从战略上看,'伊拉克自由'行动不是应用'震慑理论'的好例子:它只应用了一点点,也就是在摧毁伊拉克地面部队意志方面的效果显而易见。假如联军同时打击伊拉克全国的军队和政治力量,也许这场战争会在更短的时间里结束。"从伊拉克战争的结局来看,战争进程并没有美军原先预想的那样顺利,特别是主要军事行动结束后,伊拉克的反美武装仍然非常活跃,伊拉克国内安全形势长期动荡不定。这说明要想完全瓦解对手的抵抗意志是一件非常难的事情。从这个意义上讲,"震慑"理论只是部分地得到战争实践检验。

# 主要参考文献

1. 孙武.孙子兵法[M].上海:上海古籍出版社,2006.
2. 檀道济. 三十六计[M].王志萍,禹谦,评注.上海:中华书局,2015.
3. 骈宇骞,等.武经七书[M].上海:中华书局,2007.
4. 张震泽.孙膑兵法校理[M].北京:中华书局,1984.
5. [瑞]若米尼.战争艺术概论[M]. 刘聪,译.北京:解放军出版社,2007.
6. [意]朱里奥·杜黑.制空权[M].曹毅风,华人杰,译.北京:解放军出版社,2005.
7. [英]富勒.装甲战[M].周德,等,译.北京:解放军出版社,2006.
8. [英]利德尔·哈特.战略论:间接路线[M].钮先钟,译.上海:上海人民出版社,2010.
9. [美]阿尔文·托夫勒.未来的战争[M].阿笛,马秀芳,译.北京:新华出版社,1996.
10. [俄]斯里普琴科.第六代战争[M]. 张铁华,译.北京:新华出版社,2004.
11. [美]哈伦·厄尔曼.震慑论[M]. 滕建群,等,译.北京:新华出版社,2004.
12. 王兆春.速读中国古代兵书[M].北京:蓝天出版社,2004.
13. 李陆平,薛国安.中外军事名著导读[M].北京:解放军出版社,2011.
14. 夏征难.外国军事名著提要[M].北京:解放军出版社,2015.
15. 曾华峰,龙方成.历史上最具影响力的军事学名著[M].西安:陕西人民出版社,2007.
16. 朱成虎.军事学名著导读[M].北京:学习出版社,2012.
17. 谢刚.影响历史的10大军事名著[M].北京:解放军出版社,1998.
18. 靳希民.外国军事名著导读[M].北京:北京大学出版社,2003.
19. [美] 马汉.海权对历史的影响(1660—1783)[M]. 安常容,等,译.

北京:中国人民解放军出版社,2006.

20. [美]马汉.海权与1812年战争的关系[M].李少彦,等,译.青岛:海洋出版社,2013.

21. [德]克劳塞维茨.战争论[M].中国人民解放军军事科学院,译.北京:中国人民解放军出版社,2005.

22. 彭光谦,沈方吾.外国军事名著选粹[M].北京:军事科学出版社,2000.

23. 彭光谦,赵海军.中国军事名著选粹[M].北京:军事科学出版社,2001.

24. 唐复全,卜延军.外国军事思想史论[M].北京:国防大学出版社,2008.

25. 奚纪荣,施芝华.军事思想[M].上海:上海社会科学院出版社,2004.

26. 钮先钟.中国历史中的决定性会战[M].合肥:安徽教育出版社,2005.

27. [英]杰弗里·帕克.剑桥战争史[M].傅景川,译.长春:吉林人民出版社,1999.

28. 武国卿.中国战争史[M].北京:人民出版社,2016.

29. [英]约翰·基根.一战史[M].张质文,译.北京:北京大学出版社,2015.

30. [英]约翰·基根.二战史[M].李雯,译.北京:北京大学出版社,2015.

31. 军事科学院战争理论研究部,《中国古代战争战例选编》编写组.中国古代战争战例选编(第一、二、三册)[M].北京:中华书局,1981.

32. 张文儒.中国兵学文化[M].北京:北京大学出版社,1997.

中外军事思想与战争实践

# 后　记

　　军事思想与战争实践是相辅相成、密不可分的。军事思想指导战争实践，战争实践又促进军事思想的发展。任何一个时代，军事思想的发展与变化，都会对当时的军事体制、军队建设、武器装备和战争实践等方面产生深刻的影响；而军事领域内的任何创新与发展，也必然会引发军事思想领域的震动与变革。思想的魅力与战争的力量，在整个中外军事发展史上，都留下了浓墨重彩的一笔。作为高校军事理论课程的教师，源于自身的兴趣，更出于对职业的热爱，我们一直希望能带领学生来学习和探索这一领域。

　　曼德拉曾经说过："只要有心，你也可以。"2015年春天，"中外军事思想与战争实践"作为"苏州大学课程2015-3I工程"通识教育课程改革项目成功立项，这成为编写本书的动力和起点。我们开始查阅和搜集文献资料，做好教学准备，着手本书的编写工作。2016年秋季学期，"中外军事思想与战争实践"课程正式开设。在教学实践中，我们对书稿不断修改完善。在不懈的坚持与努力下，从2015年到2017年，"中外军事思想与战争实践"从立项时简略的大纲到建立了较合理的课程体系，从最初的零散讲稿到形成体系的同名配套教材，实现了近年来我校国防教育类通识教材建设的创新和突破。

　　本书是高校国防教育类通识课程"中外军事思想与战争实践"的教材，也可以作为军事爱好者或普通读者了解军事思想的通俗读本。全书共有十三章。第一章从宏观上对中外军事思想的发展脉络进行简要的梳理和回顾。第二章到第十三章，在世界范围内精选部分具有代表性的著名军事思想家，结合古今中外的战争实践解读他们的主要军事思想。特别需要说明的是，本书原编有包括毛泽东军事思想在内的中国现当代军事思想与战争实践的内容，但考虑到与通行的本科生必修课教材《新编军训教程》内容重复，故在本书定稿时不再保留这些篇目。本书第一、二、三、四、七、九章由李瑾编写，第五、六、八、十、十一、十二章由昝金生编写，第十三章由李瑾、昝金生编写，全

# 后 记

书由两人共同统稿、定稿。

本书在编写过程中参考了同行学者们的相关论著,借鉴了学界专家们的研究成果,并得到了多位前辈老师和专家的悉心指导与热情帮助,我们在此一并表示诚挚的感谢!感谢学校领导和同事们的支持与鼓励!感谢为本书出版付出辛勤劳动的编辑老师!由于我们理论水平有限,本书还存在许多不尽如人意之处,恳请各位专家、同仁和读者批评指正。我们将根据反馈意见和建议,继续修订和完善本书!

李　瑾　昝金生

于苏州大学天赐庄校区